Michael Limburg
Fred F. Mueller

Strom ist nicht gleich Strom

Schriftenreihe
des Europäischen Instituts für Klima und Energie
Bd. 4

Michael Limburg
Fred F. Mueller

Strom ist nicht gleich Strom

Warum die Energiewende nicht gelingen kann

Mit einem Geleitwort von Arnold Vaatz

1. Auflage

www.TvRMedienverlag.de

Druck und Bindung: UAB „Baltijos Kopija“, Vilnius

Abbildungen: Autor, Verlag (soweit nicht anders angegeben)
Redaktion: Dr. Holger Thuß, Heiko Ziemer, David Reuss

Printed in Lithuania

ISBN 978-3-940431-54-7

Inhalt

Geleitwort

Legen Sie dieses Buch nicht aus der Hand! Es rüttelt an den Grundfesten der deutschen Volksüberzeugungen. Es lässt die mit beträchtlichem Medienaufwand in geradezu religiösem Eifer aufgeblähte Illusion von der heilen Welt der 40-, 80- oder 100 Prozentigen Stromversorgung aus Wind und Sonne wie eine Seifenblase platzen.

Beim Lesen stellen sich Grundfragen: Der Erfolg der deutschen Nachkriegsgesellschaft beruht doch wohl in höchstem Maße auf ihrem naturwissenschaftlichen Bildungsstand und ihren ingenieurtechnischen Fähigkeiten? Nun machen sich je nach Umfrage 50-75 Prozent der deutschen Bevölkerung die physikalisch-technisch unerfüllbaren Illusionen zu Eigen, die unserer Energiepolitik zugrunde liegen. Wie konnte es binnen weniger Jahre in dieser Gesellschaft zu einem solchen umfassenden Verlust an Urteilsfähigkeit kommen?

Das Buch „Strom ist nicht gleich Strom" rafft sich noch einmal zu einer ungeheuren Kraftanstrengung auf. Es seziert handwerklich brillant mit den Mitteln der logischen, naturwissenschaftlichen Argumentation einen fatalen geistigen Irrweg, in den sich unsere einst so leistungsfähige Gesellschaft auf den Weg gemacht hat. Aber ist das Buch stark genug, eine Umkehr zu bewirken?

Sicherlich kaum; denn die Wurzeln unserer kollektiven Irrtümer liegen nicht in mangelnder Fähigkeit zu rationalem Denken. Nein: Die vormals hier dominierenden religiösen Lehren haben ihre Kraft eingebüßt. Ihre Schreckensbilder, Werkzeuge und Lehrgebäude, angefangen mit den apokalyptischen Reitern (die immer auf die Menschheit zu galoppieren, ihr aber nie näher kommen) über die Inquisition und das Ablasswesen bis zum protestantischen Katechismus haben sich aufs museale Altenteil begeben. Wir haben vergessen, dass dieser Rückzug Lücken im Seelenleben der Menschen hinterließ. Diese Bewusstseinslücken sind nunmehr ausgefüllt mit grüner Apokalyptik, grüner Inquisition, grünem Ablass, grünem Katechismus und grün erneuerten linken Feindbildern. Dieser neue Bewusstseinsinhalt besetzt nicht die Plätze, die für rationales Denken und intellektuelle Redlichkeit in Hirn und Gewissen der Menschen reserviert sind, sondern die Areale der Urängste und religiösen Sehnsüchte. An die Stelle der rationalen Debatte trat deshalb ein moralisierender Konformitätsdruck. Diesem grünen Volksglauben samt seinen Priestern und Orakeln aus Potsdam und seinen Heiligen mit Wackersdorf- und Gorlebenerfahrung wird daher mit naturwissenschaftlich-technischer Argumentation nicht beizukommen sein.

Naturwissenschaftliche Thesen sind durch naturwissenschaftliche Argumente verwundbar. Aber wodurch sind Religionen verwundbar? Hier hilft ein Blick in die Geschichte. Religionen gerieten dann in eine Krise, wenn die Lebenswirklichkeit ihrer Leitfiguren und ihrer Institutionen begann, in einen nicht mehr kaschierbaren Widerspruch zu eben jenen religiösen Lehren zu geraten, auf denen sie beruhten.

Die mit den jüdischen Grundwerten kollidierende pharisäische Praxis führte zum Christentum, die christlichen Idealen hohnsprechende Lebenswirklichkeit der Renaissancepäpste zur Reformation und die allen Botschaften des kommunistischen Manifestes widersprechenden politischen Praktiken der kommunistischen Nomenklatura zum Zusammenbruch des Kommunismus.

Dies macht Hoffnung. Die nüchternen und unpolemisch vorgetragenen Argumente aus diesem Buch werden zwar den energiepolitischen Irrweg Deutschlands nicht beenden. Aber die Zeit wird kommen, in der die allen grünen Idealen widersprechende Selbstbedienungsmentalität der Energiewendegewinnler die grüne Religionskrise einleitet. Die grünen Prophezeiungen werden auf sich warten lassen. Hinter sehr viel konkreteren und dringenderen Herausforderungen werden sie verblassen.

Es bleibt zu hoffen, dass nicht erst der Abschied Deutschlands aus der ersten Liga der Weltwirtschaftsnationen uns aus den grünen Tagträumen aufschrecken wird, in denen wir uns eingerichtet haben. Das Buch von Fred F. Mueller und Michael Limburg gibt dieser Hoffnung etwas neue Nahrung, und bereits das ist ein großer Dienst an unserem Land und an ganz Europa.

Noch ein kurzes Wort zu mir selbst, denn der Leser dieses Vorworts wird sich verwundert die Augen reiben: Wie? Was? Hier schreibt doch ein Politiker aus dem Bundestag? Ja – wer, wenn nicht diese Leute haben uns die Misere, über die er sich in diesem Vorwort beklagt, denn eigentlich eingebrockt?! Nun: Es gibt konkrete Abgeordnete und es gibt politische Mehrheiten. Letztere bestimmen in einer Demokratie, was geschieht. Unterliegt der konkrete Abgeordnete, so hat er die Mehrheitsentscheidung als Gesetz zu akzeptieren. Nicht weniger. Aber auch nicht mehr: Gut zu heißen hat er sie nicht.

Im Jahr 2000 beschloss der Deutsche Bundestag das in der Verantwortung des grünen Umweltministers Jürgen Trittin entworfene „Erneuerbare-Energien-Gesetz (EEG)“. Damit hat Deutschland den Weg in jene energiepolitische Sackgasse beschritten, die Fred F. Mueller und Michael Limburg beschreiben. Die Einführung des Gesetzes und seine erste Novelle im Jahr 2004 lehnte ich damals ab.

Als meine Partei selbst regierte, forderte ich die vollständige Abschaffung des Gesetzes. Erfolglos. Mit hilflosem Entsetzen musste ich feststellen, dass sich in meiner Partei der Wind gedreht hatte und die Stimmen der EEG-Skeptiker in einer hoffnungslosen Minderheit waren. Als sich in den folgenden Jahren die desaströse Wirkung dieses Gesetzes immer stärker Bahn brach, zwang uns die Furcht vor unkalkulierbaren Kostenlawinen zu den bis heute – und zuletzt im Jahrestakt – folgenden EEG-Novellen.

Obwohl ich einzig und allein die ersatzlose Außerkraftsetzung (bei Aufrechterhaltung der Vertrauensschutztatbestände, deren Kassierung wohl vor dem Bundesverfassungsgericht keinen Bestand hätte) für die richtigen Lösung halte, stimmte ich auch den bisher seit 2009 ergangenen Änderungen dieses Gesetzes zu, weil sie jeweils – zwar in viel zu geringem Maße, aber in der Summe schließlich doch – die zerstörerische Wirkung dieses Gesetzes millimeterweise abmilderten. Die jeweilige Opposition hat jedoch selbst diese geringfügigen Abmilderungen stets bekämpft.

Nun aber habe ich schon zu viel Zeit von Ihnen zur Lektüre dieses Vorworts beansprucht. Vergessen Sie dieses Vorwort und lesen Sie bitte dieses Buch. Nehmen Sie sich Zeit und Muße. Ich selbst habe es mit intellektuellem Genuss, Sympathie, Spannung und Dankbarkeit gegenüber den Autoren gelesen und empfehle es jedem, der den Konformitätsdruck und die ideologische Bevormundung durch eine grüne Einheitsmeinung in diesem Lande als Belastung empfindet.

Arnold Vaatz MdB
Berlin, September 2015

Hintergrundwissen ohne Ballast

Die Energiewende – die beabsichtigte Umstellung unserer Stromversorgung zu 80 Prozent auf sogenannte „erneuerbare Energien" – wird unsere Gesellschaft in eine Katastrophe führen, und zwar wirtschaftlich ebenso wie technisch. Obwohl das Konzept technisch nicht machbar ist, wurden hierfür bereits mehr als 500 Milliarden Euro ausgegeben. Dieses Geld wird unserer Volkswirtschaft bitter fehlen, wenn sie darangehen muss, den künftigen Scherbenhaufen zusammenzukehren. Da zurzeit alle bürgerlichen Parteien an dieser ideologisch begründeten Linie festzuhalten gedenken, wird man unbeirrt solange weitermachen, bis uns ein handfester Zusammenbruch der Stromversorgung eines Besseren belehren wird.

Wann das genau sein wird, lässt sich nicht mit Gewissheit vorhersagen. Unser Stromversorgungssystem ähnelt in gewisser Weise einem Hochleistungs-Rennmotor. Es ist technisch äußerst ausgeklügelt und mit zahlreichen Sicherheitsreserven ausgestattet. Wird es jedoch falsch behandelt, dann reagiert es sehr empfindlich und kann schnell zusammenbrechen. Den exakten Zeitpunkt und die letztlich auslösenden Faktoren kann man jedoch nicht vorhersagen, weil dabei Zufallsfaktoren eine Rolle spielen.

Keine Kunst ist es dagegen vorherzusagen, dass es bei Fortsetzung der aktuellen Energiepolitik zu einem Zusammenbruch kommen muss. Mit der Stilllegung zuverlässig arbeitender konventioneller Kohle-, Gas- und Kernkraftwerke und der ständig zunehmenden Belastung des Gesamtsystems durch schwankende Anteile an Solar- und Windstrom nimmt die Instabilität zwangsläufig zu. Ab einem Wind- und Solarstromanteil von wesentlich über 30 Prozent lässt sich ein modernes Stromnetz nicht mehr stabil halten. Als Konsequenz kommt es über kurz oder lang zu Zusammenbrüchen, den sogenannten Blackouts. Doch obwohl dies jedem, der sich ein wenig mit den Grundlagen unserer Energieversorgung beschäftigt, schnell einsichtig zu machen ist, glaubt eine große Mehrheit unserer Bevölkerung an die Machbarkeit dieses Projekts.

In der Bevölkerung machen sich zwar mehr und mehr Zweifel an dem von der Politik verfolgten Kurs breit, doch handelt es sich bei den meisten Zeitgenossen eher um ein „Bauchgefühl“. Die Materie ist technisch wie auch wirtschaftlich sehr komplex. Daher fehlen nicht nur Laien, sondern selbst Fachleuten oft die notwendigen Kenntnisse, um sich in Diskussionen gegenüber den glattzüngigen Vertretern der „Energiewende“ zu behaupten, die von einer angeblich umweltverträglichen Energiezukunft schwärmen, obwohl es eigentlich vor allem darum geht, sich auf Kosten der Allgemeinheit die Taschen zu füllen.

Dieses Buch wurde geschrieben, um technisch interessierten Bürgern grundlegende Kenntnisse über die Funktion unseres Stromversorgungssystems zu liefern, damit sie selbst beurteilen können, dass und warum die „Energiewende“ scheitern muss. Die Erklärungen wurden bewusst so einfach gehalten, dass sie auch von Facharbeitern, Technikern und Berufsschülern verstanden werden können. Sie sind dennoch wissenschaftlich korrekt und entsprechen dem aktuellen Stand des Wissens auf dem Gebiet der Energietechnik.

Dipl.-Ing. Michael Limburg, Fred F. Mueller
Potsdam, Zürich, September 2015

1] Blackout – Nacht über Europa

Deutschland sowie seine europäischen Nachbarländer haben ein Privileg, das unserer Bevölkerung so selbstverständlich geworden ist, dass sich niemand mehr darüber Gedanken zu machen scheint: Wir haben eines der stabilsten Stromversorgungssysteme der Welt (Abb. 1). Stromausfälle gibt es fast nur auf örtlicher oder regionaler Ebene, und sie dauern in der Regel nur wenige Minuten oder Stunden. Tagelange Ausfälle sind regional begrenzt. Das europäische Stromverbundnetz sorgt dafür, dass elektrische Energie vom Süden Spaniens und Italiens bis in den hohen Norden frei über die Grenzen fließen kann. Einzelne Staaten können sich in Notfällen gegenseitig aushelfen. An den letzten richtig großen überregionalen Stromausfall von 2006 erinnert sich heute kaum noch jemand. Doch ist das Blackout-Risiko heute endgültig gebannt?

Abb. 1: Das deutsche Stromnetz war bisher eines der stabilsten in Europa. Dargestellt sind die Stromausfälle in Minuten pro Jahr und Haushalt im Jahre 2009/2010.[1]

[1] Grafik aus: BDEW Bundesverband der Energie- und Wasserwirtschaft e.V./ VKU Verband kommunaler Unternehmen e. V. (Hg.): Stellungnahme Berücksichtigung kurzer Versorgungsunterbrechungen, Erfassung

Der letzte richtig große länderübergreifende Stromausfall ereignete sich bei uns am 4. November 2006. Er stürzte weite Teile Europas bis tief in den Süden und sogar bis nach Marokko ins Chaos. In manchen Regionen dauerte es Stunden, bevor die Stromversorgung wiederhergestellt werden konnte. Was genau war damals eigentlich passiert, und wie groß ist die Gefahr heute?

Der kritische Moment

Vordergründiger Auslöser der Katastrophe war eine Routineoperation, nämlich die Abschaltung einer Hochspannungsleitung über die Ems, um dem neuen Luxus-Passagierschiff „Norwegian Pearl" die ungefährdete Überführung von der Meyer-Werft in Papenburg nach Emden und somit auf das Meer zu ermöglichen. Im Rahmen dieser eigentlich ganz normalen Umschaltoperation kam es dann jedoch zu einem der europaweit schlimmsten Stromausfälle mit rund 15 Millionen betroffenen Haushalten und Auswirkungen von Deutschland bis nach Marokko. Wie häufig bei derartigen Katastrophen gab es im Endeffekt nicht eine Ursache, sondern zahlreiche einzelne Fehler, die normalerweise folgenlos geblieben wären. Erst in ihrem Zusammenwirken kam es zu einer verhängnisvollen Aufschaukelung und schließlich zu einer Kettenreaktion, die letztlich das europäische Verbundnetz großflächig zusammenbrechen ließ.[2]

Dem eigentlichen Ausfall waren eine ganze Reihe von Kommunikationsdefiziten, Schlampereien und mangelnden Absprachen vorausgegangen. Dennoch befand sich das Netz in den Minuten vor dem eigentlichen Ereignis in einem zwar gefährdeten, aber stabilen Zustand. Im Endeffekt löste dann eine zur Behebung eines plötzlichen nochmaligen Belastungsanstiegs gedachte Notmaßnahme das Desaster aus. Anstatt wie vorgesehen die Übertragungsleistung zu mindern, stieg der Stromfluss durch die betreffende Leitung um einige wenige Prozent an, was zwei Sekunden später zur automatischen Auslösung des Netzschutzes führte.

Dadurch kam es zu einer Kettenreaktion: Die Last verteilte sich unkontrolliert auf andere Leitungen im Umfeld, was in der Folge zu weiteren automatischen Abschaltungen wegen Überlastung und fehlender Synchronität führte. Am Ende dieser Kettenreaktion wurde um 22:10:28,7 MEZ das europäische-Verbundnetz durch die Abfolge bzw. automatische Notfallprogramme in die Bereiche West und Nord-Osten und 0,2 Sekunden später das Süd-Östliche Stromnetz als eigene Teilnetze aufgetrennt (Abb. 2).

---

von Versorgungsunterbrechungen kürzer drei Minuten bei Stromnetzbetreibern, Berlin, 18. März 2013. Als PDF unter www.bdew.de erhältlich.

[2] Eine ausführliche Analyse der Abläufe findet sich hier: Union for the Co-ordination of Transmission of Electricity (Hg.): ERGEG Final Report, The lessons to be learned from the large disturbance in the European power system on the 4th of November 2006, Ref: E06-BAG-01-06, 6 February 2007.

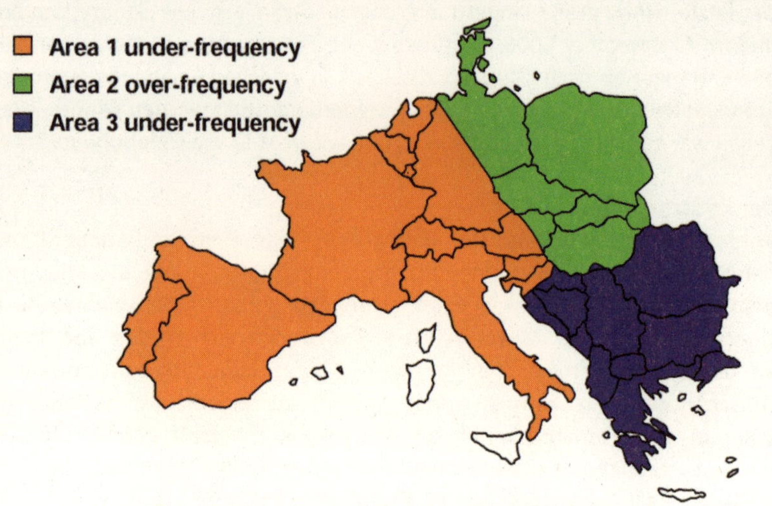

Figure 4: Schematic map of UCTE area split into three areas

Abb. 2: Zerfall des einheitlichen europäischen Verbundnetzes am 4. 11. 2006 in getrennte Teilnetze als Folge des Zusammenbruchs[3]

Wichtigste Lektionen

Eine der entscheidenden Erkenntnisse, die man aus diesem Vorfall ziehen kann, ist die folgende: Wenn die Stabilitätsgrenze eines Stromnetzes einmal überschritten ist, erfolgt der Zusammenbruch mit geradezu atemberaubender Geschwindigkeit. Die Auftrennung in zwei Teilnetze begann innerhalb von lediglich 2 Sekunden, und die Abtrennung eines dritten Netzbereichs erfolgte anschließend sogar innerhalb von nur zwei weiteren Zehntelsekunden. Am besten veranschaulicht wird die Plötzlichkeit dieses Zusammenbruchs durch die Aufzeichnung der Netzfrequenz – das ist die entscheidende Messgröße zur Beurteilung der Netzstabilität.

Die Abbildung 3 zeigt den entsprechenden Verlauf im Ruhrgebiet. In den nun getrennten Teilnetzen wurden anschließend Notmaßnahmen ergriffen, um sie zunächst jeweils für sich zu stabilisieren und anschließend wieder zusammenzuschalten. Bis zur Wiederherstellung des Normalzustands vergingen teils mehrere Stunden.

Der Frequenzverlauf in Bild 3 lässt erkennen, dass bei solchen Ereignissen der Zeitraum, in dem überhaupt wirksame Gegenmaßnahmen ergriffen werden könnten, extrem kurz ist. Dieser Aspekt ist für alle Fragen, welche die Netzstabilität betreffen, entscheidend. Denn leider wird die Situation

[3] Grafik: ebd., S. 22.

nach und nach immer kritischer, weil politisch erzwungene Entwicklungen im Bereich der europäischen Stromversorgungssysteme letztlich die Anfälligkeit für solche Zusammenbrüche fördern. In entsprechenden Kapiteln dieses Buches wird hierauf deshalb noch detailliert eingegangen.

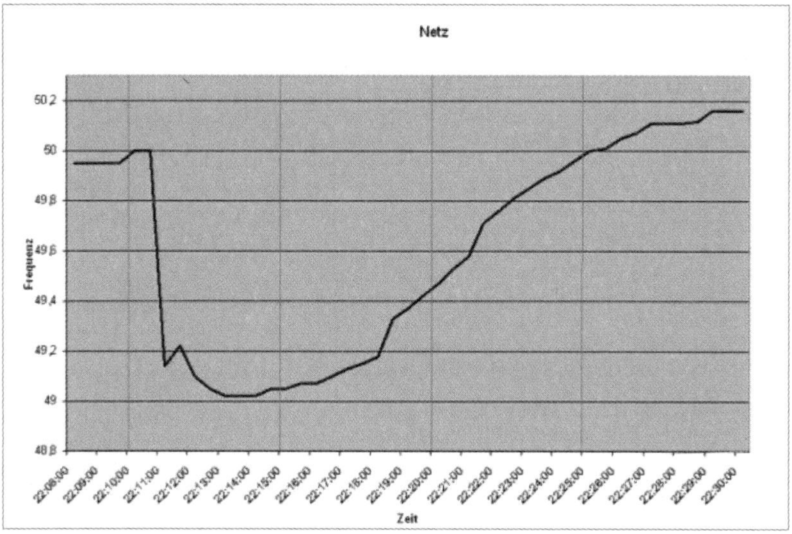

Abb. 3: Aufzeichnung des Frequenzverlaufs des Stromnetzes im Ruhrgebiet am 4. 11. 2006 zwischen 22:08 und 22:30 MEZ (Grafik: Wikipedia/gemeinfrei[4])

Festzuhalten bleibt vor allem Folgendes: Netzzusammenbrüche vollziehen sich innerhalb von einigen wenigen Sekunden. Eine wirksame Absicherung hiergegen ist nur mit Systemen möglich, die in genau dieser kurzen Zeitspanne ihre volle Wirksamkeit entfalten können. Die zur Stabilisierung des Netzes vorgesehenen technischen Maßnahmen sind jedoch – mit drei Ausnahmen – gar nicht imstande, innerhalb solch kurzer Zeitspannen wirksam zu reagieren. Und genau die beiden wichtigsten Ausnahmen werden dank einer verfehlten Energiepolitik nach und nach immer weiter geschwächt. Auch hierauf wird in den folgenden Kapiteln noch näher eingegangen.

Die Situation in den Teilnetzen

Wirft man einen genaueren Blick auf die Situation der Stromversorgung in den beiden wichtigsten Teilnetzen – dem in Nordosteuropa und dem in Südwesteuropa –, so zeigt sich eine wesentliche Auffälligkeit: Im Nordos-

---

[4] Siehe https://de.wikipedia.org/wiki/Netzfrequenz

ten (grüner Bereich in Abb. 2) waren rund 10.000 MW an elektrischer Leistung zuviel am Netz, während diese Leistung im südwestlichen Netz (oranger Bereich) wiederum fehlte. Dieses Ungleichgewicht, das der Leistung von etwa zehn großen Kohlekraftwerken entspricht, war letztlich die Ursache für die Probleme, nachdem die dazwischen liegenden Übertragungsleitungen ausgefallen waren. Im Nordosten mussten die Netzbetreiber daher in großem Umfang Erzeugungskapazität außer Betrieb nehmen, während auf der anderen Seite Verbrauchsbereiche von der Versorgung abgeschnitten und alle verfügbaren Kraftwerke so schnell wie nur irgend möglich hochgefahren werden mussten. Zu den entscheidenden Ursachen des Blackouts zählen also die enormen großräumigen Ungleichgewichte zwischen Stromerzeugung und -verbrauch, die sich in dem Augenblick bemerkbar machten, als die Verbindungen zwischen einzelnen Bereichen zusammenbrachen.

Die wahren Ursachen

Um die wahren Ursachen für diesen katastrophalen Ausfall zu erkennen, muss man den Blick tiefer richten. Man darf sich nicht von den zahllosen Details der Abläufe in den beteiligten Leitwarten und den technischen Einzelheiten sowie den zahlreichen Kommunikationsmängeln zwischen den verschiedenen beteiligten Stellen ablenken lassen. Die tatsächlichen Hintergründe werden von der Analyse der damaligen UCTE (Union for the Coordination of Transmission of Electricity, heute ENTSO-E) mit klaren Worten beschrieben. Dort heißt es, dass das europäische Verbundnetz ursprünglich das entscheidende Rückgrat der Versorgungssicherheit der kontinentaleuropäischen Länder werden sollte. Seit den ersten Anfängen war sein Hauptzweck die Sicherstellung gegenseitiger Hilfe zwischen den einzelnen nationalen Teilnetzen. Doch dann kam die Politik auf einige grandiose Ideen...

Abkehr vom Prinzip der Regionalversorgung

In Deutschland galt für Stromanbieter ursprünglich das Geschäftsmodell, als Komplettversorger alle benötigten Ressourcen – Kraftwerke, Schaltanlagen, Transformatoren und Leitungen – regional in einer Hand zu bündeln. Die einzelnen Versorger verfolgten deshalb einen Ansatz, bei dem alle Aufwendungen zwischen Kraftwerk und Abnehmer unter ganzheitlichen Aspekten minimiert wurden. Deshalb wurden Kraftwerke bevorzugt nahe an den Verbrauchszentren errichtet, um die nicht unerheblichen Leitungs- und Umspannverluste zu begrenzen.

Der Austausch mit benachbarten Versorgern und mit anderen Nationen erfolgte dann und in dem Umfang, wie es ökonomisch Sinn machte, um Ressourcen gemeinsam besser zu nutzen und so gemeinsam Aufwand und Kosten zu senken. Neben einigen sehr großen Versorgern wie E.ON, RWE und EnBW gab es auch kleinere Gesellschaften wie z.B. Stadtwerke, die in Eigenregie Strom erzeugten und auch verteilten.

In den letzten Jahrzehnten hat die Politik diesbezüglich eine radikale Kehrtwende vollzogen. Um die Abhängigkeit der Kunden vom Quasi-Monopol der Versorger aufzubrechen, wurde das Konzept einer sogenannten Marktliberalisierung auf Kiel gelegt. Erzeugung und Transport bzw. Verteilung von elektrischer Energie wurden per Gesetz voneinander getrennt. In Deutschland entstanden vier große Transportnetzbetreiber, welche die Netznutzungskosten getrennt ausweisen. Die Stromerzeuger mussten Ihr Produkt dagegen am „freien Markt" in festen Zeiteinheiten anbieten. Abnehmer sind Großabnehmer sowie Stromhändler, Angebot und Nachfrage werden über spezialisierte Börsen wie die EEX abgewickelt.

Handel ohne Rücksicht auf Verluste

Das Resultat ist eine Ablösung der früher räumlich begrenzten Stromflüsse durch einen regelrechten „Ferntourismus" für rasch wachsende Strommengen, die europaweit beim billigsten Anbieter eingekauft und über fast beliebige Entfernungen verschoben werden. Dabei braucht man sich über die mit der Entfernung zunehmenden Transferverluste offensichtlich keine Gedanken zu machen. Das Ergebnis ist ein starker Anstieg beim grenzüberschreitenden Stromtransfer. Als zweiter Faktor kommen die zunehmenden Mengen an zufallsbedingt erzeugtem „Ökostrom" aus Wind- und Solarkraftwerken hinzu, die man mangels ortsnahem Bedarf zur Not mit „negativen Strompreisen" irgendwohin über die Grenzen hinweg ins Ausland entsorgt.

Dass dieser „Ökostrom" auch am 4. November eine Rolle spielte, brachte – wenn auch aufgrund der Abhängigkeit der Energieunternehmen vom Wohlwollen der Politik sehr verklausuliert – Klaus-Dieter Maubach von E.ON Energie zum Ausdruck, als er auf eine „unerwartete Veränderung der Stromflüsse im Netz" hinwies, durch die sich an diesem Abend „ein starker Stromfluss aus nordöstlicher in südwestlicher Richtung" aufgebaut habe.[5] Eine weitere Folge der massiven Einspeisung von Windenergie in die Netze waren schwer kontrollierbare Schwankungen beim Wiederaufbau des Netzes, weil die Steuerungen zahlreicher Windenergieanlagen bei Wiederer-

[5] Vgl. Stromausfall am 4. November: Ursache war menschliches Versagen, Hamburg, 15. 11. 2006, http://de.wikinews.org/wiki/Stromausfall_am_4._November:_Ursache_war_menschliches _Versagen.

reichen der Sollfrequenz im Netz automatisch und erratisch erneut mit der Einspeisung begannen.[6]

Bewertungsdifferenzen zwischen Bundesnetzagentur und UCTE

Ein Vergleich der Stellungnahmen seitens UCTE – einer unabhängigen internationalen Branchenorganisation – und der Bundesnetzagentur, die als deutsche Behörde weisungsgebunden arbeitet, zeigt erheblich Differenzen. Während der UCTE-Bericht natürlich auch die formalen Schwachpunkte in der Organisation und Zusammenarbeit der Netzbetreiber auflistet, finden sich dort auch die weiter oben bereits dargelegten Einschätzungen zu den Hintergründen, die in dem Satz gipfeln, dass diese Fehlentwicklungen zu Belastungssituationen der Netze geführt haben, für die deren Grundstruktur überhaupt nicht ausgelegt war (!).[7]

Nicht überraschen darf angesichts dieser unterschiedlichen Interessenlagen daher, dass derartige Hinweise im Fazit der Bundesnetzagentur völlig fehlen. Schließlich „darf" man als weisungsgebundene Behörde nicht die eigene Regierung kritisieren. Deshalb konzentriert man sich ausschließlich auf die rein formalen Fehler und Pannen, während die eigentlichen Ursachen – insbesondere der Missbrauch des Stromversorgungssystems durch die Profiteure in der „Ökostrom"-Branche sowie in der künstlich geschaffenen Finanzwelt der Strombörse und die dadurch verursachten großen regionalen Ungleichgewichte in der Erzeugung – überhaupt keine Erwähnung finden.

---

[6] Vgl. Fn. 2.

[7] ebd.

2] Zusammenbruch der Netze – eine unterschätzte Gefahr

Angesichts der Seltenheit wirklich großer Blackouts und der vergleichsweise kurzen Zeit bis zur Wiederherstellung der Stromversorgung werden viele die Frage nach den Konsequenzen achselzuckend als eher nebensächlich abtun. Trotz ihrer in manchen Bereichen erheblichen wirtschaftlichen Auswirkungen blieben die Folgen dennoch deutlich unterhalb der Schäden, die z.B. durch großräumige Flutkatastrophen verursacht werden. Allerdings sollte man das Gefahrenpotenzial nicht unterschätzen. Unsere moderne Industriegesellschaft ist derartig von einer funktionierenden Stromversorgung abhängig, dass ein länger andauernder Zusammenbruch der Stromversorgung schnell zu katastrophalen Konsequenzen führen würde.

Die Folgen selbst eines nur Stunden dauernden Blackouts sind bereits erheblich. Ohne Strom funktioniert heute gar nichts mehr, selbst im Straßenverkehr bricht ohne Ampeln das Chaos aus. Bei den verketteten Produktionssystemen der Industrie kommt es schon nach kurzer Zeit zu enormen Ausfällen, beispielsweise in Automobilwerken oder in Stahl- und Aluminiumhütten, wo einfrierende Schmelze die Anlagen zerstören kann. In Verwaltungen droht Datenverlust in den Computersystemen, und Handwerker sowie Dienstleister können ihrer Arbeit nicht nachgehen. Eine Untersuchung, über die in der „Welt" berichtet wurde, kommt zu dem Schluss, dass schon eine einzige Stunde Blackout Schäden von bis zu 600 Millionen Euro verursachen kann.[8]

Vom Unfall zur Katastrophe

Wirklich gravierend werden die Folgen eines Blackouts jedoch mit zunehmender Dauer, weil dann nach und nach die noch verbliebenen Ressourcen ausfallen. Eine umfassende Untersuchung über die Konsequenzen eines langdauernden Stromausfalls hat das Büro für Technikfolgen-Abschät-

[8] Daniel Wetzel: Jede Stunde Blackout kostet 600 Millionen Euro, www.welt.de, 28. 10. 2013.

zung beim Deutschen Bundestag (TAB) im Jahre 2010 durchgeführt.[9] In dieser Situation verderben Nahrungsmittel in Eisschränken und Kühlhäusern, Batteriesysteme in Telekommunikationssystemen stellen ihren Dienst ein, Tankstellen können ohne Strom keinen Sprit mehr abgeben und in Krankenhäusern sterben Patienten, wenn der Treibstoffvorrat der Notstromaggregate zu Ende geht.

Die Studie kommt zu dem Schluss, dass die flächendeckende und bedarfsgerechte Versorgung der Bevölkerung mit lebensnotwendigen Gütern und Dienstleistungen bereits nach wenigen Tagen nicht mehr sicherzustellen ist. Die öffentliche Sicherheit ist gefährdet. Bei einem längerdauernden Blackout kämen die dadurch ausgelösten Folgen einer nationalen Katastrophe gleich. Diese wäre selbst durch eine Mobilisierung aller internen und externen Kräfte und Ressourcen nicht „beherrschbar", allenfalls zu mildern.

Anderswo ist man klüger

Während in Deutschland sowohl Politik und Verwaltung als auch nahezu die gesamte Öffentlichkeit die Gefahren eines Blackouts weitgehend ignorieren, ist man in Österreich diesbezüglich deutlich wacher. Dort gibt es Bestrebungen, die Öffentlichkeit ebenso wie die zur Aufrechterhaltung der öffentlichen Ordnung zuständigen Stellen zu informieren und sie auf die entsprechende Situation vorzubereiten. Dazu gibt es unter dem Titel „Plötzlich Blackout! Vorbereitung auf einen europaweiten Stromausfall" sogar eine eigene Webseite.[10]

Eindringlich wird dort gewarnt: „Wenn kein Licht mehr geht, kein Handy, kein Internet, keine Heizung, kein Bankomat, keine Tankstelle, keine Kasse und keine U-Bahn. Wenn Aufzüge einfach steckenbleiben, oder sogar das Wasser aufhört zu rinnen und damit auch keine Toilettenspülungen mehr funktionieren, dann ist etwas eingetreten, was viele für unmöglich halten: Unser tägliches Leben ist völlig von der Stromversorgung abhängig. Besonders im städtischen Raum. Und nicht nur das, auch die organisierte Hilfe ist nur mehr schwer erreichbar. Unsere sehr hohe Versorgungssicherheit hat dazu geführt, dass wir uns dessen nur selten bewusst sind. Kaum jemand ist darauf vorbereitet, einige Zeit auch ohne die gewohnte Versorgung und Infrastruktur auszukommen."

---

[9] Vgl. Deutscher Bundestag, Drucksache 17/5672, 27. 04. 2011, Bericht des Ausschusses für Bildung, Forschung und Technikfolgenabschätzung (18. Ausschuss) gemäß § 56a der Geschäftsordnung, TA-Projekt: Gefährdung und Verletzbarkeit moderner Gesellschaften – am Beispiel eines großräumigen und langandauernden Ausfalls der Stromversorgung.

[10] Vgl. www.ploetzlichblackout.at/

Alles nur Übertreibung?

Gerade die große Sicherheit, die wir bisher bezüglich unserer Stromversorgung genießen durften, erweist sich angesichts der aktuellen Entwicklung im Bereich der Stromversorgung als Handicap. Denn das solide Gebäude, das uns frühere Generationen nach jahrzehntelanger Aufbauarbeit hinterlassen haben, gerät durch Profitgier und ideologische Verblendung zunehmend in Gefahr. Die Erzeugung instabilen Stroms aus angeblich „erneuerbaren" Quellen wie Wind oder Fotovoltaik destabilisiert das Netz. Diese Instabilitäten nehmen seit Jahren so zu, dass die Lage bereits jetzt als kritisch bezeichnet werden kann.[11]

[11] Vgl. Bedrohliche Energiewende, 502 Störfälle im ersten Halbjahr – Stromnetz steht vor Kollaps, Focus-Online, 3. 9. 2013; RWE-Chef will Unternehmen auf Energiewende ausrichten – Keine Investitionen mehr in fossile Kraftwerke, AFP, 29. 10. 2013; Lex Hartman [Mitglied der Geschäftsführung der Tennet TSO GmbH]: Ohne Netzausbau wird die Energiewende scheitern, Börsen-Zeitung, Nr. 126, 5. 7. 2014, S. B 4.

3] Das Stromnetz – eine Wechselstromwelt

Dem Außenstehenden fällt es oft schwer zu verstehen, warum unser Stromnetz künftig in Gefahr geraten sollte: Wir haben doch zahlreiche und sehr leistungsfähige Kraftwerke, die rund um die Uhr im Einsatz sind und enorme Mengen elektrischen Stroms via Fernleitungen überallhin verteilen! Zudem wurden in den letzten Jahren riesige Kapazitäten an Wind- und Solarkraftwerken ans Netz angeschlossen! Wenn soviel Strom produziert wird, dass der Börsenstrompreis ständig sinkt, müsste er demnach in ausreichenden Mengen zur Verfügung stehen! Warum also diese scheinbare Panikmache mit Warnungen vor Störungen und Zusammenbrüchen?

Um diese Fragen zu beantworten, muss man sich zunächst einmal ansehen, wie unsere Stromversorgung funktioniert. Am einfachsten wäre es natürlich, wenn wir – so wie bei vielen transportablen Geräten im Haushalt oder bei Autos – mit Gleichstrom aus Batterien arbeiten könnten. Batterien lassen sich problemlos verwenden: Braucht man mehr Strom, so schaltet man einfach mehrere davon parallel, und falls eine höhere Spannung benötigt wird, dann eben hintereinander.

Vorteil der Batterien ist zudem, dass sie nicht nur ein Stromlieferant, sondern zugleich auch ein Speichersystem sind, denn sie enthalten vom Funktionsprinzip her chemische Energie, die nach und nach in Strom umgesetzt wird. Schaltet man den Verbraucher ab, bleibt die Energie fast unverändert gespeichert und steht später sofort wieder zur Verfügung.

Auf der anderen Seite haben sie jedoch auch zwei entscheidende Nachteile: Batteriestrom ist mit etwa 200 bis 400 Euro/kWh mindestens 5.000 bis 6.000 Mal so teuer wie Kraftwerksstrom, und die Energiebilanz ist verheerend schlecht: Für die Herstellung einer Zink-Kohle-Batterie braucht man 40 bis 200 Mal mehr Energie, als ihr später entnommen werden kann.[12] Auch der Versuch, stattdessen Akkumulatoren als Energiespeicher einzusetzen, führt in die Sackgasse. In späteren Kapiteln wird hierauf noch ausführlich eingegangen.

[12] Vgl. Mobile elektrische Energieerzeugung, www.lieflex.de/energie-batterie.html [Juni 2014].

Warum Wechselstrom?

Faktisch die gesamte Stromerzeugung in allen Ländern der Erde läuft über Wechselstrom. Dies liegt am Prinzip der Erzeugung durch Spulen bzw. Magnete in rotierenden Generatoren. Typischerweise hat der Spannungsverlauf des Wechselstroms die Form einer Sinuswelle mit abwechselnd positiver oder negativer Polarität (Abb. 4).

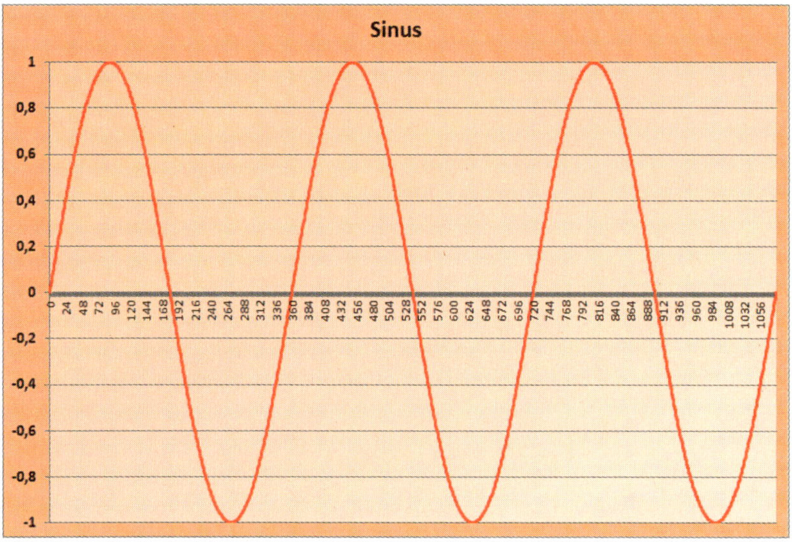

Abb. 4: Die Spannung an den Ausgangsklemmen eines Stromgenerators hat typischerweise einen angenähert sinusförmigen Verlauf

Wechselstrom hat im Unterschied zum Gleichstrom den entscheidenden Vorteil, dass man ihn mit Hilfe von Transformatoren problemlos auf unterschiedlichste Spannungen herauf- oder heruntertransformieren kann. Solche Transformatoren sind robust, vergleichsweise einfach herzustellen und arbeiten mit nur sehr geringen Umwandlungsverlusten. Eine herausragende Rolle spielen sie vor allem für den Stromtransport über große Entfernungen, weil die Leitungsverluste in erster Linie von der Stromstärke in der Leitung abhängen. Verzehnfacht man beispielsweise bei gleicher Stromstärke die Spannung, so verzehnfacht man auch die übertragbare Leistung, während der Verlust nahezu unverändert bleibt.

Deshalb haben unsere Fernleitungsnetze hohe Übertragungsspannungen von 380.000 oder 220.000 VOLT. Und auch bei der ersten Verteilebene der regionalen Verteilnetzen arbeitet man mit 110.000 VOLT. Auf der zweiten Verteilebene geht man dann zu Mittelspannungen (1.000 bis 50.000 Volt) über. Auf die für Haushalte und kleinere Gewerbebetriebe übliche Spannung von 400/230 Volt wird erst in unmittelbarer Nähe zu den jeweiligen Verbrauchern heruntertransformiert (Abb. 5).

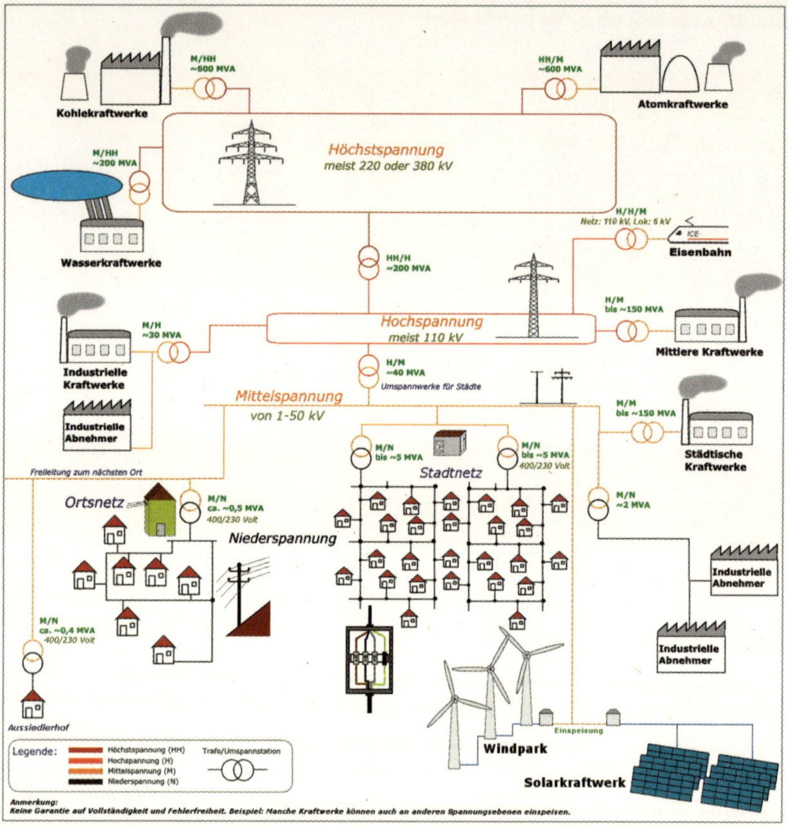

Abb. 5: Die unterschiedlichen Spannungsebenen bei Transport- und Verteilnetzen (Grafik: Creative Commons, Stefan Riepl (Quark48)/ Leon)

Ohne Synchronisation läuft beim Wechselstrom gar nichts

Während Wechselstrom also für den Transport und die Verteilung von Strom über größere Gebiete bestechende Vorteile aufweist, gibt es auf der anderen Seite ein großes Handicap: Man kann zwei Generatoren, die Wechselspannung erzeugen, nicht einfach parallel an die gleiche Leitung schalten, wie dies bei Batterien gleicher Spannung möglich ist. Da Wechselstrom ständig die Polarität ändert, muss man zunächst darauf achten, dass beide Generatoren mit exakt der gleichen Frequenz arbeiten, weil sich ihre Spannungen sonst mal addieren, mal subtrahieren würden (Abb. 6). Die Generatoren würden somit teils gegeneinander gerichtet arbeiten und sich dabei gegenseitig beschädigen.

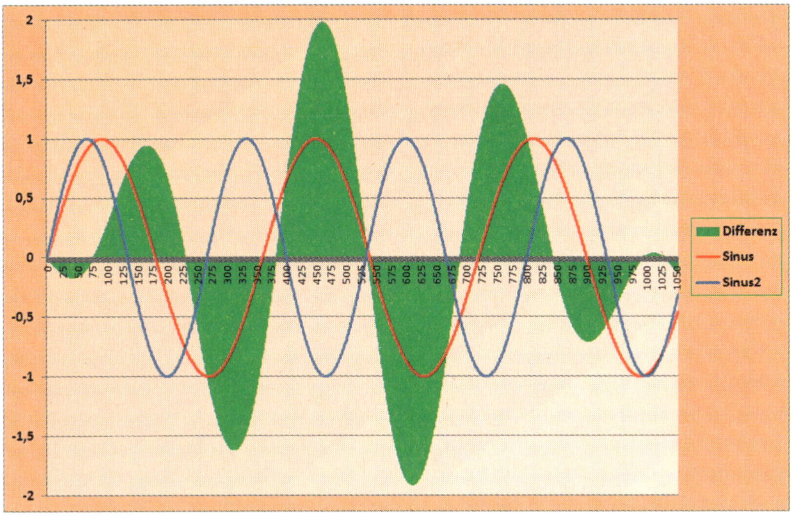

Abb. 6: Beim Zusammenschaltung von zwei Generatoren mit unterschiedlichen Frequenzen würden sich die Spannungen mal addieren, mal subtrahieren (grüne Flächen).

Darüber hinaus ist aber noch eine zweite Einschränkung zu beachten: Die Generatoren müssen nicht nur mit exakt gleicher Frequenz arbeiten, sondern die Sinusfunktionen ihrer Spannung müssen exakt übereinanderliegen. In der Fachsprache drückt man das so aus, dass sie nicht nur bezüglich ihrer Frequenz synchron arbeiten müssen, sondern auch die Phasenlage exakt übereinstimmen muss. Eine Darstellung von Sinusfunktionen, die sowohl bezüglich ihrer Frequenz als auch hinsichtlich ihrer Phasenlage und Amplitude exakt übereinstimmen, zeigt der obere Teil von Abbildung 7.

Kann dies nicht gewährleistet werden, etwa weil der Nullpunktdurchgang ihrer Spannung um 25 Grad gegeneinander verschoben ist, so würden beide Generatoren zumindest zeitweilig gegeneinander arbeiten, wie es die grüne Fläche im unteren Teil von Abbildung 7 zeigt. Da die Umsetzung der dabei entstehenden Wärmeenergie innerhalb der jeweiligen Generatorwicklungen erfolgen würde, käme es sehr schnell zu Schäden. Angesichts der enormen Leistungen moderner Stromerzeuger sind die Differenzen bezüglich Frequenz und Phasenlage, mit der diese ins Netz einspeisen dürfen und können, absolut minimal. Die entsprechenden Sensoren und Regelkreise sind daher äußerst empfindlich und reagieren schon bei kleinsten Abweichungen.

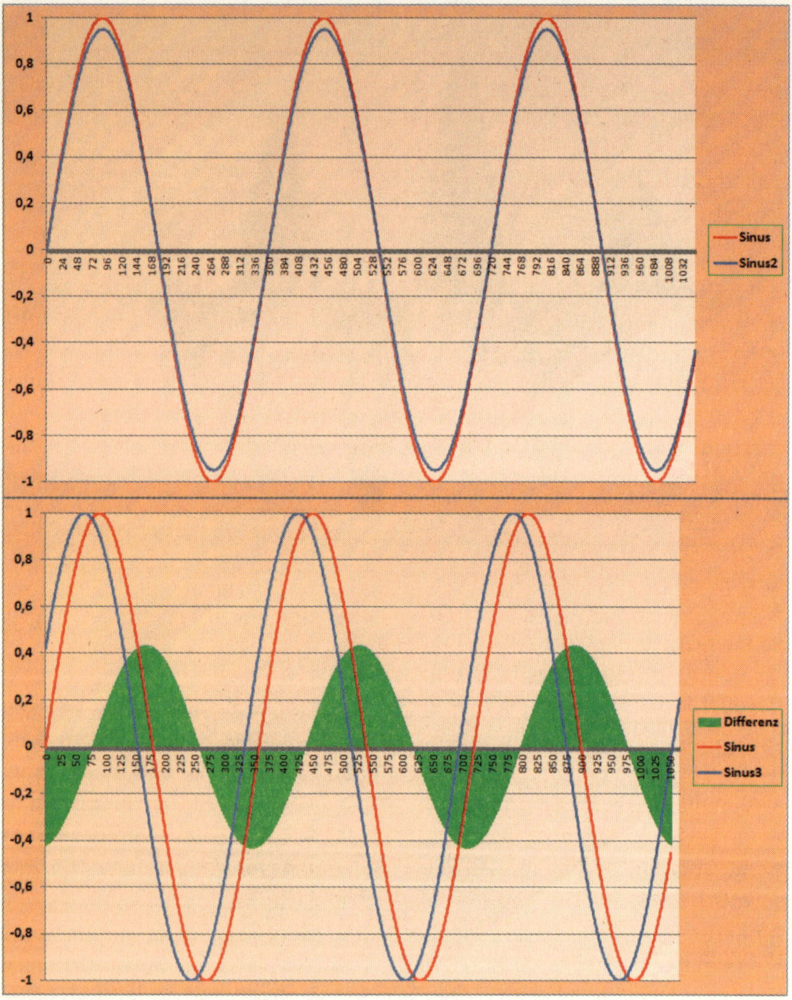

Abb. 7: Generatoren lassen sich nur bei völliger Synchronität von Phase und Frequenz (oberes Bild) gemeinsam am Netz betreiben. Schon eine vergleichsweise geringe Abweichung des Phasenwinkels (unten) würde zu hohen Verlustleistungen (grün) und Zerstörungen in den Generatorwicklungen führen.

Interessant ist in diesem Zusammenhang zu wissen, dass die Frequenz des Generators in einem Kraftwerk allein von seiner Drehzahl abhängt. Das bedeutet, dass die Frequenzstabilität im heutigen europaweiten Verbundnetz voraussetzt, dass viele Hunderte ans Netz angeschlossene Kraftwerksturbinen und Generatoren gemeinsam mit größter Exaktheit synchron laufen. Zudem muss die gemeinsam eingehaltene Frequenz ständig auf den Sollwert von 50 Hertz nachjustiert werden.

Dies ist eine regelungstechnische Meisterleistung. Das Gesamtgleichgewicht ist das Resultat einer ständigen Feinjustierung bei jedem einzelnen Kraftwerk. Diese Aufgabe gleicht derjenigen eines Jongleurs, der Dutzende und Aberdutzende Bälle im ständigen Wechsel in der Luft halten muss.

Nur Großkraftwerke sind Taktgeber

An diesem Orchester sind allerdings nicht alle Kraftwerke auf gleicher Ebene beteiligt. Aktive Taktgeber – also diejenigen, welche aktiv die jeweilige Netzfrequenz vorgeben – sind im europäischen Verbundnetz die konventionellen Kraftwerke, die als Brennstoff zumeist Kohle, Uran oder Gas verwenden. Hinzu kommen einige Wasserkraftwerke und betrieblich genutzte Kraft-Wärmekopplungsanlagen. Dies sind die Einheiten, welche aktiv an der Frequenzstabilisierung des Netzes teilnehmen. Solar- und Windkraftwerke haben dagegen elektronische Regelsysteme. Hier kommen elektronisch gesteuerte Umrichtertechnologien zum Einsatz, die ständig die aktuelle Situation im Netz abfragen und Frequenz sowie Phasenlage der abgegebenen Spannung entsprechend anpassen.

Weicht die Netzfrequenz aufgrund von Störungen um einen vorgegebenen Differenzbetrag von der Sollvorgabe ab, so werden diese Anlagen vom Netz getrennt. Während der Takt im Netz nahezu ausschließlich von der relativ kleinen Gruppe aktiver konventioneller Kraftwerke mit rotierenden Turbinen vorgegeben wird, sind die „Öko"-Erzeuger demnach passive Folger.

Aus diesem Grund ist auch die Behauptung, man könne unsere Stromerzeugung auf 100 Prozent „erneuerbare Energien" umstellen, einfach Wunschdenken, das sich angesichts der Gesetzmäßigkeiten moderner Stromversorgungssysteme mit den heutigen Technologien so nicht realisieren lässt. Ansätze zu alternativen Technologien haben das Laborstadium noch nicht verlassen, und ihre Praxistauglichkeit ist unter Fachleuten – milde ausgedrückt – umstritten. Es wäre ein Unding, eine real funktionierende Infrastruktur zugunsten solcher unausgereifter Denkansätze bereits heute auf's Spiel zu setzen.

4] Produktion und Verbrauch – ein heikles Gleichgewicht

Aus der Sicht eines Ingenieurs hat der Wechselstrom einen wesentlichen Nachteil: Man kann ihn nicht auf einfache Weise speichern. Dies ist nur indirekt möglich, indem man ihn dafür in eine andere Energieform umwandelt. Die einzige ausgereifte und großtechnisch in gewissem Umfang verfügbare Technologie hierfür ist die Verwendung von Pumpspeicherkraftwerken, doch ist ihre Kapazität viel zu gering, um mehr zu leisten als einen kurzfristigen Beitrag zur Abdeckung vereinzelter Lastspitzen über wenige Stunden. Daher sind die Stromproduzenten gezwungen, die Stromproduktion ständig dem Verbrauch anzupassen.

Ein besonders beliebter Rosstäuschertrick, mit dem die zahllosen Vertreter arbeiten, die gutgläubigen Zeitgenossen angeblichen „Ökostrom" zu überhöhten Preisen andrehen, ist das Gerede vom „Stromsee", in den beispielsweise Solaranlagen tagsüber einspeisen und aus dem der Kunde dann auch nachts seinen „100 Prozentigen Grünstrom" beziehen könne.

Das ist nichts weiter als Betrug. Unser Wechselstromnetz enthält 100 Mal in jeder Sekunde keinerlei elektrische Energie, und zwar immer dann, wenn die Polarität des Stroms wechselt und die Spannung deshalb kurzfristig null Volt beträgt. Alle Verbraucher müssen dies überbrücken, indem sie für diesen Zeitraum Energie speichern. Motoren nutzen dafür ihre Schwungmasse, Glühbirnen flackern halt etwas, doch kühlt ihr Glühfaden in dieser kurzen Zeit nicht völlig aus, und alle Elektronikgeräte haben Kurzzeitspeicher wie Kondensatoren oder Spulen, mit deren Hilfe sie den Ausfall überbrücken.

Nach dem Nulldurchgang füllt sich das Netz wieder mit Energie, und zwar ganz exakt entsprechend der Prozentualen Leistung der aktuell gerade einspeisenden Kraftwerke. Falls Wind und Sonne gerade gleichzeitig Pause machen, ist es halt Fossil- und Atomenergie, egal was auf der Rechnung steht. Die wenigen Pumpspeicher, über die wir verfügen, speichern Energie gänzlich undifferenziert dann ein, wenn sie billig zur Verfügung steht, und geben sie dann ab, wenn die Preise am höchsten sind.

Bisher folgte die Produktion dem Bedarf

Unser hoch komplexes Stromnetz bleibt nur stabil, wenn Produktion und Verbrauch ständig exakt im Gleichgewicht gehalten werden. Schon kleine und kurzzeitige Abweichungen haben sofort Auswirkungen auf die Netzfrequenz und zwingen die Versorgungsunternehmen zu entsprechenden Gegenmaßnahmen. Die entscheidende Herausforderung für die Betreiber von Kraftwerken und Stromnetzen besteht darin, dass die Entnahme von Strom aus dem Netz im Prinzip chaotisch erfolgt.

Wenn der Bürger morgens warmes Wasser zum Duschen und Kaffeetrinken haben möchte oder abends vor dem Fernseher „seiner" Mannschaft zujubeln will, erwartet er, dass ihm der dafür benötigte Strom jederzeit in der erforderlichen Menge zur Verfügung steht. Gleiches gilt auch für Handel, Gewerbe und Verwaltungen, die Strom für praktisch alles vom Betrieb ihrer Maschinen bis zur Beleuchtung und Klimatisierung ihrer Büros sowie für den störungsfreien Betrieb der zahllosen Computersysteme benötigen, ohne die im modernen Wirtschaftsleben so gut wie nichts mehr funktionieren würde. Die Produzenten müssen sich auf diese Situation einstellen.

Markt- oder Planwirtschaft?

Die Stromerzeuger versuchten daher bisher, sich auf diese chaotische Stromabnahme durch rechtzeitige Bereitstellung entsprechender Kraftwerksleistung einzustellen. Während im deutschen Netz in den Nachtstunden im Sommer teilweise nur rund 25.000 MW Leistung abgerufen werden, kann der Bedarf an Werktagen in der kalten Jahreszeit auf bis zu 85.000 MW ansteigen. Einen typischen Lastgang an einem Herbsttag zeigt Abbildung 8.

Natürlich wäre es den Erzeugern lieber, wenn sie ihre Anlagen „nach Plan" jeweils unter für sie günstigsten Bedingungen betreiben könnten und die Verbraucher sich dem anpassen müssten. Da wir jedoch in einer freien Marktwirtschaft leben, muss sich das Angebot der Nachfrage anpassen, was die Stromerzeuger bisher zwang, sich durch vorausschauende Planung auf diese dauernd veränderliche Belastungssituation einzustellen.

Das deutsche Stromnetz gehörte vor allem deshalb zu den besten der Welt, weil das Land nicht nur über hervorragende Ingenieure verfügt, sondern diesen auch ausgefeilte Technik zur Verfügung steht, um für diese ständige Anpassung zu sorgen. Ein Blick auf einen Ausschnitt der Anzeige in der Leitwarte eines modernen Kraftwerks zeigt, wie sich die Leistungskurve ständig stufenweise ändert, um der Nachfrage zu folgen (Abb. 9). Dank unserer Marktwirtschaft gilt, dass der Verbrauch stets Vorrang hat und sich die Produktion danach zu richten hat.

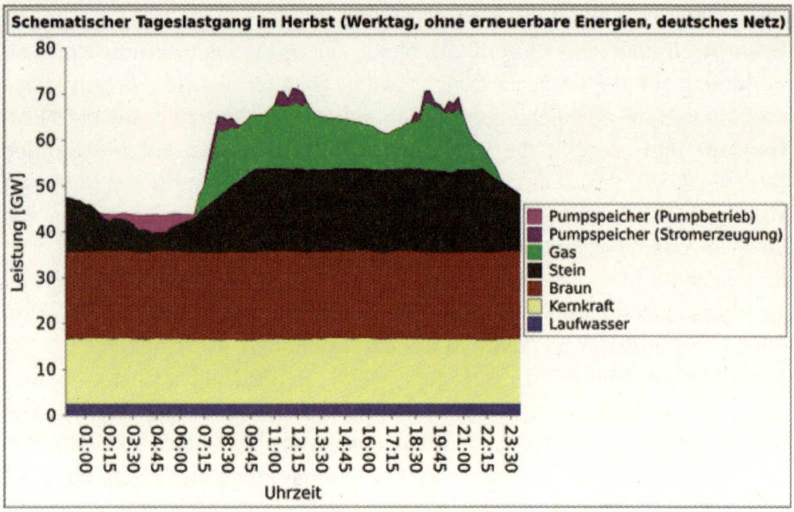

Abb. 8: Schema des Tagesgangs des Strombedarfs im deutschen Netz an einem Herbst-Werktag (ohne „erneuerbare Energien"). Nach oben aufgetragen ist die von den verschiedenen Stromlieferanten bereitgestellte Leistung über dem Verlauf der Tageszeit (Grafik: Seisofrei, Wikimedia Creative Commons)

Heimweh nach Nordkorea?

Ein anderes System, bei dem die Dusche abgeschaltet, die Produktion „mal kurz" unterbrochen oder der Herd für eine Stunde vom Netz genommen wird, weil die Stromerzeugung gerade nicht nachkommt, würde Deutschland auf den Status einer Bananenrepublik zurückwerfen. Schlimmer noch, wenn Sie etwas von „Smart Metern" oder von „Demand Side Management" lesen, dann klingt das etwa so: „Durch die stark ansteigenden fluktuierenden Einspeisungen aus erneuerbaren Energien muss der konventionelle Kraftwerkspark nicht nur Schwankungen der Nachfrage, sondern auch meteorologisch bedingte Schwankungen bei der Stromerzeugung aus Sonnen- und Windenergie kompensieren. Damit steigt die Notwendigkeit, flexible Komponenten in das Stromversorgungssystem einzubringen. Eine mögliche Option stellt dabei die Nutzung von flexiblen Lasten dar. Ziel ist hierbei eine Verschiebung von Lasten auf der Nachfrageseite entsprechend der aktuellen Erzeugungssituation. Die gezielte Steuerung von Lasten wird als Lastmanagement oder Demand Side Management (DSM) bezeichnet."[13]

[13] DENA (Hg.): Lastmanagement – ein Überblick, www.effiziente-energiesysteme.de/themen/lastmanagement.html [Juni 2015].

Die wahre Botschaft hinter diesen wohltönenden Formulierungen ist schlicht folgende: Wir beabsichtigen eine Planwirtschaft bzw. Mangelverwaltung zu Lasten des Bürgers, und die Smart Meter haben vorrangig den Zweck, ihn lückenloser zu überwachen, als es die Stasi mit ihren beschränkten technischen Möglichkeiten jemals gekonnt hätte.

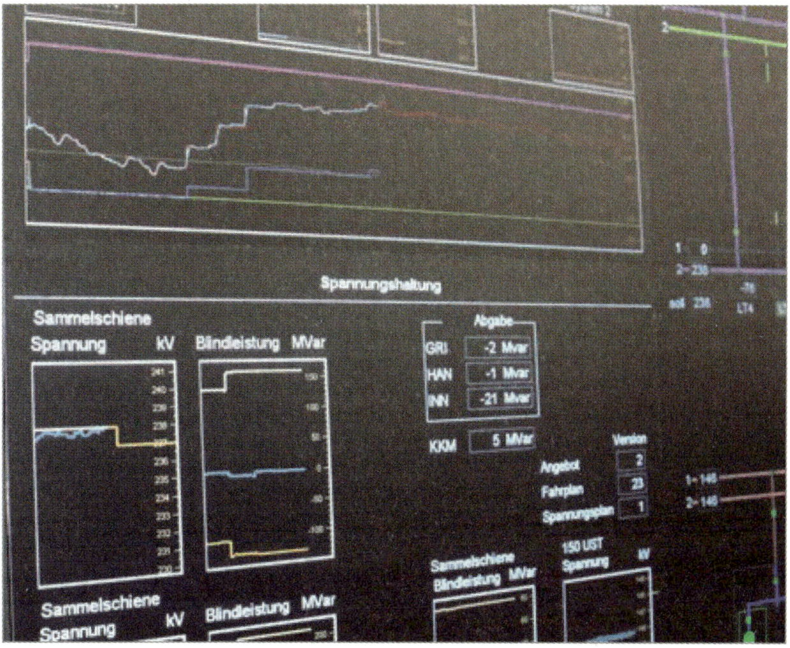

Abb. 9: Ausschnitt der Anzeigen in der Leitwarte eines Kraftwerks, wo ausgeklügelte Technik für die ständige Anpassung der Produktion an den Bedarf sorgt.

Aufwendige Vorausplanung

Um die Produktion dem Verbrauch anzupassen, arbeiten die Betreiber der Transportnetze sowie die regionalen Versorger mit ausgefeilten Prognosen, mit deren Hilfe der Tagesgang der Netzlast vorausgeplant wird. Wie bereits erwähnt, schwankt dieser je nach Tageszeit, Wochentag und Jahreszeit zwischen etwa 25.000 MW in warmen Sommer-Wochenendnächten und 75.000-80.000 MW an kalten Wochentagen, wenn Fabriken und Heizungen auf Hochtouren laufen. Für die ständige Feinanpassung sorgt ein komplexes Netzwerk aus unterschiedlichsten Kraftwerken, die entsprechend ihrer Einsatzflexibilität in Grund-, Mittel- und Spitzenlastkraftwerke eingeteilt werden.

Kraftwerkstypen: Grundlast

Grundlastkraftwerke sind die Arbeitspferde des Elektrizitätsnetzes. Es sind die größten, zuverlässigsten und von ihren Stromerzeugungskosten her günstigsten Kraftwerke, dafür gebaut, 24 Stunden am Tag und für rund 330 Tage im Jahr den Sockel von mindestens 35.000 MW sicherzustellen, ohne den in Deutschland die Zivilisation – und das ist wörtlich zu nehmen – zusammenbrechen würde. Diese Kraftwerke werden auf den sogenannten optimalen Betriebspunkt gebracht und bleiben dann wenn möglich dort, weil jede Abweichung einen schlechteren Wirkungsgrad – und damit auch mehr CO_2-Ausstoß – verursachen würde.

Solche Kraftwerke kann man nicht wie ein Auto einfach per Zündschlüssel und Gaspedal bedienen. Ihre riesigen, manchmal bis zu 170 m hohen Kesselanlagen, die viele tausend Tonnen Stahl in Form komplexer Rohrbündel enthalten, erleiden schon bei kleineren Last- und damit Temperaturänderungen Schäden durch Wärmeausdehnung. Dafür erzeugen sie Strom zu sehr günstigen Preisen von etwa 2,4 bis 3,35 ct/kWh. Neben Kohlekraftwerken gehören zu dieser Kategorie auch Kern- und Wasserkraftwerke.

Um sie nachts nicht zu weit herunterregeln zu müssen, wird der von ihnen erzeugte Strom in den Stunden geringster Netzlast genutzt, um Pumpspeicherkraftwerke zu füllen. Diese pumpen mit dem überschüssigen Strom Wasser in hochgelegene Staubecken. Am Tag kann es dann auf Turbinen geleitet werden und so Strom erzeugen.

Mittel- und Spitzenlast

Für die Mittellast kommen meist Steinkohle- sowie Gas-und-Dampfkraftwerke (GuD) zum Einsatz, die sich innerhalb eines gewissen Bereichs herauf- und herunterregeln lassen. Dennoch gilt auch für sie, dass sie aufgrund ihrer großen Massen und der mit Laständerungen verknüpften Schädigungen geänderten Anforderungen nur vergleichsweise träge folgen. Die Spitzenlast übernehmen vor allem Gaskraftwerke. Das sind große Gasturbinen, die innerhalb weniger Minuten von Stillstand auf hohe Leistung gebracht werden können. Sie gehören zu den teuersten, zugleich aber auch flexibelsten Einheiten im deutschen Kraftwerkspark und sorgen zusammen mit den direkt regelbaren Pumpspeicherkraftwerken für die Feinabstimmung der Stromerzeugung auf den tatsächlichen Verbrauch. Ständige Regelimpulse von den Netzleitstellen sorgen dafür, dass dieses Orchester verschiedenster Kraftwerke ständig im Einklang spielt. Anderenfalls würde das Netz sehr schnell instabil und könnte zusammenbrechen.

Abb. 10: Pumpen-Turbinenblöcke in einem Pumpspeicherkraftwerk. Solche Anlagen bieten die einzige zurzeit großtechnisch verfügbare Möglichkeit zur Speicherung von Strom.

5] Last und Frequenz – Aktion und Reaktion

Bei der Beurteilung der Stabilität unseres Stromnetzes ist die Frequenz der entscheidende Faktor. Alle anderen Aspekte, wie etwa die aktuelle Spannung im Netz, stehen dahinter zurück. Jegliches Ungleichgewicht zwischen Erzeugung und Verbrauch macht sich in erster Linie durch eine Abweichung der Frequenz vom Sollwert bemerkbar. Der Sollwert beträgt genau 50.000 Hertz (Hz). Die Aufmerksamkeit der Netzüberwacher gilt deshalb vorrangig diesem Kriterium. Doch warum ist eigentlich gerade dieses so wichtig?

Um dies zu verstehen, sollte man sich zunächst die Vorgänge in einem einzelnen Generator vor Augen führen. Ein Generator versucht im Prinzip, das Gleichgewicht zwischen zwei gegensätzlichen Kräften zu halten, die in Form von Drehmomenten auf ihn einwirken. Auf der einen Seite ist es die – meist mit Dampf betriebene – Turbine, welche die Welle des Generators antreibt, auf der anderen Seite die Belastung durch die Abgabe von elektrischer Energie ins Netz.

Diese Last wirkt durch die entsprechende elektromagnetische Wechselwirkung bremsend auf den Generator. Beide Kräfte haben die Tendenz, die Drehzahl des Generators zu ändern: Die Turbine wirkt beschleunigend, die Last aus dem Netz bremsend. Generatordrehzahl und Frequenz des erzeugten Wechselstroms hängen aufgrund der Funktionsweise des Systems direkt voneinander ab. Ohne Stromabnahme würde der Generator nur sehr wenig Energie von der Turbine benötigen, um mit gleichmäßiger Geschwindigkeit zu rotieren. Bei Überlast oder gar einem Kurzschluss im Netz würde er dagegen brutal abgebremst werden.

Leistungsregelung

Da sich der Generator im Verbund mit anderen gemeinsam am Netz befindet und sich die Netzlast ständig ändern kann, muss die Regelungseinrichtung des Kraftwerks darauf achten, dass die Turbine stets mit der benötigten Dampfmenge versorgt wird, um ausreichend Leistung ins Netz abzugeben. Die Drehzahl des einzelnen Generators wird übrigens durch das Netz vorgegeben, er wird sozusagen zwangsweise im Gleichtakt mit dem Netz „mitgezogen". Würde ihm jedoch zuwenig Energie über die Turbine zugeführt, so käme es zu Abweichungen im Energiefluss und damit möglicherweise zu unzulässiger Energiefreisetzung im Generator selbst, was Schäden zur Folge hätte.

Entscheidendes Bauteil für die Zuführung ausreichender Energie zur Turbine ist deshalb das Dampfventil, das den Eintritt von Dampf aus dem riesigen Energievorrat im Kessel in die Turbine beeinflusst. Um möglichst schnell auf geänderte Anforderungen reagieren zu können, muss dieses dem Steuersignal äußerst schnell und dennoch sehr feinfühlig folgen. Viel träger reagieren danach u.a. die Kohlemühlen, die Kohle aus dem Vorratsbunker zu feinem Staub mahlen, der anschließend in die Feuerung des Kessels geblasen wird, sowie die sonstigen Aggregate des Kraftwerks wie z.B. Speisewasserpumpen.

Die Crux mit der Frequenzhaltung

Ebenso wie ein einzelner Generator reagiert auch die Gesamtheit der am Netz angeschlossenen Kraftwerksturbinen auf Änderungen der Netzlast sofort, weil sich die bremsenden Kräfte auf den Turbinenverbund ändern. Dies führt automatisch zu einer mehr oder weniger ausgeprägten Änderung der Generatordrehzahl und damit auch der Netzfrequenz. Sobald die Frequenzänderung die als kritisch eingestufte Abweichung von ± 0,02 Hz überschreitet, greifen gestaffelte Abhilfemaßnahmen, indem spezielle von den Kraftwerken bereitgehaltene Leistungsreserven abgerufen werden. Auf den Einsatz dieser Regelenergie wird im Kapitel 6 eingegangen.

Störungen durch Wind und Sonne

Um die Rolle der beiden wetterabhängigen „erneuerbaren“ Energiequellen richtig einschätzen zu können, muss man sich nochmals vor Augen führen, dass die Verantwortlichen im Bereich der Stromversorgung seit jeher ihr ganzes Können und Wissen in die Aufgabe investieren mussten, Erzeugung und Verbrauch stets im exakten Gleichgewicht und das Netz damit stabil zu halten. Im Netz treten selbst im Normalbetrieb ständig plötzliche und teils recht heftige Lastschwankungen auf, etwa wenn der elektrische Lichtbogen eines Stahlofens mit einer Anschlussleistung von 130 MW schlagartig zündet.

Wesentliche Voraussetzung für den Erfolg ihrer Anstrengungen ist die möglichst exakte Regelbarkeit der ihnen zur Verfügung stehenden Kraftwerke, die präzise dann und in genau dem Umfang Strom liefern müssen, wenn dies zur Stabilisierung des Netzes erforderlich ist. Gerade diese Eigenschaft ist bei den beiden Hauptakteuren der geplanten „Energiewende“, den Solar- und Windkraftwerken, nicht gegeben: Sie sind beide völlig den Launen der Natur unterworfen, und das nicht nur langfristig, sondern auch kurzfristig. Zwar wird von den entsprechenden Lobbyorganisationen unermüdlich behauptet, die Produktion dieser Anlagen lasse sich dank moderner Vorhersageprogramme zumindest von einem Tag zum anderen mit geringer Fehlerquote vorhersagen.

Die Wahrheit sieht jedoch ganz anders aus. Glücklicherweise gibt es die entsprechenden Daten heute, für jedermann einsehbar, bei der Strombörse EEX. So lässt sich leicht nachprüfen, dass für die Windstromleistung am 9. August 2014 ein Maximalwert von etwa 9.200 MW prognostiziert wurde, während knapp 12 Stunden später in Wirklichkeit bis zu 16.800 MW am Netz anstanden (Abb. 11).

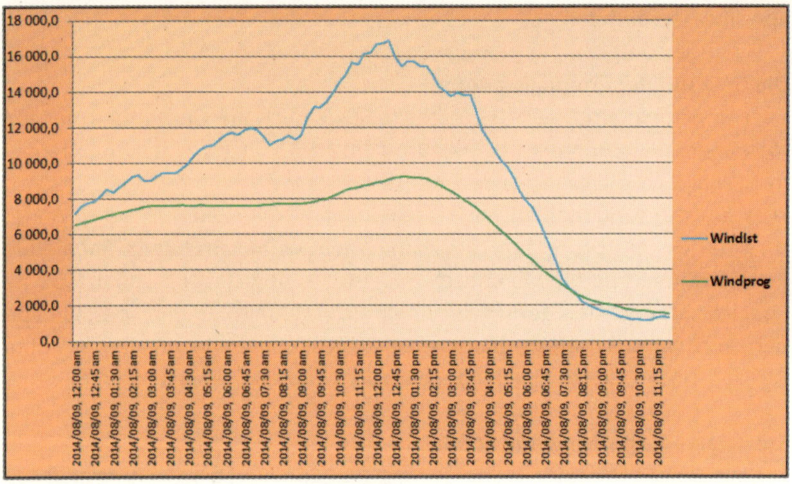

Abb. 11: Am 9. August 2014 erreichte die Ist-Erzeugung der deutschen Windenergieanlagen mittags in der Spitze rund 16.800 MW, obwohl die Prognose noch rund 12 Stunden zuvor von lediglich bis zu 9.200 MW ausgegangen war (Daten: www.transparency.eex.com/de).

Die Differenz erreichte in der Zeit von 12.14 bis 12.30 Uhr Höchstwerte von bis zu 7.800 MW, was einem Prognosefehler von bis zu 87 Prozent entspricht. In absoluten Zahlen ausgedrückt entspricht der Fehler der Leistung von 6-8 Großkraftwerken, für die plötzlich keine Abnehmer zur Verfügung standen, weil EE-Strom im Netz Vorrang genießt. Für die Netzbetreiber, deren ganze Aufmerksamkeit darauf gerichtet sein sollte, Schwankungen auf der Nachfrageseite auszugleichen, bedeutet dies eine erhebliche Erschwerung ihrer Aufgabe, weil sie sich jetzt zusätzlich mit massiven Schwankungen auf der Erzeugerseite herumschlagen müssen.

Zum Glück ist es in der hier beschriebenen Situation leichter, Kraftwerke zu drosseln als sie plötzlich aus dem Stillstand hochfahren zu müssen. Deshalb konnte das Netz auch ohne größere Probleme stabil gehalten werden. Wenn die Kapazität der Windenergieanlagen entsprechend den Planungen der Bundesregierung jedoch bis zum Jahr 2050 von heute etwa 35.500 MW auf dann bis zu 324.000 MW ausgebaut würde, hätte ein vergleichbarer Prognosefehler unweigerlich katastrophale Folgen. Bei der Aufgabe, das Stromnetz stabil zu halten, sind Sonne und Wind keine Hilfe, sondern Störenfriede. Die dadurch verursachten Probleme werden sich mit ihrem weiteren Ausbau ständig verschärfen.

6] Regelenergie – die Reserven für Notfälle

Wie bereits weiter oben dargelegt, müssen die Netzverantwortlichen dafür sorgen, dass Produktion und Verbrauch von elektrischem Strom stets exakt ausgeglichen sind. Um das zu gewährleisten, werden die unterschiedlichen Kraftwerke nach einem sorgfältig ausgearbeiteten Fahrplan gefahren. Die einzelnen Abnehmer, die dank moderner Computertechnik recht gute Prognosen für ihren Bedarf haben, gewährleisten durch rechtzeitigen Einkauf der benötigten Strommengen, dass das erforderliche Gleichgewicht im Großen und Ganzen gewahrt bleibt. Dennoch gibt es unvermeidlicherweise immer mal wieder unvorhergesehene Schwankungen. Für den Ausgleich sorgen dann die Betreiber der Übertragungsnetze durch den Einsatz von Regelenergie.

Regelenergie wird benötigt, um kurzfristige Ungleichgewichte von Produktion und Verbrauch von elektrischem Strom auszugleichen und so die Netzfrequenz stabil zu halten. Da es sich hierbei um nicht planbare Notfallmaßnahmen handelt, erfolgen der Abruf sowie die Abrechnung außerhalb des normalen Börsengeschehens auf der Grundlage besonderer Vereinbarungen (Ausschreibungen) zwischen den Netzbetreibern und den beteiligten Kraftwerken. Dabei wird nach der zeitlichen Dringlichkeit zwischen insgesamt drei verschiedenen Arten unterschieden: In Primärregelung, Sekundärregelung (Sekundenreserve) sowie Tertiärregelung (Minutenreserve, Abb 12).

Den Bilanzkreisausgleich kann man für die hier vorgenommenen Betrachtungen außen vorlassen, da es hierbei um interne Ausgleichsmaßnahmen geht und die Kraftwerke diese Energie nicht mehr notfallmäßig bereitstellen müssen. Regelenergie kann übrigens sowohl mit positivem wie auch negativem Vorzeichen abgerufen werden: Bei Überlast muss mehr Leistung eingespeist werden, bei Unterlast müssen die Kraftwerke dementsprechend gedrosselt werden.

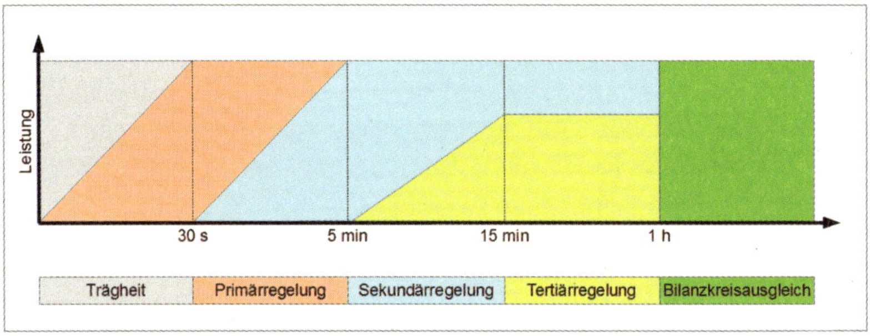

Abb. 12: Schema des gestaffelten zeitlichen Einsatzes der unterschiedlichen Arten von Regelenergie und die entsprechenden Bezeichnungen im deutschen Netz (Grafik: Creative Commons, Autor DF5GO)

Primärregelenergie

Die erste Stufe der notfallmäßigen Bereitstellung von Energie bei Netzstörungen wird als Primärregelenergie bezeichnet. Diese muss innerhalb eines Zeitraums von 30 Sekunden nach Auftreten einer Störung von Null bis zu einem vereinbarten Maximalwert hochgefahren und danach mindestens 15 min lang aufrechterhalten werden können. Eine derart schnelle Leistungsbereitstellung ist nur mit bereits im Lastbetrieb befindlichen Großkraftwerken machbar. Um dies zu ermöglichen, werden sie im Normalbetrieb etwas unterhalb ihrer Nennleistung betrieben, so dass sie im Bedarfsfall durch Hochregeln noch etwas zusätzliche Leistung abgeben können. Um eine Überlastung einzelner Einheiten zu verhindern, werden hierfür im Normalfall alle aktuell am Netz befindlichen Großkraftwerke herangezogen. Deshalb ist die Bandbreite des zusätzlichen Lastabrufs pro Einheit auf zwei bis drei Prozent der jeweiligen Anlagen-Nennleistung begrenzt.

Sekundär- und Tertiärregelung

Wichtigste Aufgabe der Primärregelung ist die sofortige Stabilisierung des Netzes bei plötzlichen Belastungsänderungen. Allerdings ist die zur Verfügung stehende Leistungsreserve mit insgesamt 3.000 MW für das gesamte synchrone Netz in Europa nicht allzu groß. Um baldmöglichst auf eventuelle erneute Störungen reagieren zu können, müssen die Netzbetreiber deshalb weitere Kraftwerksleistung aktivieren, damit diejenigen Kraftwerke, welche Primärregelleistung abgeben, wieder in den Normalbetrieb zurückkehren und gegebenenfalls erneut auf einen weiteren Notfall reagieren können. Hierfür stehen als zweite und dritte Stufe die Sekundär- und Tertiärregelung zur Verfügung (Abb. 13).

Die Sekundärregelung muss innerhalb von fünf Minuten mit der Abgabe von Leistung beginnen können und ihre volle Nennleistung innerhalb von fünfzehn Minuten erreichen. Dies ist typischerweise die Domäne von Gasturbinen, die imstande sind, aus dem kalten Zustand heraus solche Beschleunigungswerte vorzulegen, sowie von Speicher-Wasserkraftwerken. Allerdings ist der Betrieb von Gasturbinen ziemlich teuer, so dass man danach trachtet, sie baldmöglichst wiederum durch die Kraftwerke der Tertiärregelungsstufe abzulösen. Bei diesen handelt es sich häufig um mit Steinkohle befeuerte Mittellastkraftwerke, deren Anfahrcharakteristik es ihnen gestattet, in entsprechend kurzer Zeit hochzufahren. Zudem verfügen sie aufgrund ihrer Größe über recht hohe Leistungsreserven, so dass sie mühelos auch größere Leistungsdefizite ausgleichen können.

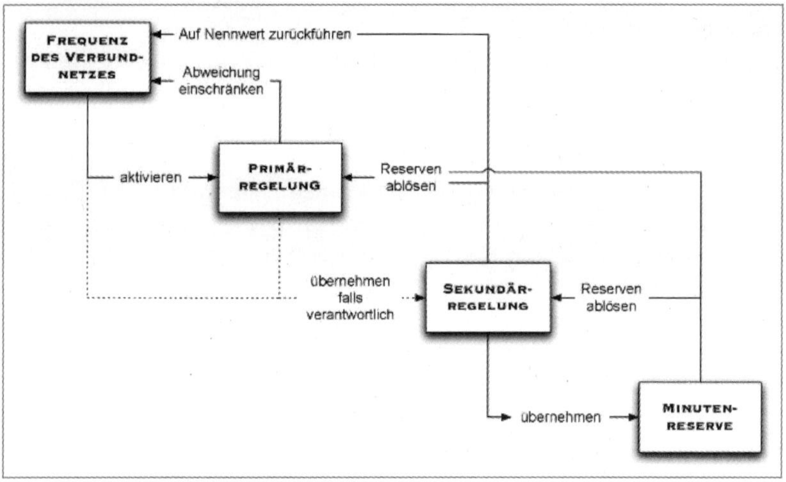

Abb. 13: Zusammenwirken der verschiedenen Regelungsarten zur Stabilisierung des Netzes bei Störungen[14]

Beim Blackout nutzen Gaskraftwerke wenig

Eine weitere wichtige Folgerung aus den dargelegten Zusammenhängen ist die, dass die oft als Heilsbringer gepriesenen Gaskraftwerke bei einem Blackout wenig ausrichten können. Reine Gaskraftwerke gelten zwar als Schnellstarter, doch dauert es eben doch mehrere Minuten, bis ihr Generator wirklich nennenswerte Leistungen abgeben kann. Damit kann man keinen Blackout verhindern. Noch mehr gilt dies für die sogenannten Gas-

[14] Grafik: FFE e.V. (Hg.): Technischer Aufbau der Frequenzregelung im UCTE, 26. 1. 2009, www.ffe.de/wissenffe/artikel/167-technischer-aufbau-der-frequenzregelung-im-ucte [Juni 2015].

und-Dampf (GuD)-Kraftwerke: Aus dem Stillstand heraus braucht deren Dampfkessel gut eine Viertelstunde, bis er die Turbine mit nennenswerter Leistung versorgen kann. Während reine Gaskraftwerke wegen ihrer hohen Betriebskosten sowieso meist nur kurzfristig zur Deckung von Spitzenlast zum Einsatz kommen, bedienen GUD-Kraftwerke meist die Mittellast.

Zwar kommen sie mit kleinen bis mittleren Lastgradienten gut zurecht, doch ist ihre Präsenz im Netz wegen der hohen Kosten zu gering, als dass man von ihnen erwarten könnte, dass sie im Bereich der Primärregelleistung wesentliche Anteile der Aufgaben von Grundlastkraftwerken übernehmen könnten.

7] Rotationsenergie – die „übersehene" Reserve

Wenn man sich näher mit den zahllosen technischen Details beschäftigt, welche Generationen von Ingenieuren im Laufe von Jahrzehnten ausgetüftelt haben, um das Wechselstromnetz immer besser gegen allen möglichen Unbill abzusichern, bekommt man den Eindruck, dass hier ein derartig solides und dermaßen hoch abgesichertes System geschaffen wurde, dass es eigentlich fast nicht mehr aus dem Gleichgewicht gebracht werden kann. Doch dieser Eindruck ist trügerisch. Eine unheilige Allianz aus politischen Ideologen, gierigen Profiteuren und technischen Laien hat sich zusammengefunden, um dieses grundsolide angelegte Gebäude nach und nach immer weiter zu destabilisieren, bis es irgendwann zum Crash kommt.

Wenn man sich die Abfolge der Ereignisse vom Blackout des 4. Novembers 2006 nochmals genauer ansieht, so fällt auf, mit welcher Geschwindigkeit das Unheil damals seinen Lauf nahm, nachdem die Sicherheitssysteme die überlastete Leitung vom Netz nahmen. Danach dauerte es gerade einmal zwei Sekunden, bis die Kaskade ihren Lauf nahm und die Leitungen zwischen den ungleich versorgten Bereichen des europäischen Verbundnetzes eine nach der anderen getrennt wurden. Die Lehre aus diesen Vorfällen ist daher, dass die zur Abwendung von solchen Ausfällen benötigte Energie möglichst sofort, spätestens innerhalb von wenigen Sekunden zur Verfügung stehen muss, um überhaupt noch eine Chance zur Stabilisierung des Systems zu haben.

Massenträgheit – die einzige Sofortreserve...

Die einzige sofort verfügbare Leistungsreserve, auf welche die Netzbetreiber in den entscheidenden ersten Sekunden eines Ausfalls zurückgreifen können, ist die kinetische Energie, die in den rotierenden Massen der Turbinen und Generatoren konventioneller Kraftwerke gespeichert ist. Vom Prinzip her arbeiten diese Anlagen in einem solchen Fall wie ein Schwungrad. Die darin gespeicherte Energie ist enorm, denn die rotierenden Komponenten von Großkraftwerken haben in der Regel eine Masse von mehreren hundert Tonnen und Durchmesser von etlichen Metern. Sie rotieren im Normalfall mit ziemlich exakt 3.000 Umdrehungen/ Minute. Das ist die Drehzahl, die zur Aufrechterhaltung der 50-Hz-Frequenz benötigt wird. Die Abbildung 14 zeigt eine Simulation einer Störung. Man kann sehr schön erkennen, wie schnell, etwa bei einem Kraftwerksausfall, die Netzfrequenz einbricht. Bei größeren Ereignissen verhindern nur die Rotationsreserven zu diesem Zeitpunkt einen totalen Zusammenbruch.

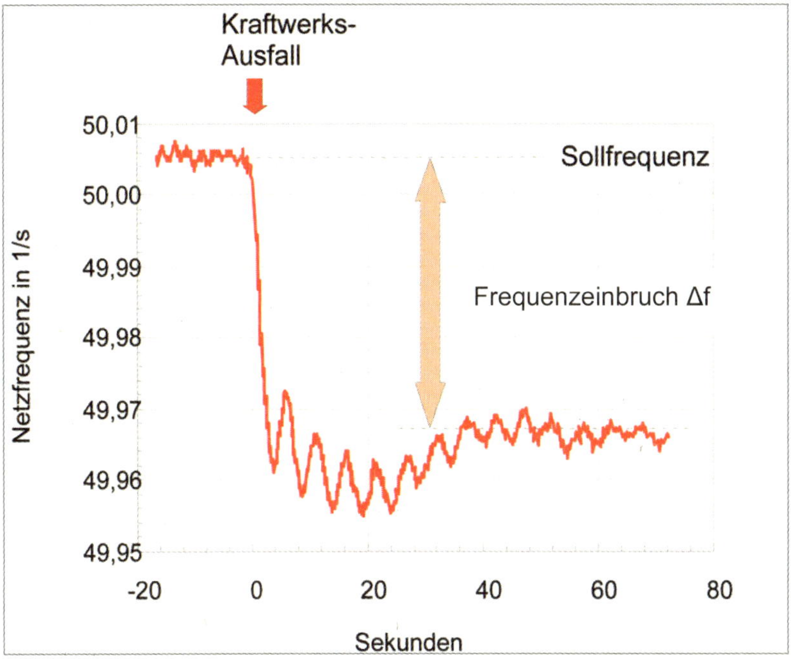

Abb. 14: Die Simulation der Reaktion der Netzfrequenz auf einen Kraftwerksausfall zeigt, wie blitzartig die Netzfrequenz bei einem solchen Störereignis einbrechen kann. (Grafik: Prof. Jürgen Karl[15]).

Erst mit einer gewissen Verzögerung setzen nach und nach die sonstigen Stabilisierungsmechanismen der Primärregelung ein: Dampf-, Gas- und Wasserventile werden aufgefahren, die Kohlemühlen für die Kesselfeuerung in Kohlekraftwerken auf höheren Durchsatz eingestellt und Steuerstäbe aus Reaktorkernen herausgefahren. In der obigen Grafik entspricht

[15] Jürgen Karl [Prof., damals Uni Graz]: Vorlesung Energiewirtschaft, SS 2008, Teil 6: Netze und Versorgungssicherheit, Folie 15, als PDF auf http://portal.tugraz.at/ [4. 10. 2014].

dies dem Bereich, wo der jähe erste Absturz abgebremst wird und allmählich zum Stillstand kommt. Doch haben alle diese Maßnahmen nur dann noch einen Sinn, wenn es in den ersten Sekunden gelungen ist, einen kompletten Zusammenbruch des Netzes zu verhindern. Und das ist einzig und allein der sofort und ohne jegliche Verzögerung verfügbaren Rotationsenergie zu verdanken. Anders ausgedrückt: Ohne ausreichende Präsenz von konventioneller, auf Dampfturbinen basierender Kraftwerksleistung ist das Netz in solch kritischen Situationen nicht stabil zu halten.

Entscheidende Speicher für diese Rotationsreserve sind im Wesentlichen Kohlekraftwerke, Kernkraftwerke, Gaskraftwerke und – in geringerem Umfang – Wasserkraftwerke. Unbrauchbar sind unter diesen Gesichtspunkten dagegen sowohl Solar- als auch Windenergieanlagen, da deren Leistungsabgabe nicht gezielt einem sich ändernden Bedarf angepasst werden kann. Insbesondere Leistungserhöhungen sind wegen der Launenhaftigkeit von Sonne und Wind nicht zu gewährleisten.

Interessanterweise findet diese Tatsache in heutigen Regelwerken für den Netzbetrieb mit Blick auf Vorbeugung gegen Ausfälle sowie Maßnahmen gegen Netzstörungen vergleichsweise wenig Beachtung.[16] Während sich darin zahlreiche Passagen finden, die sich mit der Einbindung von Anlagen von Strom aus Solar- und Windanlagen befassen, finden sich Stichworte wie Rotations- oder Trägheitsreserve eher selten. Die Erklärung dafür könnte sein, dass in der Vergangenheit als Selbstverständlichkeit vorausgesetzt wurde, dass nahezu alle am Netz angeschlossenen und zur Störungsbeseitigung herangezogenen Kraftwerke über die erforderlichen Konstruktionsmerkmale verfügten. Auf diese Anlagen konnte man sich verlassen, sie lieferten auf Anforderung exakt soviel mehr oder weniger an Strom, wie benötigt wurde. Je geringer jedoch ihr Anteil an der Gesamtproduktion, desto kleiner sind naturgemäß auch die verfügbaren Beträge an Trägheitsreserve sowie an Primär- und Sekundärregelenergie.

Konventionelle Kraftwerke werden verdrängt

Mit zunehmenden Kapazitäten von Anlagen zur Erzeugung von Wind- und Solarstrom am Netz (Abb. 15) sinkt jedoch der Anteil gerade der stabilisierenden thermischen Kraftwerke an der Stromproduktion immer weiter. Dadurch gehen zwangsläufig auch die in den verschiedenen Kategorien verfügbaren Kapazitäten zur Lieferung von Regelenergie zurück.

Schon im Laufe des Jahres 2014 kam es immer häufiger zu Situationen, wo das Wetter es mit den Solar- und Windanlagenbesitzern so gut meinte,

[16] Vgl. Verband der Netzbetreiber VDN e.V. beim VDEW (Hg.): TransmissionCode 2007, Netz- und Systemregeln der deutschen Übertragungsnetzbetreiber, Version 1.1, August 2007.

dass diese die konventionellen Kraftwerke praktisch völlig aus dem Netz verdrängen könnten. Mit Stand erstes Halbjahr 2014 waren bereits Windenergieanlagen mit einer Kapazität von über 35.400 MW sowie Fotovoltaikanlagen mit 38.500 MW am Netz.

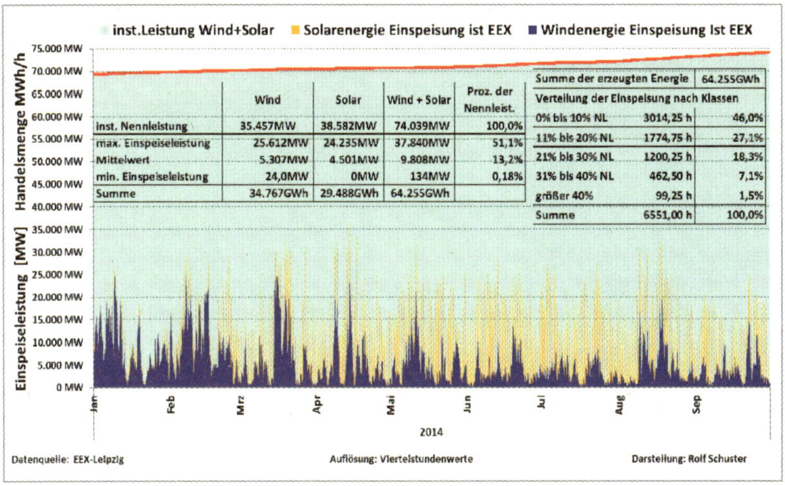

Abb. 15: Kapazitätszunahme von Anlagen zur Erzeugung von Wind- und Solarstrom in den ersten 9 Monaten des Jahres 2014 (Grafik: Rolf Schuster)

Die höchste von Windenergieanlagen ins Netz abgegeben Leistung lag in diesem Zeitraum bei 25.600 MW, während es bei Solaranlagen 24.200 MW waren. Wegen des zeitlichen Versatzes der jeweiligen Maxima ist die kumulierte Gesamt-EE-Leistung nie ganz so hoch wie die Summe beider Einzelwerte, doch lag der gemeinsame Spitzenwert immerhin schon bei 37.800 MW. Somit kann die Produktion allein aus Wind- und Solaranlagen an manchen sommerlichen Wochenenden oder Feiertagen schon die Höhe der gesamten Netzlast erreichen oder gar überflügeln (Abb.16).

Man kann deutlich erkennen, dass das maximale Leistungsangebot der Wind- und Solaranlagen an einem solchen Tag über Stunden bereits auf oder sogar oberhalb der Netzlast lag. Allerdings verbieten die bereits besprochenen Probleme mit der Netzstabilität auch in solchen Situationen die vollständige Abschaltung der noch am Netz vorhandenen konventionellen Kraftwerke. Bei Störungen stünden weder Rotationsenergie noch Primär- oder Sekundärregelleistung zur Verfügung. Bei einer solchen Konfiguration würde das Netz schon bei kleinen Störungen aus dem Gleichgewicht geraten. Je höher der politisch gewollte Anteil der EE-Erzeugung an unserer Stromproduktion ansteigt, desto unhaltbarer wird jedoch die Situation.

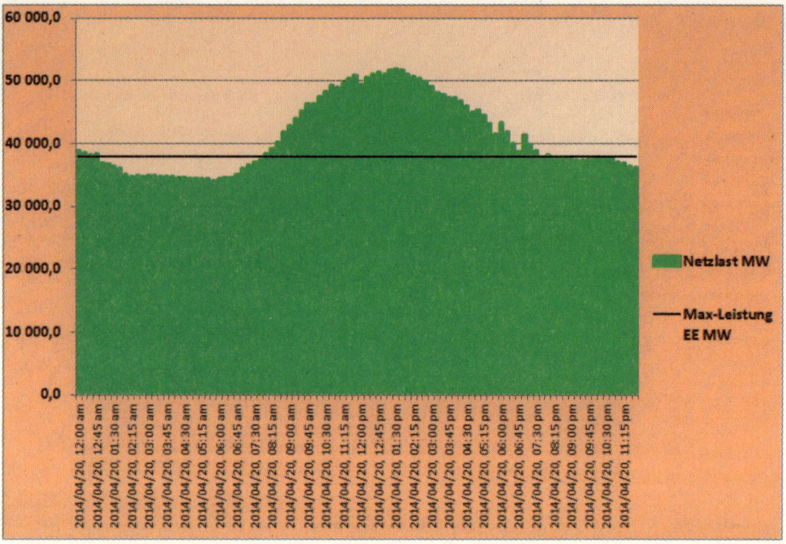

Abb. 16: Vergleich der Netzlast vom Sonntag, 20. April 2014, mit dem Spitzenwert der kombinierten Wind- und Solarleistung im 1. Halbjahr 2014 (Daten: www.transparency.eex.com/de).

8] Windstrom – mit Sicherheit unsicher

Im elektrischen Netz, von dessen Zuverlässigkeit unsere Zivilisation in höchstem Maße abhängt, ist die Verlässlichkeit, mit der die einspeisenden Kraftwerke im Falle eines Falles selbst unter widrigen Bedingungen ihre Leistung erbringen können, ein entscheidender Gesichtspunkt. Die Abschätzung dieser Sicherheit erfolgt jeweils entsprechend der spezifischen Eigenschaften der verschiedenen Kraftwerkstypen. Dabei ergeben sich teils erstaunliche Unterschiede zwischen der Leistung, die auf dem Typenschild steht, zur tatsächlich gesichert abrufbaren Leistungsbereitstellung.

Nach Definition des Energielexikons ist die gesicherte Kraftwerksleistung diejenige Kraftwerksleistung in einem Kraftwerkspark, die mit hoher Sicherheit ständig zur Verfügung steht. Ein einzelnes Kraftwerk hat eine gesicherte Leistung von Null, weil es jederzeit ausfallen kann. Erst eine größere Gruppe gleichartiger Kraftwerke kann mit mehr oder weniger hoher (aber nicht totaler) Sicherheit eine Mindestleistung bereitstellen. Verlangt wird beispielsweise eine Wahrscheinlichkeit der Verfügbarkeit von 99 Prozent oder 97 Prozent.

Die gesicherte Leistung eines Kraftwerksparks muss aus verschiedenen Gründen geringer sein als die Summe der Maximalleistungen der einzelnen Kraftwerke. Das ist leicht einzusehen, weil jedes Kraftwerk von Zeit zu Zeit für Wartungs- und Inspektionsarbeiten stillgelegt werden muss. Hinzu kommen Ausfälle durch ungeplante technische Defekte oder aus anderen Gründen, etwa aufgrund von Störungen im Gasnetz. Ebenfalls zu berücksichtigen ist auch der Eigenbedarf an Strom z.B. für Nebenaggregate wie Kohlemühlen oder Speisewasserpumpen.[17] Da es bei einem konventionellen Kraftwerkspark sehr unwahrscheinlich ist, dass ein großer Teil der Einheiten gleichzeitig ausfällt, macht die gesicherte Kraftwerksleistung immerhin einen erheblichen Teil der Gesamtleistung aus. Bei Windenergieanlagen ist die Sicherheit, dass sie im Bedarfsfall auch tatsächlich die gewünschte Leistung abliefern, erfahrungsgemäß eher gering.

[17] Vgl. dazu die Definition der Gesicherten Kraftwerksleistung auf www.strom-prinz.de/ [Juni 2015].

Leistungskredit – die Charakterisierung wichtiger Kraftwerktypen

Als Leistungskredit bezeichnet man den Beitrag eines einzelnen Kraftwerks zur gesicherten Leistung der betreffenden Erzeugungstechnologie. Im Prinzip handelt es sich um die Wahrscheinlichkeit, mit der dieses Kraftwerk im Augenblick des Bedarfs Leistung zur Verfügung stellen kann. Aus verschiedenen Gründen sind grundsätzlich nur ungefähre Aussagen über die Leistungskredite für verschiedene Kraftwerkstypen möglich. Hierfür finden sich in der Literatur[18] folgende Angaben:

Wasserkraft	40 %
Kernkraft	93 %
Gas-, Kohlekraftwerke	90 %
Wind Onshore	8 %
Wind Offshore	10 %
Fotovoltaik	1 %

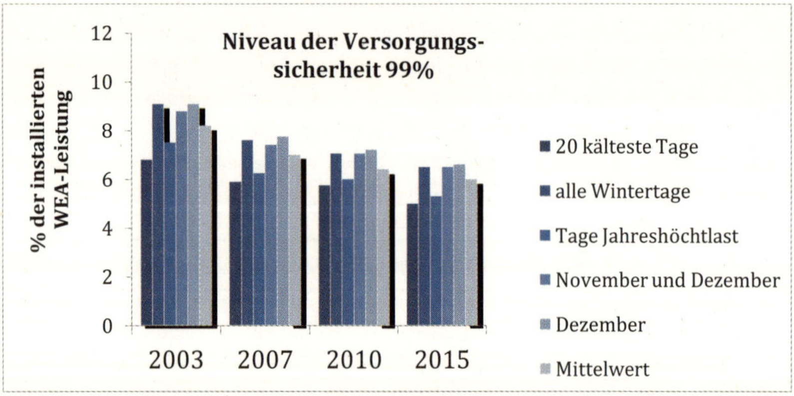

Abb. 17: Durchschnittlicher Zugewinn an gesicherter WKA-Leistung zum Zeitpunkt der Jahreshöchstlast (Quelle: DENA-Netzstudie[19])

Eine ziemlich detaillierte Studie der Deutschen Netzagentur DENA über den der Windkraft anzurechnenden Leistungskredit kommt zum Schluss,

[18] Thomas Hartkopf: Aufgaben der Energieforschung im 21. Jahrhundert [Vortrag], TU Darmstadt, 26. 5. 2009.

[19] Lars-Arvid Brischke, Martin Hoppe-Kilpper, Albrecht Tiedemann [Deutsche Energie-Agentur GmbH, Bereich Kraftwerke und Netze]: Netzintegration in Deutschland (3), Regel- und Reservebedarf, Analyse auf der Grundlage der Ergebnisse der dena-Netzstudie, www.wwindea.org/technology/ch04/de/4_1_2_3.html [Juni 2015].

dass dieser Leistungskredit im Jahre 2015 mit durchschnittlich 6 Prozent anzusetzen sei (Abb. 17).

Was sagt der Reality-Check?

Während die obigen Zahlen für den Bereich konventioneller Kraftwerke als realistisch eingestuft werden können, sollte man die Aussagen zu Wind- und Sonnenergieanlagen einem kritischen Vergleich mit der Realität unterziehen. So ist es schwer nachzuvollziehen, wieso man Solaranlagen, die zu 100 Prozent von der Sonneneinstrahlung abhängen, überhaupt einen Leistungskreditwert grösser als Null zuordnet.

Hält man sich an die eingangs aufgeführte Definition der gesicherten Leistung, so ist die einzige Tatsache, die bei Solaranlagen als hoch gesichert angesehen werden kann, diejenige, dass sie nach Sonnenuntergang in ihrer Gesamtheit keinerlei Strom mehr abliefern. Selbst die geringen Beiträge, die eventuell von Mond- und Sternenlicht geliefert würden, dürften nicht einmal ausreichen, um den Eigenverbrauch der Umrichterschaltkreise zu decken. Null ist und bleibt Null. Der stattdessen angegebene Wert von einem Prozent ist daher Augenwischerei.

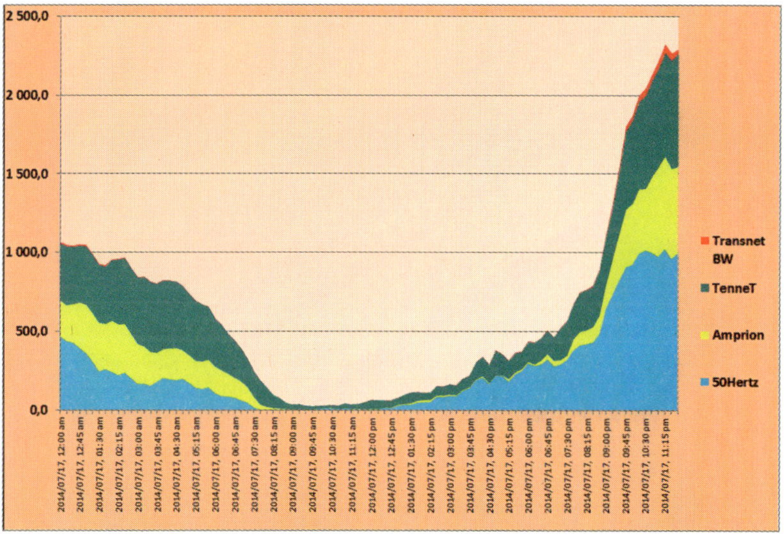

Abb. 18: Tagesgang der Einspeisung aller Windenergieanlagen im Bereich der vier deutschen Netzbetreiber am 17. Juli 2014 (Daten: www.transparency.eex.com/de)

Noch krasser „daneben" sind die Angaben zur Windenergie. Am anschaulichsten zeigt dies die Darstellung der Leistungsabgabe deutscher Windenergieanlagen um die Mittagszeit des 17. Juli 2014 (Abb. 18). Das, was man dort um die Mittagszeit beobachten konnte, lässt sich nur als niederschmetternd bezeichnen. Hunderte Milliarden Euro hat der deutsche Windkraftpark bisher gekostet, die installierte Leistung lag zu diesem Zeitpunkt bei rund 35.000 MW. Dennoch betrug die Einspeisung aller in Deutschland installierten Windenergieanlagen im Zeitraum zwischen 8.15 Uhr und 13.15 Uhr, also über einen Zeitraum von fünf Stunden hinweg, weniger als 100 MW, wobei der niedrigste Wert lediglich 24 MW betrug (Abb. 19).

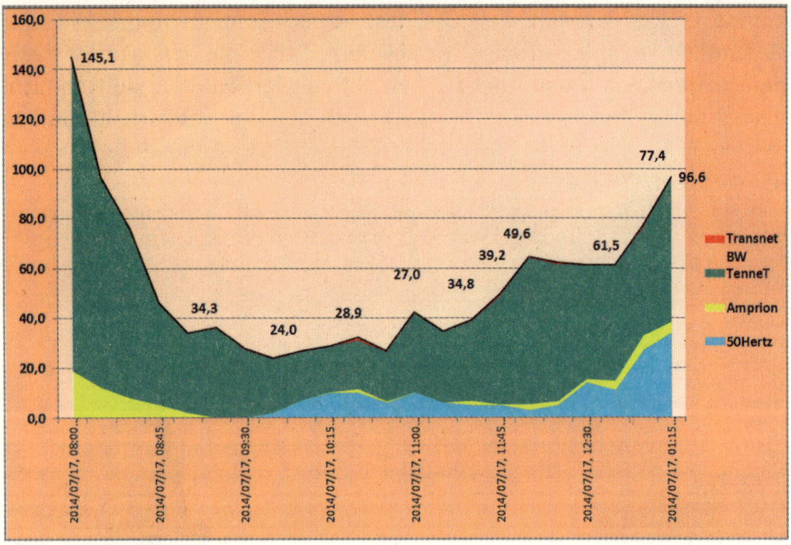

Abb. 19: Detaildarstellung der Einspeisung aller Windenergieanlagen im Bereich der vier deutschen Netzbetreiber am Vormittag des 17. Juli 2014 (Daten: www.transparency.eex.com/de)

Das sind gerade einmal 0,067 Prozent bzw. 0,67 Promille der gesamten installierten Leistung! Im Sinne der obigen Definition ist der Leistungskredit auch für Windenergieanlagen daher faktisch mit Null anzusetzen. Anders ausgedrückt: Selbst bei einer Vervielfachung der heute installierten Kapazität um den Faktor 10 oder 20 wäre die Windenergie völlig außerstande, die Energieversorgung des Landes auch nur ansatzweise zu sichern. Auch nicht bei Einsatz aller verfügbaren Pumpspeicherkapazitäten.

Dass offizielle deutsche Stellen wie die DENA im Bereich der „erneuerbaren Energien“ mit haltlos optimistischen Annahmen wie sechs Prozent Leistungskredit operieren, wirft ein bezeichnendes Licht auf den Grad an „political correctness“, mit dem dort Zahlen ermittelt und verwendet werden. An einem hypothetischen 17. Juni 2050 bei gleichen Wetterbedingungen und einem Windanteil an der Gesamtstromversorgung von rund 72 Prozent (siehe Kapitel 13) würde Deutschland voraussichtlich über eine installierte Windenergiekapazität von 324.110 MW verfügen.

Bei einem angenommenen Leistungskredit von sechs Prozent müssten im „worst-case“-Fall noch 19.445 MW ins Netz eingespeist werden, das ist die Leistung von 20 konventionellen Großkraftwerken. Bei vergleichbaren Wetterbedingungen kämen dagegen im Jahre 2050 nur 2.172 MW im Netz an. Das ergibt ein Defizit von 17.273 MW bzw. 17 konventionellen Großkraftwerken. Letztere würde es zu diesem Zeitpunkt jedoch gar nicht mehr geben. Gute Nacht Deutschland.

9] Das (n-1)-Kriterium – die unerlässliche Sicherheitsmarge

Bei der Untersuchung des Blackouts vom 4. November 2006 hat sich die Bundesnetzagentur – vermutlich aus politischen Gründen – auf technische Details konzentriert, ohne die grundsätzlichen Fehlentwicklungen zu erwähnen, welche eigentlich ursächlich für das Ereignis sind. Trotz dieser Unzulänglichkeit ist es geboten, sich auch mit diesen technischen Details zu beschäftigen, weil sie die grundlegenden Voraussetzungen zur Aufrechterhaltung der Netzstabilität verdeutlichen. Die Kenntnis dieser Zusammenhänge hilft zu erkennen, dass uns die sogenannte Energiewende auch in diesem Bereich immer weiter in die Katastrophe führt.

In ihrer Pressemitteilung vom 27. Februar 2007 zu den Ursachen des Blackout stellt die Bundesnetzagentur insbesondere die Verletzung des sogenannten (n-1)-Kriteriums heraus. Wörtlich heißt es dort: „Eine zentrale Schlussfolgerung nach Abschluss der Untersuchungen ist, dass bei allen deutschen Übertragungsnetzbetreibern mindestens alle 15 Minuten eine automatische Überprüfung der (n-1)-Sicherheit zu erfolgen hat."[20]

Was ist unter dem Begriff (n-1)-Kriterium zu verstehen?
Im Prinzip meint man mit diesem Begriff, dass im elektrischen Netz zu jeder Zeit und selbst bei einem zu erwartenden maximalen Belastungszustand die Funktionssicherheit gewährleistet bleiben muss, selbst wenn eine Komponente wie etwa eine Leitung, ein Trafo oder ein Kraftwerk plötzlich vollständig ausfallen sollte. Der Begriff ist mathematisch zu verstehen und besagt letztlich, dass ein Netz, das beispielsweise aus 20 wichtigen Komponenten besteht, auch dann noch sicher funktionieren muss, wenn eine davon ausfällt und somit nur noch 19 (=n-1) Komponenten zur Verfügung stehen. Selbst in diesem Fall darf es nicht zu einer unzulässigen Versor-

[20] Bundesnetzagentur (Hg.): Untersuchungsbericht Stromausfall, Abschlussbericht zum Stromausfall vom 4. November 2006, Kurth: „Übertragungsnetzbetreiber müssen (n-1)-Sicherheit gewährleisten", Presseerklärung, 27. 2. 2007.

gungsunterbrechung oder einer Ausweitung der Störung kommen. Außerdem muss die Spannung innerhalb der zulässigen Grenzen bleiben und die verbleibenden Betriebsmittel dürfen nicht überlastet werden.[21] Sollte beispielsweise eine Leitung ausfallen, so müssen die noch vorhandenen Leitungen deren Aufgabe übernehmen können. Die Einhaltung dieses Kriteriums verspricht noch spannend zu werden, wenn dereinst eine der Nord-Süd-Trassen ausfallen sollte, die – so die Pläne der Regierung – tausende und tausende Megawatt Windenergieleistung von Norddeutschland nach Süddeutschland transportieren sollen.

Das (n-1)-Kriterium bei Kraftwerken

Bei Kraftwerken läuft die (n-1)-Regel darauf hinaus, dass die Netzbetreiber imstande sein müssen, den Ausfall der größten am Netz befindlichen Erzeugungseinheit durch Hochfahren von Erzeugungsreserven aufzufangen. Hierfür müssen die anderen am Netz befindlichen Einheiten genügend Regelleistung bereitstellen können. Bei einem 1.400 MW-Kernkraftwerk müßten demnach die anderen Kraftwerke innerhalb kürzester Zeit (siehe Kapitel 6, Abb. 12 und Kapitel 7, Abb. 14) die entsprechende Regelleistung bereitstellen.

Das erfordert den Einsatz aller Varianten von Regelenergie von der Trägheitsreserve über Primär- und Sekundärregelleistung bis hin zu Tertiärregelleistung. Mit Blick auf die vorzuhaltende Primärregelleistung wird für das europäische Verbundnetz insgesamt das Vorhalten einer Leistungsreserve von 3.000 MW gefordert, wovon auf Deutschland rund 700 MW entfallen. Deutschland ist demnach alleine nicht imstande, die erforderliche Sicherheitsreserve für den Ausfall z.B. eines 1.400 MW-Kraftwerks aus eigener Kraft darzustellen, sondern muss sich dazu auf die Kraftwerksreserven seiner Nachbarn verlassen.

Doch selbst die Sicherstellung der erforderlichen 700 MW Primärregelreserve fällt heute immer schwerer. Wie in Kapitel 7 bereits erläutert, kommen hierfür nur Großkraftwerke infrage, die sich bereits im Lastbetrieb am Netz befinden müssen. Um eine Überlastung einzelner Einheiten zu verhindern, ist die Bandbreite des zusätzlichen Lastabrufs pro Einheit auf zwei bis drei Prozent der jeweiligen Anlagen-Nennleistung begrenzt.

Nimmt man als Mittelwert 2,5 Prozent an, so lässt sich leicht errechnen, dass die Absicherung von 700 MW Primärregelleistung voraussetzt und dass die Mindestkapazität am Netz befindlicher konventioneller Kraftwerke zu jeder Zeit nicht unter 28.000 MW liegen sollte. Diese Mindest-

[21] Vgl. die Definition des n-1-Kriteriums im Glossarium auf www.netzausbau.de [Juni 2015].

schwelle wird auch als „must-run“-Kapazität bezeichnet. Im Jahre 2014 werden stattdessen manchmal nicht einmal mehr 20.000 MW erreicht!

Die Notfallreserve wird zunehmend unterschritten

Zunehmend unhaltbar ist inzwischen auch die Situation selbst an Tagen mit nur mittelmäßigem Aufkommen an EE-Strom (Abb. 20).

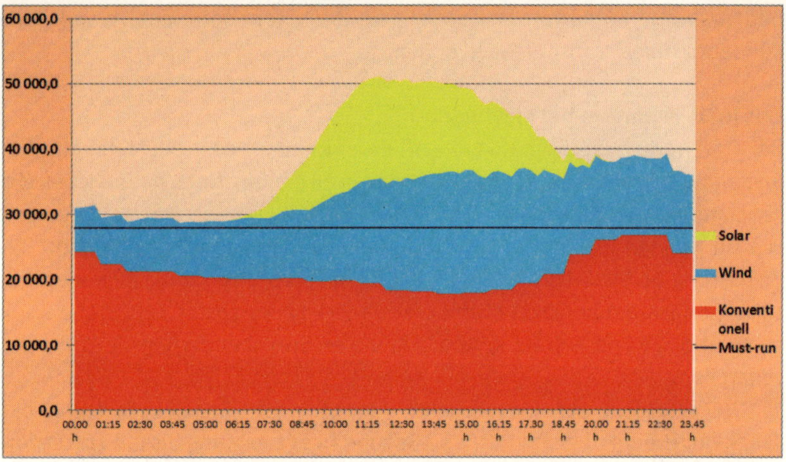

Abb. 20: Unterschreitung des (n-1)-Kriterium bezüglich der am Netz befindlichen konventionellen Kraftwerkskapazität am 17. August 2014, mit zeitweilig nur noch 17.838 MW Leistung am Netz (Daten: www.transparency.eex.com/de)

Aufgrund des Vorrangs von EE-Stromerzeugern vor konventionellen Kraftwerken müssen letztere bei hohen Einspeisungen von Wind- und Solarstrom ihre Erzeugung zurückfahren. Dadurch wird jedoch bei etwa 28.000 MW die kritische Grenze unterschritten, bei der die noch am Netz verbleibende Kraftwerksleistung zu gering wird, um die erforderliche Mindestreserve an Primärregelleistung vorzuhalten.[22] Dies ist in Abbildung 20 mit einer schwarzen Linie gekennzeichnet.

Ebenso wie am 17. August 2014 war dies auch am 22. Dezember 2013 über einen Zeitraum von acht Stunden der Fall. In diesem Zeitfenster wurde das (n-1)-Kriterium bezüglich Vorhaltung von Primärregelleistung nicht mehr eingehalten, ein Verstoß gegen die Erkenntnisse aus der Analyse des Blackouts vom November 2006. Auf gut Deutsch: Im Dezember 2013 bestand für einen Zeitraum von mehreren Stunden ein reales Blackout-Risiko

[22] Vgl. Lexikon Energiewelten, Eintrag „Primärregelung“, www.energiewelten.de/ [Juni 2015].

nicht nur für Deutschland, sondern als Folge davon auch für die Nachbarländer, die sich ja ihrerseits auf deutsche Hilfe im Notfall verlassen.

Offensichtlich ist die Bundesrepublik in ihrem Wind- und Solarstreben inzwischen bereit, internationale Verpflichtungen zur Sicherung der gemeinsamen Netzstabilität zeitweilig zu missachten, und verlässt sich darauf, dass man im Notfall von den Nachbarländern die Primärregelenergie beziehen kann, die man eigentlich selbst vorhalten müsste. Getreu dem rheinischen Motto: Et hätt noch emmer joot jejange...

10] Ohne Großkraftwerke kein Strom

Großkraftwerke – und das heißt in Deutschland nach dem Beschluss zum Ausstieg aus der Kernkraft künftig nahezu ausschließlich Kohlekraftwerke – sind die Arbeitspferde und das Rückgrat unserer Stromerzeugung. Zusammen mit Gasturbinen und den noch verbliebenen Kernkraftwerken sicherten sie im Jahr 2012 gute 71 Prozent der deutschen Stromerzeugung. Mit dem Abschalten weiterer Kernkraftwerke wird der Kohleanteil an der Stromversorgung voraussichtlich sogar noch weiter zunehmen. Von den Vertretern der „erneuerbaren" Energien werden sie häufig als Dreckschleudern bezeichnet, die es so schnell wie nur möglich abzuschalten gelte. Wenn man sich jedoch die Realitäten unserer Stromerzeugung etwas genauer ansieht, wird man einsehen, warum sie nicht so leicht zu ersetzen sein werden. Wer es auch in Zukunft warm und hell haben will, sollte sich daher mit einigen wichtigen Grundlagen vertraut machen.

Vielfach wird von Seiten der Befürworter des EEG behauptet, die Betreiber von Kohle- und Gaskraftwerken würden sich ohne triftigen Grund weigern, ihre Stromproduktion dem wechselnden Angebot von Wind- und Solaranlagen anzupassen. Mit dieser Strategie versuche die „Viererbande" aus E.ON, RWE, ENBW und Vattenfall, den Erfolg der Energiewende zu hintertreiben. Statt die „Kohlemeiler" bei hohem Aufkommen an Solar- und Windstrom im Netz zu drosseln, lasse man sie auch in dieser Situation einfach weiterlaufen.

Die Folge dieses Überangebots seien Zwangsabschaltungen bei Wind- und Solarkraftwerken sowie Preiseinbrüche an den Strombörsen, wo der überschüssige „erneuerbare" Strom dann zu Schleuderpreisen verhökert werden muss. Die niedrigen Kurse an den Strombörsen drückten die Verdienstmöglichkeiten der Windmöller und Solarfarmer, was dazu führe, dass deren Verluste durch EEG-Zahlungen ausgeglichen werden müssten. Es sei dringend an der Zeit, von den Betreibern von fossilen Kraftwerken zu fordern, dass sie die Erzeugung ihrer Anlagen flexibel an die jeweilige Netzsituation anpassen.

Brauchen wir überhaupt noch fossile Kraftwerke?

Angesichts der Tatsache, dass in Deutschland inzwischen hunderte Milliarden Euro in „erneuerbare" Energien investiert wurde, interessiert zunächst die Frage, wieweit Strom aus Sonne und Wind es inzwischen geschafft hat, zumindest einen Teil der fossil befeuerten Kraftwerke überflüssig zu machen. Immerhin waren Mitte 2014 bereits rund 74.000 MW Wind- und Solarkapazität installiert, davon über 38.000 MW Fotovoltaik und 35.500 MW Windenergie, also fast schon soviel wie die rund 65.000 bis 75.000 MW, die an einem typischen Werktag in den Spitzenlastzeiten zwischen 8 Uhr und 20 Uhr benötigt werden. Beantworten kann diese Frage ein Blick auf die Webseite der Europäischen Strombörse AG (EEX) in Leipzig.

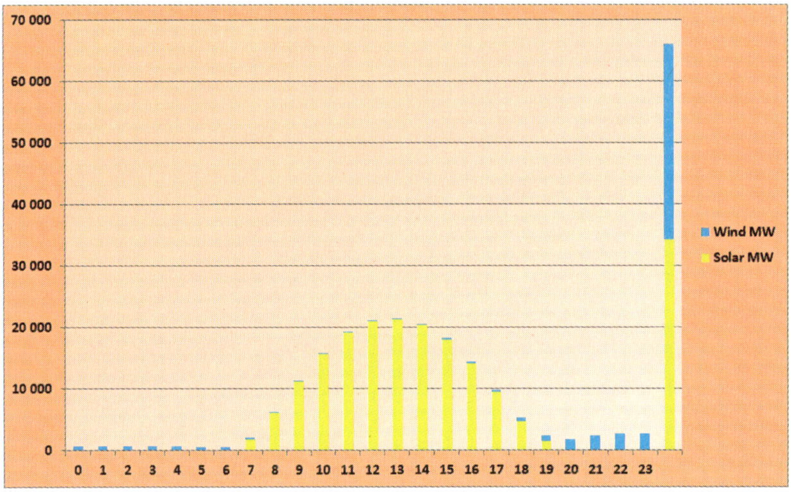

Abb. 21: Erzeugung von Strom aus Wind- und Sonnenenergie in Deutschland am 22. August 2013. Ganz rechts die damals installierten Gesamtkapazitäten (Daten: www.transparency.eex.com/de)

Wie man in Abbildung 21 sieht, war an diesem Tag die Wind- und Solarstromerzeugung in der Zeit von 0 Uhr bis 7 Uhr sowie von 19 Uhr bis 23 Uhr so gering, dass es in Deutschland vermutlich nicht einmal zum Betrieb der Standby-Schaltungen in den Elektronikgeräten gereicht hätte. Selbst um die Mittagszeit wurde nur rund ein Drittel der insgesamt erforderlichen Menge an Strom produziert. Zwischen 5 Uhr und 7 Uhr lag die gesamte EE-Stromproduktion sogar bei weniger als 600 MW, das ist die Größenordnung eines einzigen Gaskraftwerks. Die Erneuerbaren sind völlig außerstande, die Stromversorgung der modernen Industrienation Deutschland sicherzustellen. Es kann daher auch keine Rede davon sein, dass man damit konventionelle Kraftwerke ersetzen könne. Dies gilt selbst dann, wenn man die heute vorhandenen Kapazitäten im Wind- und Solarbereich nochmals um ein Mehrfaches erweitern würde. Auch dann müsste nach wie vor der gesamte heute bestehende Bestand an konventionellen Kraftwerken leistungsbereit vorgehalten werden, um jederzeit einspringen zu können, sobald Wind und Sonne schwächeln, was an viel mehr Tagen im Jahr vorkommt, als sich dies die meisten EEG-Befürworter vorstellen.

Im Endeffekt müsste Deutschland demnach zwei komplette Stromversorgungssysteme betreiben, eines, das jederzeit zuverlässig Strom liefert und ein zweites, das Oligarchen auf Kosten der Bevölkerung reich macht. Die entscheidende Frage ist jedoch zunächst die, ob fossil befeuerte Großkraftwerke überhaupt als Lückenbüßer für schwankende EE-Stromlieferanten geeignet sind. Um es leicht fasslich zu formulieren: Kann man von einem 100-Tonnen-Großbagger verlangen, dass er auch Blumentöpfe für die Fensterbank befüllt?

Braunkohle für die Grundlast...

Grundlastkraftwerke – in der Regel sind dies Braunkohlekraftwerke sowie zurzeit noch Kernkraftwerke – sind die Arbeitspferde des Elektrizitätsnetzes. Es sind die größten, zuverlässigsten und von ihren Produktionskosten her günstigsten Kraftwerke, dafür gebaut, rund um die Uhr für den unerlässlichen Sockel von etwa 35.000 MW (siehe Kapitel 4, Abb. 8) zu sorgen, ohne den in Deutschland alles zusammenbrechen würde. Diese Kraftwerke werden auf den sogenannten optimalen Betriebspunkt gebracht und bleiben dann dort, weil jede Abweichung einen schlechteren Wirkungsgrad – und damit nicht nur höhere Kosten, sondern auch einen erhöhten CO_2-Ausstoß – verursachen würde. Ihre riesigen Kesselanlagen erleiden schon bei kleineren Temperaturänderungen Schäden durch Wärmeausdehnung. Solche Kraftwerke kann man nicht einfach ein- und ausschalten oder in der Leistung „mal eben" hinauf- oder hinunterjagen. Dafür erzeugen sie Strom zu sehr günstigen Preisen von etwa 2,4 bis 3,35 ct/kWh.

Steinkohle für die Mittellast...

Für die Mittellast kommen in der Regel Steinkohlekraftwerke zum Einsatz, die sich innerhalb eines gewissen Bereichs herauf- und herunterregeln lassen. Dennoch gilt auch für sie, dass sie aufgrund ihrer großen Massen und der mit Laständerungen verknüpften Schädigungen Laständerungen eher träge folgen. Um sie nachts nicht zu weit drosseln zu müssen, wird der von ihnen erzeugte Strom in den Stunden geringster Netzlast genutzt, um – gegebenenfalls zusammen mit nicht benötigtem Strom aus Grundlastkraftwerken – die Seen von Pumpspeicherkraftwerken zu füllen. Diese pumpen mit dem überschüssigen Nachtstrom Wasser in hochgelegene Staubecken. Am Tag kann man es dann auf Turbinen leiten und so Strom erzeugen. Ebenfalls für den Mittellastbereich kommen auch die Gas- und Dampf-(GuD)-Kombikraftwerke zum Einsatz.

...und Gas für die Lastspitzen

Die Spitzenlast übernehmen vor allem reine Gaskraftwerke. Das sind große Gasturbinen, die innerhalb weniger Minuten von Stillstand auf hohe Leistung gebracht werden können. Sie gehören zu den flexibelsten Einheiten im deutschen Kraftwerkspark und sorgen zusammen mit den direkt regelbaren Pumpspeicherkraftwerken für die Feinabstimmung der Stromerzeugung auf den tatsächlichen Verbrauch. Allerdings verursacht der teure Brennstoff „Erdgas“ hohe Stromgestehungskosten, so dass sie immer weiter aus dem Markt gedrängt werden.

Zusammen mit Wasserkraftwerken bilden diese Kraftwerkstechnologien sozusagen ein Orchester, das im fein abgestimmten Miteinander dafür sorgt, dass im Netz Erzeugung und Verbrauch zu jeder Zeit im Gleichgewicht bleiben. Die Rolle des Dirigenten übernehmen dabei die Netzleitstellen, die den „Orchestermitgliedern” ihren Einsatz vorgeben.

Warum sind Großkraftwerke träge?

Die Antwort auf diese Frage ist ganz einfach: Kleinere Einheiten haben den gleichen komplexen Aufbau und erfordern vergleichbar viel Personal und Wartung wie Großanlagen. Je grösser ein Kraftwerk, desto effizienter und wirtschaftlicher ist es daher. Große Kraftwerke kann man jedoch nicht einfach ein- und ausschalten oder im Stop-and-Go-Betrieb „fahren“. Wichtigster Grund hierfür sind zunächst einmal die schieren Dimensionen der Anlagen, die mit zehntausenden von Tonnen durchaus an die von Ozeanriesen heranreichen. Auch von Seeschiffen würde niemand erwarten, dass sie so abrupte Manöver ausführen wie ein Kajakfahrer im Wildwasser. Solche Massen sind träge, ihr Beharrungsvermögen steht abrupten Änderungen entgegen.

So enthält beispielsweise der Kessel eines Kraftwerksblocks neben enormen Mengen Stahl auch noch mehrere 1.000 Tonnen Wasser, die zunächst von Raumtemperatur auf über 500 °C hochgeheizt werden müssen, bevor man die Turbine anlaufen lassen kann. Der Kaltstart großer Kohlekraftwerke, deren Kesselanlagen (Abb. 22) mehr als 10.000 Tonnen schwer und bis zu 170 Meter hoch sein können, ist eine komplizierte Prozedur, die mehrere Tage in Anspruch nehmen kann.

Selbst ein sogenannter Heißstart bei vorgeheiztem Kessel kann bei einem Steinkohlekraftwerk zwei bis dreiStunden dauern, bei Braunkohlekraftwerken sind es sogar bis zu sechs Stunden.[23]

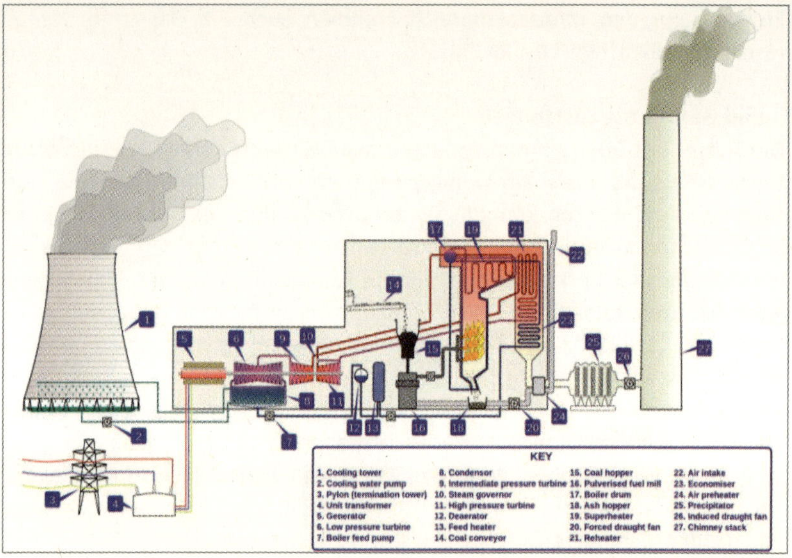

Abb. 22: Schema eines modernen Kohlekraftwerks, Legende: 1 = Kühlturm, 2= Kühlwasserpumpe, 5 = Generator, 6 = Niederdruckturbine, 7 = Kesselspeisepumpe, 8 = Kondensator, 9 = Mitteldruckturbine, 10 = Dampfregler, 11 = Hochdruckturbine, 12 = Entgaser, 13 = Speisewasservorwärmer, 14 = Kohleförderanlage, 15 = Kohlebunker, 16 = Kohlemühle, 17 = Dampfkessel, 18 = Aschebunker, 19 = Überhitzer, 20 = Gebläse, 21 = Zwischenerhitzer, 22 = Lufteinlass, 23 = Rauchgaskühler, 24 = Luftvorwärmer, 25 = Rauchgasreinigung, 26 = Saugzuggebläse, 27 = Schornstein (Bild: Wikimedia Commons, PowerStation3.svg, BillC)

10.000 Tonnen lassen sich nicht „mal eben" von Null auf 1.450 °C bringen

Ein modernes Kohlekraftwerk erzeugt Dampf in einem sogenannten „Kessel". Mit der landläufigen Vorstellung von einem Kessel hat dieser jedoch nichts mehr gemein, denn in Wirklichkeit handelt es sich um ein kompliziertes, meist weit über 100 Meter hohes Labyrinth aus Bündeln dickwandiger Stahlrohre (Abb. 23). In einem modernen Steinkohlekraftwerk wie dem Block 10 des Kraftwerks Duisburg-Walsum sind allein 450 Kilometer solcher Rohre mit Durchmessern zwischen einigen Zentimetern und knapp

[23] Feldmüller, Andreas [Siemens AG]: Wie flexibel ist der heutige konventionelle Kraftwerkspark aus Herstellersicht? Präsentation, BMWi-dena-Workshop „Flexibilität von Bestandskraftwerken – Entwicklungsoptionen für den Kraftwerkspark durch Retrofit", Berlin 9. 1. 2013.

einem Meter verbaut. In diesen Rohren mit einem Gesamtgewicht von mehr als 10.000 Tonnen befinden sich dazu noch große Mengen Wasser.

Abb. 23: Die Rohrbündel eines vertikalen Dampferzeugers für ein Kernkraftwerk (Quelle: US Nuclear Regulatory Commission/ Wikimedia Commons)

Im laufenden Betrieb eines solchen Kraftwerks herrschen im Kesselraum Bedingungen, denen sich vermutlich selbst der Teufel nicht gerne aussetzen würde. Die mit Kohlestaub und Druckluft erzeugten Brenngase erreichen Temperaturen bis zu 1.450 °C und sind darüber hinaus auch noch korrosiv. Auch im Inneren der Rohre erreicht die Temperatur je nach Kraftwerk bis zu 620 °C. Zudem müssen sie einem Dampfdruck von bis zu 274 bar standhalten, das ist nahezu doppelt so hoch wie der in einer Pressluftflasche.

Gerade die Anfahrphase bereitet den Betreibern solcher Anlagen daher besondere Kopfschmerzen. Das Herauffahren von Raumtemperatur auf Betriebszustand muss behutsam erfolgen, da sich die gesamte Konstruktion aufgrund der Erwärmung ausdehnt: Während des Aufheizens „wächst" ein solcher Kessel um einen Meter oder mehr. Wenn die Temperaturverteilung dabei nicht gleichmäßig ist, so kommt es innerhalb der Konstruktion zu zusätzlichen Spannungen, die das Material schädigen können.

Werkstoffe an der Grenze der Belastbarkeit

Grund für die extremen Bedingungen im Dampferzeuger ist der Wunsch nach einem möglichst hohen Wirkungsgrad des Kraftwerks. Dieser ist umso besser, je höher man die Temperatur und den Druck des Dampfs treiben kann. Grenzen setzt dem jedoch die Belastbarkeit des Stahls, denn bei diesen extremen Bedingungen kommen selbst moderne legierte Stahlwerkstoffe an ihre Leistungsgrenze. Das Material beginnt sich unmerklich zu verformen und „kriecht“ immer weiter, bis es schließlich irgendwann reißt.

Für die Ingenieure besteht die Kunst darin, die Kesselkonstruktion und den Rohrwerkstoff so auszulegen, dass es innerhalb der Lebensdauer des Kraftwerks – etwa 40 bis 45 Jahre bzw. 200.000 Betriebsstunden – möglichst nicht zu einem solchen Schaden kommt. Besonders nachteilig für die Lebensdauer wirken sich zusätzlich auftretende Spannungen im Material aufgrund z. B. ungleichmäßiger Temperaturverteilung im Kessel aus. Zu letzteren kommt es vor allem dann, wenn der Kessel nicht in einem stabilen Betriebszustand mit langsamen Änderungen der Temperatur- und Druckverhältnisse verbleiben kann, sondern plötzliche Lastwechsel vollziehen muss. Dabei kommt es zu Temperaturunterschieden und damit Materialspannungen, welche die Lebensdauer herabsetzen.

Längerfristig entstehen Schäden, die zur Stillsetzung des Kraftwerks und teuren Reparaturen am Dampferzeuger zwingen. Jeder zu abrupte Lastwechsel und vor allem jeder unnötige Totalstillstand kostet den Kraftwerksbetreiber daher viel Geld.

Hohe Kosten im Teillastbetrieb

Ein weiteres Problem für die Betreiber von Kohlekraftwerken ist der hohe Fixkostenanteil an der Stromproduktion. Der Betrieb dieser riesigen Anlagen erfordert viel Personal, zudem müssen die Kapitalkosten für die Investitionsaufwendungen erwirtschaftet werden. Und *last but not least* sind solche Anlagen sehr wartungsintensiv, was entsprechend hohe Instandhaltungsaufwendungen bedingt.

Wirtschaftliche Probleme gibt es deshalb vor allem im Teillastbetrieb, auch deshalb, weil die Brennstoffkosten nur einen eher geringen Teil der Gesamtbetriebskosten ausmachen: Bei einem Steinkohlekraftwerk sind es nur etwa 27 Prozent und bei einem Braunkohlekraftwerk sogar nur rund 16 Prozent der laufenden Kosten. Fährt man ein solches Kraftwerk mit nur 40-50 Prozent Auslastung, dann können sich die Erzeugungskosten pro kWh um bis zu 100 Prozent erhöhen. Zudem verschlechtert sich dann der Wirkungsgrad erheblich, was zu höheren CO_2-Emissionen pro kWh erzeugter elektrischer Energie führt. Sowohl aus technischen als auch aus wirtschaftlichen Gründen ist es daher für den Betreiber eines Kohlekraftwerks eine teure Angelegenheit, „mal so eben" den Launen des Wetters zu folgen, nur damit Windbarone und Solarkönige ungeschmälert ihre garantierten Profite einstreichen können. Erzwingen kann man seitens der Politik natürlich (fast) alles – aber die dabei entstehenden Kosten treffen letztlich vor allem den Verbraucher.

Wikipedia und die Manipulation von Informationen

Wikipedia, die sogenannte „freie Enzyklopädie", ist eine besonders häufig genutzte Informationsquelle für gesellschaftspolitische wie auch technisch-wissenschaftliche Zusammenhänge und hat dementsprechend großen Einfluss auf die öffentliche Meinung. Da die Gründer und Betreiber grünlinkem Gedankengut zugeneigt sind, lassen sie auch entsprechende Autoren bevorzugt Einfluss auf die Inhalte nehmen.

Besonders deutlich zeigt sich dies beispielsweise bei den Informationen zu den Erzeugungskosten von elektrischem Strom, wo man die früher aufgeführten Zahlen inzwischen durch drastisch im Sinne der EE-Vertreter geänderte Werte ersetzt hat. Als angeblich „glaubwürdige" Quelle der neuen Werte, abgerufen am 4. Oktober 2014, fungiert ausgerechnet das Fraunhofer Institut für Solare Energiesysteme (ISE), eine durch üppige Zuwendungen der öffentlichen Hand und entsprechender Interessengruppen hochgepäppelte Lobbyinstitution, die jedoch als wissenschaftliches Institut auftritt. Nachfolgend ein Vorher-Nachher-Vergleich der Werte:

Kraftwerkstyp	**Kosten in Cent/kWh, Wikipedia am 26. 2. 13**	**Kosten in Cent/kWh, Wikipedia am 4. 10. 14**
Braunkohle	2,4	3,8-5,3
Steinkohle	3,35	6,3-8,0
Wasserkraft	4,3	2-8,3
Kernkraft	2,65	7-10
Gas (GuD)	4,9	7,5-9,8
Wind onshore	2,9-4,6	4,5-10,7
Wind offshore	-	11,9-19,4
Solar	7,5-20	7,9-14,2
Holz-Heizkraftwerk	10	10
Biogas-Heizkraftwerk	13-21	-

Nur in einer Fußnote zur Kostentabelle in der Wikipedia wird etwas verschämt auf die Möglichkeit massiver Manipulation hingewiesen: „Die in obiger Tabelle angegebenen Preise sind teilweise allerdings nur dürftig belegt und es fehlen deren Berechnungsgrundlagen. So hat beispielsweise ein altes Kraftwerk, welches seine Kapitalkosten bereits amortisiert hat, wesentlich tiefere Stromerzeugungskosten als ein neues Kraftwerk. Zudem sind die Erzeugungskosten auch abhängig davon ob externe Kosten wie Rückbau- und Entsorgungskosten einberechnet werden."

Bei der Verwendung von Angaben aus Wikipedia ist also stets eine kräftige Portion gesundes Misstrauen angesagt. Ob eine solche Institution als spendenwürdig einzustufen ist, darf bezweifelt werden.

11] Reaktionsvermögen von Kraftwerken bei Störungen

Wenn es darauf ankommt, Störungen z. B. durch den Ausfall eines Großkraftwerks aufzufangen, spielen zwei Fragen eine entscheidende Rolle: Zum einen ist es wichtig zu wissen, wie schnell die am Netz befindlichen Kraftwerke durch Änderung ihrer Leistungsabgabe reagieren können. Zum anderen ist darüber hinaus aber auch von Interesse, welche zusätzliche Leistung sie insgesamt zur Verfügung stellen können.

Wie bereits in Kapitel 7 ausgeführt, tragen im Prinzip nur konventionelle Kraftwerke – vom Kernkraftwerk über Kohle- und Gaskraftwerke bis zu Wasserkraftwerken – nennenswert zur Stabilisierung des Netzes z. B. beim Ausfall eines anderen Erzeugers bei. Wind- und Solarkraftwerke sind dazu nicht in der Lage, weil sie von den Zufälligkeiten des Wetters abhängen. Sie sind daher außerstande, bei Bedarf zusätzliche Leistung abzugeben.

Zudem ist im EEG gesetzlich festgelegt, dass sie auch bei Überproduktion vorrangig ihre volle Leistung ins Netz einspeisen dürfen. Lediglich bei Netzengpässen ist eine Abregelung statthaft, wobei in diesem Fall eine Entschädigung für den Ausfall gezahlt wird. Aus diesem Grund leisten Wind- und Solarkraftwerke faktisch keine Beiträge zur Stabilisierung des Netzes bei Störungen.

Schnellstartverhalten konventioneller Kraftwerke...

Im vorigen Kapitel wurde dargelegt, dass sich große Kraftwerke nicht so ohne weiteres einschalten und hochfahren lassen. Das gilt insbesondere für Kohlekraftwerke mit ihren riesigen Dampfkesseln. Selbst aus einem sogenannten „hot standby“ heraus, d.h. mit bereits angewärmtem Kessel und gedrosselt laufender Feuerung, benötigen sie je nach Größe und Bauart mindestens 40 Minuten, bevor sie überhaupt nennenswerte Mengen Strom erzeugen können, und bis zum Erreichen der Nennleistung kann es mehr als zwei Stunden dauern (Abb. 24).

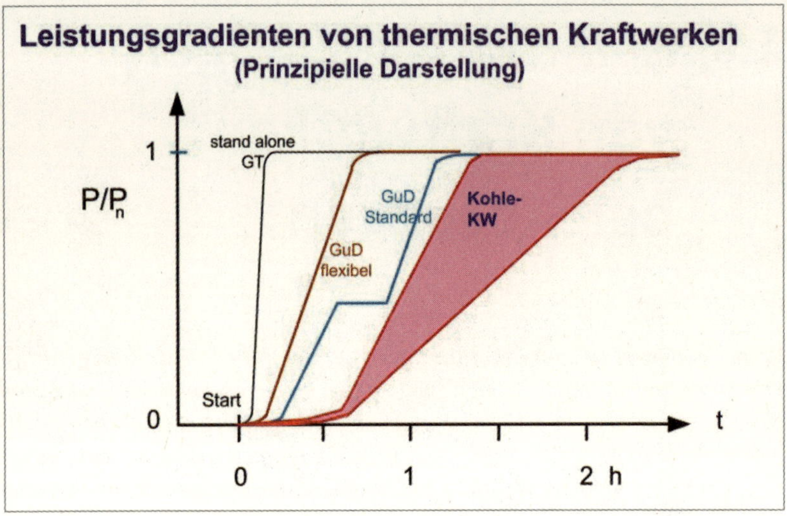

Abb. 24: Anfahrverhalten konventioneller Kraftwerke (GT = Gasturbine, GuD = Gas-und-Dampf-Kombikraftwerk)[24]

Auch die vielgelobten Gas- und Dampfkraftwerke (GuD) sind keine wirklichen Sprinter und benötigen mindestens 10 bis 15 Minuten Anlaufzeit, und bis zum Erreichen ihrer vollen Leistung vergeht zwischen einer halben und einer vollen Stunde. Lediglich reine Gasturbinen sind imstande, innerhalb von etwa fünf Minuten auf volle Leistung zu kommen. Mit Ausnahme der Wasserkraft sind stillstehende Kraftwerke bei einer plötzlichen Störung oder gar einem Blackout nutzlos, egal ob sie einen Heiß- oder einen Kaltstart hinlegen sollen.

ihre Reaktionsgeschwindigkeit im Lastbetrieb...

Eine weitere wesentliche Charakteristik der aktuell ins Netz einspeisenden konventionellen Kraftwerke ist die Geschwindigkeit, mit der sie ihre Leistung steigern oder zurücknehmen können. Diese wird in Prozent pro Minute angegeben und hängt vor allem von der Bauart ab (Abb. 25). Mit weitem Abstand am schnellsten reagieren Speicher-Wasserkraftwerke. Allerdings ist deren verfügbare Leistung begrenzt, und ein Zubau ist aufgrund der Topologie Deutschlands nur in sehr begrenztem Umfang möglich.

---

[24] Grafik: Ireneusz Pyc: VDE-Studie: Erneuerbare Energie braucht flexible Kraftwerke – Szenarien bis 2020 [Präsentation], www.vde.com [Juni 2015], Folie 31.

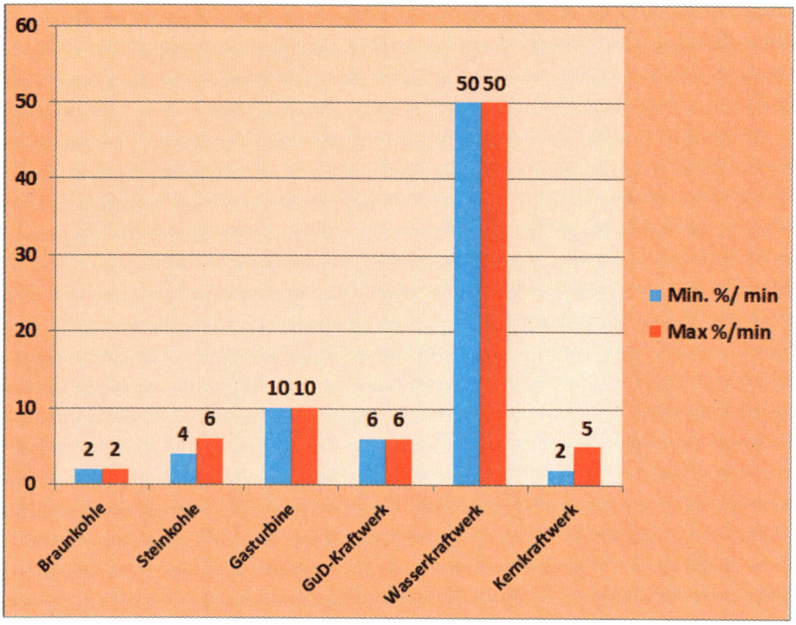

Abb. 25: Laständerungsgeschwindigkeiten konventioneller Kraftwerke[25]

...und ihre Einsatzgrenzen

Hinzu kommt, dass sich alle diese Kraftwerke nicht beliebig über den ganzen Leistungsbereich betreiben lassen. Unterhalb einer gewissen Mindestauslastung ist ihr Betrieb aus einer Reihe von Gründen nicht vertretbar (Abb. 26). Hierzu zählen Verschlechterungen der Emissionswerte bzw. geringere Effektivität der DENOX-Katalysatoren (diese entfernen Stickoxide), die Unterschreitung der Taupunkttemperatur im Rauchgas, was zu Korrosion führen könnte, sowie diverse weitere, nur dem Fachmann bekannte Faktoren.

Als direkte Folge dieser Beschränkungen kann man größere Schwankungen der Stromerzeugung aus Wind und Sonne nur dann ausgleichen, wenn ausreichende Kapazitäten an konventionellen Kraftwerken mit einem Mindestmaß an Auslastung betrieben werden. In dem Moment, wo diese Kraftwerke aufgrund der Priorität für EE-Strom vom Netz genommen werden müssen, verlieren sie ihre Fähigkeit, bei Leistungsschwankungen von Wind oder Sonne schnell einzugreifen. Dadurch sinkt das Potenzial zur Stabilisierung des Netzes im Störungsfall.

---

[25] Vgl. Thomas Heinzow: Energieversorgung durch moderne Kraftwerke [Präsentation], Gemeinsame Sitzung Allgemeiner Wirtschaftsverband Oldenburgische IHK, IHK für Ostfriesland und Papenburg, 22. 4. 2008, www.klimanotizen.de/2008.04.17_Heinzow_Moderne_Kraftwerke_FDP_Berlin.pdf, Folie 16 [Juni 2015].

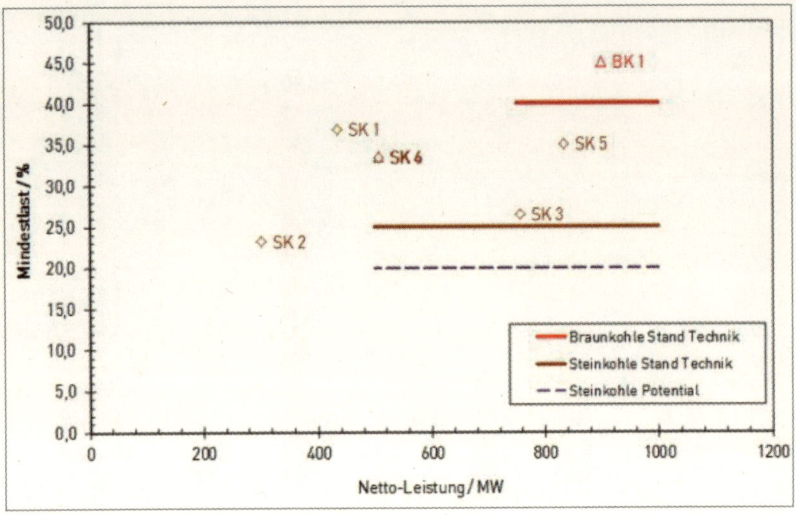

Abb. 26: Mindestauslastungsgrad konventioneller Kraftwerke in Prozent der Nennlast[26]

Immer weniger Regelenergie

Um die Folgen der zunehmenden Verdrängung konventioneller Kraftwerke durch Wind- und Solarstrom zu verdeutlichen, kann man den Tagesgang der Stromerzeugung am 17. August 2014 heranziehen (Vgl. Abb. 20). Um die Mittagszeit war das Aufkommen an privilegiertem EE-Strom im Netz so groß, dass die Leistung der konventionellen Stromerzeuger im Zeitraum zwischen 9.00 Uhr und 18.00 Uhr auf weniger als 20.000 MW gedrosselt werden musste. Der Minimalwert lag zwischen 14.00 und 15.00 Uhr sogar bei lediglich 17.836 MW.

Das ist nach einer Studie der Deutschen Netzagentur bereits unterhalb des kritischen Levels der sogenannten „must-run"-Kapazität von 20.000 bis 28.000 MW an thermischer Kraftwerksleistung, die im Erzeugungsmodus ständig am Netz sein muss.[27] Unter anderem hätten im Bedarfsfall nur noch etwa 445 MW an Primärregelenergie statt der eigentlich erforderlichen 700 MW zur Verfügung gestanden. Mit weiter rapide voranschreitendem Zubau bei den „erneuerbaren" Energien ist es nur eine Frage der Zeit, bis mit der nahezu völligen Verdrängung der konventionellen Kraftwerke auch die Netzstabilität über einen „Kipppunkt" hinausgedrängt wird und es früher oder später zum unvermeidlichen Zusammenbruch kommen muss.

---

[26] Grafik: Ireneusz Pyc (wie Fn. 24), Folie 35.

[27] Vgl. Brischke, Hoppe-Kilpper, Tiedemann (wie Fn. 19).

12] Spastik – die tödliche Erbkrankheit des EE-Stroms

Die „Energiewende" ist der Versuch, die funktionierende Stromversorgung einer modernen Industrienation komplett umzukrempeln. Die absehbaren Folgen sind verheerend. Verantwortlich sind Personen, deren grundlegende Überzeugungen im Sozialismus wurzeln und die für das, was man gemeinhin Kapitalismus nennt, Unverständnis und Missachtung empfinden. Deswegen werden jegliche technische wie auch wirtschaftliche Argumente vom Tisch gefegt, weil die Vision in den Augen der Verantwortlichen einfach alles rechtfertigt.

Abgesehen von der Tatsache, dass Strom aus Wind- und Solarkraftwerken ohne Berücksichtigung des tatsächlichen Bedarfs erzeugt wird, hat er noch ein weiteres wesentliches Merkmal, das ihn für jeden, der das Netz stabilisieren muss, zum Störfaktor par excellence macht: Seine ausgeprägte Unstetigkeit. Deshalb hat man dafür auch den Begriff „Zappelstrom" geprägt. Das zeigt sich bereits bei der Betrachtung der Erzeugungskurven über einen längeren Zeitraum wie z.B. einen ganzen Monat (Abb. 27).

Für die Ingenieure in den Leitzentralen, die unsere Netze sekundengenau im Gleichgewicht zwischen Erzeugung und Verbrauch auszubalancieren haben, ist allein schon dieser sägezahnartige Verlauf ein Alptraum, vor allem wenn man die teilweise massiven Abweichungen zwischen Prognosedaten und Ist-Produktion in Betracht zieht (siehe Kapitel 6, Abb. 12).

Mit zunehmender Einspeisung von Strom aus Wind- und Solaranlagen wird das Problem nach und nach immer größer. TenneT-Chef Lex Hartmann meinte dazu: Die „Versorgungssicherheit ist zunehmend gefährdet. Das Höchstspannungsnetz ist durch die Umstrukturierung der Erzeugungslandschaft bereits heute stark belastet. Wir müssen tagtäglich mehrfach eingreifen, um es zu stabilisieren. Rund 1.000 Eingriffe sind es mittlerweile im Jahr. Diese Situation wird sich in den kommenden Jahren mit der Abschaltung der nächsten Atomkraftwerke verschärfen und ist mit hohen Kosten ver-bunden, die letztlich die Stromkunden tragen. Genauso wie sie die Kosten für die mehrere tausend Megawatt Reservekapazität tragen, die Deutschland jeden Winter braucht, um kritischen Situationen im Netz vorzubeugen und die Versorgung zu sichern."[28]

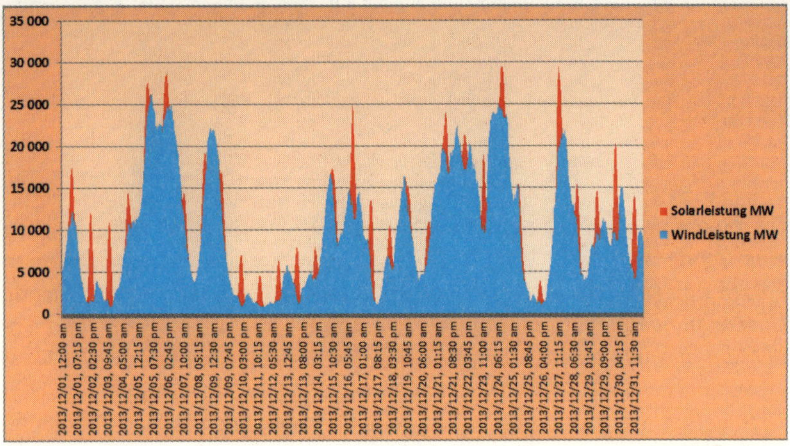

Abb. 27: Der Blick auf den Monatsverlauf der Stromerzeugung aus Wind und Sonne im Dezember 2013 offenbart ein ständiges Auf und Ab. Bei der Sonne erfolgt dies im Tagesrhythmus. Der Wind macht dagegen ausschließlich das, was er will (Daten: www.transparency.eex.com/de).

Eine Analyse von Dr. Günter Keil weist nach, dass die Zahl sogenannter Redispatch-Eingriffe zur Stabilisierung der Netze auch auf Bundesebene rasant weiter ansteigt, von knapp 1.000 im Jahr 2012 über 2.683 im Jahr 2013 auf voraussichtlich mehr als 3.500 im Jahr 2014 (siehe nächste Seite, Abb. 28).[29] Woher kommt diese Unruhe in den Netzen?

Chaos im Kurzzeitbereich

Jeder, der als Kind einen Drachen hat steigen lassen, hat die Erfahrung ge macht, dass der Wind nie wirklich konstant weht. Diese Eigenschaft des Windes beeinflusst übrigens auch Windenergieanlagen, auch wenn man die Unterschiede wegen der großen Masse des träge drehenden Propellers optisch nicht so gut wahrnehmen kann: Die Stromabgabe schwankt jedoch schon im Minutenbereich um teils erhebliche Beträge. Das Gleiche gilt

---

[28] Lex Hartman, wie Fn. 11.

[29] Günter Keil: Am Ende der Energiewende-Sackgasse lauert das Dunkelflaute-Gespenst, 14. 9. 2014, www.eike-klima-energie.eu [Mai 2015].

auch für Solaranlagen, wenn vorüberziehende Wolken die Sonne mal mehr und mal weniger verdunkeln.

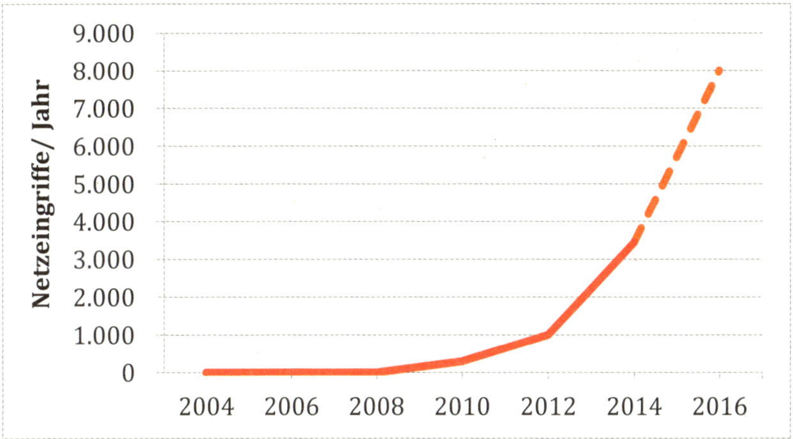

Abb. 28, Redispatch-Maßnahmen bundesweit: Mit der Flutung der Netze mit Wind- und Solarstrom steigt die Zahl der Redispatching-Maßnahmen steil an.[30]

Doch wie verhält es sich mit der Gesamtheit all dieser Anlagen? Von Seiten der Vertreter der Energiewende wird dazu gern das Argument vorgebracht, dass sich mit zunehmender Zahl und der großen räumlichen Verteilung der Anlagen über ganz Deutschland die Unterschiede ausgleichen und ein vergleichmäßigter Stromfluss resultiert. Doch schon ein kurzer Blick auf die Realität zeigt, dass dies nichts weiter als Wunschdenken ist (Abb. 29).

Die Geschwindigkeit dieser Schwankungen wird in der Fachsprache übrigens als Gradient bezeichnet. Ihre Maximalwerte erreichten im dargestellten Zeitraum im Plusbereich 2.304 MW/h und im Minusbereich -1.271 MW/h. Die Spanne liegt demnach bei insgesamt 3.575 MW/h. Schon die wilden Zacken der Kurve verdeutlichen die Brutalität der Ausschläge, die von den Netzbetreibern durch Einsatz von Regelenergie ausgeglichen werden müssen. Wie sich dies auf die künftige Stromversorgung auswirken wird, die ja hauptsächlich auf Wind- und Solarenergie beruhen soll, zeigt ein fiktiver Monatsverlauf für den Dezember 2050 (Abb. 30).

[30] Vgl. ebd., Daniel Wetzel: Kritische Lage im Stromnetz, 5. 1. 2012, www.welt.de [Oktober 2015], sowie Redispatchmaßnahmen, www.netztransparenz.de [Oktober 2015].

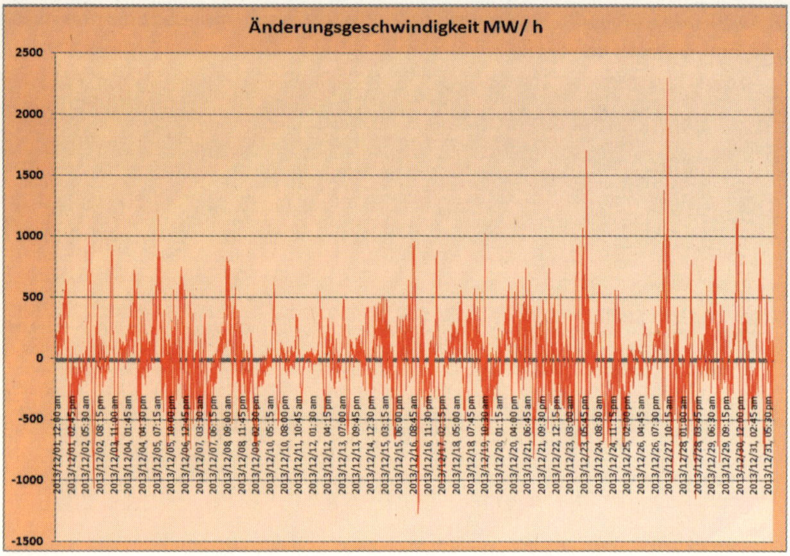

Abb. 29: Die viertelstündlich ermittelten Gradienten der Einspeisung aus Wind- und Solarstrom ins deutsche Stromnetz im Dez. 2013 (Daten: EEX[31])

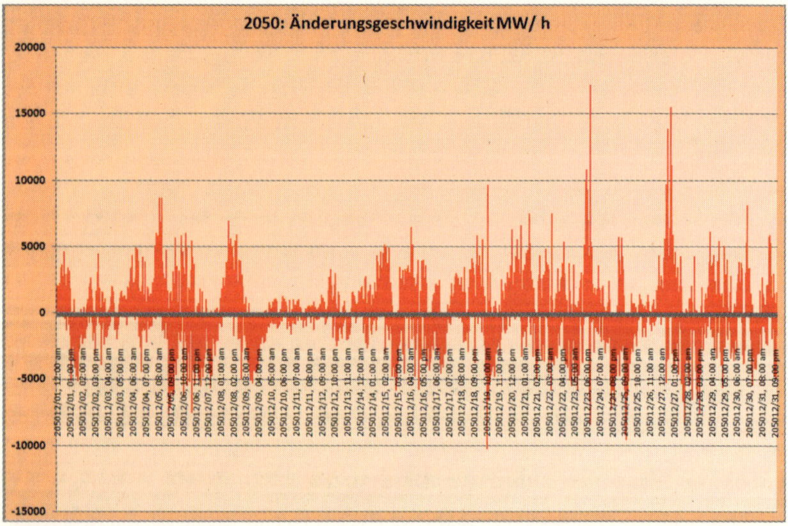

Abb. 30: Die viertelstündlich ermittelten Gradienten der Einspeisung aus Wind- und Solarstrom ins deutsche Stromnetz im Verlauf des fiktiven Monats Dezember 2050 (Daten: www.transparency.eex.com/de/ eigene Berechnung)

---

[31] Daten nach www.transparency.eex.com/de

Die Zahlen wurden auf der Grundlage des realen Verlaufs des Dezembers 2013 mit den in Kapitel 13 erläuterten Multiplikatoren kalkuliert. Es ergeben sich Ausschläge von bis zu 17.180 MW/h in positiver und -10.243 MW/h in negativer Richtung. Beim Menschen bezeichnet man ständige unkontrollierbare Zuckungen als Spastik. Ursachen sind Schädigungen im Hirnbereich, die manchmal, aber nicht immer erblich bedingt sind. Die Spastik der Stromerzeugung aus Wind- und Solaranlagen ist dagegen zu 100 Prozent eine Erbkrankheit, und zwar eine unheilbare.

13] Zahlen zur Utopie von „80 Prozent Strom aus Erneuerbaren Energien“

Um eine klarere Vorstellung davon zu erhalten, was bei weiterer Fortführung der „Energiewende“ auf Deutschland zukommt, muss man sich vor Augen führen, wie der weitere Ausbau der Stromerzeugung aus „erneuerbaren“ Quellen vonstattengehen soll. Natürlich sind Langfristbetrachtungen bis 2050 schwierig und mit großen Unsicherheiten behaftet, doch liefern solche Projektionen zumindest Zahlen, mit deren Hilfe sich die entsprechenden Szenarien einmal durchrechnen lassen. Eine solche „was wäre wenn“-Analyse ermöglicht eine zumindest grobe Abschätzung der Machbarkeiten und Konsequenzen des Projekts „Energiewende“.

Grundlage für eine solche Projektion in die Zukunft ist sinnvollerweise die aktuelle Situation bzw. das letzte Jahr, für das gesicherte Zahlen vorliegen. Als Referenz legen wir deshalb das Jahr 2013 mit einer Gesamt-Stromproduktion von 629 TWh zugrunde (Abb. 31). Während die Stromerzeugung in Deutschland – außer in Kriegs- und Krisenzeiten – in der Vergangenheit stets zunahm, geht die Regierung davon aus, dass es gelingen wird, künftig den Stromverbrauch des Landes in merklichem Umfang zu senken. Bei realistischer Betrachtung sollte man dies jedoch wohl eher der Kategorie „fromme Wünsche“ zuordnen.

Als Zugeständnis an die entsprechenden Anstrengungen sei für die folgenden Betrachtungen jedoch angenommen, dass die laufenden Sparbemühungen ein Einfrieren des Stromverbrauchs auf dem Niveau des Jahres 2013 bewirken. Entgegenkommenderweise unterstellen wir darüber hinaus auch, dass die massiven Bemühungen um den Ersatz fossil befeuerter Öl- und Gasheizungen durch Wärmepumpen keine Auswirkungen auf den Stromverbrauch haben, obwohl beispielsweise eine Außenluft-Wärmepumpe pro Jahr und Haushalt gerne mal zusätzliche 2.500 kWh schluckt.

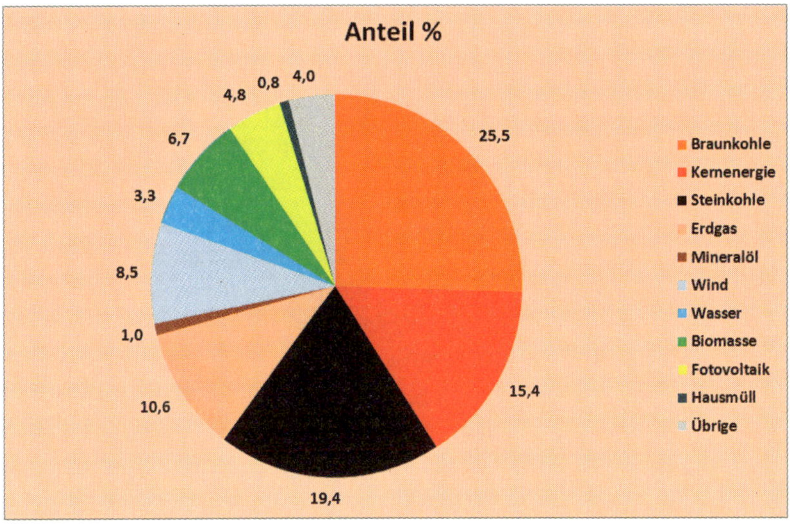

Abb. 31: Anteile der verschiedenen Energiequellen an der deutschen Stromproduktion im Jahre 2013 (Daten: www.ag-energiebilanzen.de)

Strombedarf im Jahr 2050

Typisch für die heute in Deutschland betriebene Politik ist die Tatsache, dass man auf der einen Seite Projekte auf Kiel legt, die eine Steigerung der Stromproduktion erforderlich machen würden, und auf der anderen Seite „vergisst", den entsprechend höheren Bedarf bei den Zukunftsplanungen im Bereich Energieproduktion zu berücksichtigen. Ein solches Stromfresser-Projekt gigantischen Ausmaßes ist die geplante Umstellung des Straßenverkehrs auf Elektromobilität.

Bei allem Optimismus kann diese Energiemenge nicht aus einem sowieso schrumpfenden Gesamt-Strombudget kommen. Vielmehr muss der hierfür benötigte Strom zusätzlich erzeugt werden. Der deutsche PKW-Bestand liegt bei derzeit rund 44 Millionen Fahrzeugen. Will man diese bis 2050 komplett durch Stromschlucker ersetzen, so bedeutet dies einen jährlichen Mehrbedarf an elektrischem Strom von rund 130 TWh. Addiert man diesen zusätzlichen Verbrauch zu den 629 TWh, so ergibt sich für 2050 eine Stromerzeugung von 759 TWh.

Für 2050 plant die große Koalition einen EE-Anteil von 80 Prozent, noch getoppt von Grünen, WWF, Greenpeace und manchen kirchlichen Kreisen, die 100 Prozent EE-Anteil fordern.

Annahmen für den Energiemix der Stromerzeugung im Jahr 2050
Für die Abschätzung des künftigen Energiemixes wurde von folgenden Überlegungen ausgegangen:

- Die Produktion von Strom aus Wasserkraft wird sich in Deutschland kaum noch steigern lassen.
- Auch der Erzeugung von Strom aus Getreide – vornehm als Biogas bezeichnet – dürfte wegen der Amoralität dieses Tuns in einer hungrigen Welt (man braucht sich nur zu fragen, warum so viele Bootsflüchtlinge auf dem Mittelmeer ihr Leben riskieren) kaum noch großes Wachstum beschieden sein.
- Bei Fotovoltaik ist ein Deckel bei 52.000 MW in der Diskussion.
- Der Anteil von Müllverbrennungsanlagen (5,2 tWh in 2013) dürfte in den kommenden Jahrzehnten stark zurückgehen, da heute existierende Anlagen bis 2050 aus der Förderung herausfallen dürften und neue Anlagen wohl kaum noch errichtet werden.
- Die heute noch existierenden Kraft-Wärme-Kopplungsanlagen dürften bis 2050 wegen mangelnder Wirtschaftlichkeit weitgehend vom Markt verschwunden sein.
- Alle künftigen Steigerungen der Erzeugung von EE-Strom können daher im Prinzip fast nur noch durch Ausbau der Windenergie erfolgen.

Bis 2050 zu realisierende Kapazitäten
Setzt man nun die obigen Zahlen in bei Wind- und Solarenergie zu realisierende Kapazitäten um, so lassen sich für die Stromproduktion aus EE-Quellen folgende Zielvorgaben errechnen (siehe Tabelle und Abb. 32):

Erforderliche Kapazität im Jahr 2050 bei 80 Prozent EE-Anteil

	tWh
Wind onshore (erforderl. Kapazität 288.100 MW, Nutzungsgrad 17,4 %)	439,1
Wind offshore (erforderl. Kapazität 36.010 MW, Nutzungsgrad 34,8 %)	109,8
Solar (erforderl. Kapazität 52.000 MW, Nutzungsgrad 8,3 %)	37,8
Wasser (Kapazität 4.300 MW)	20,5
Konventionell	151,8
Gesamtsumme	**759,0**

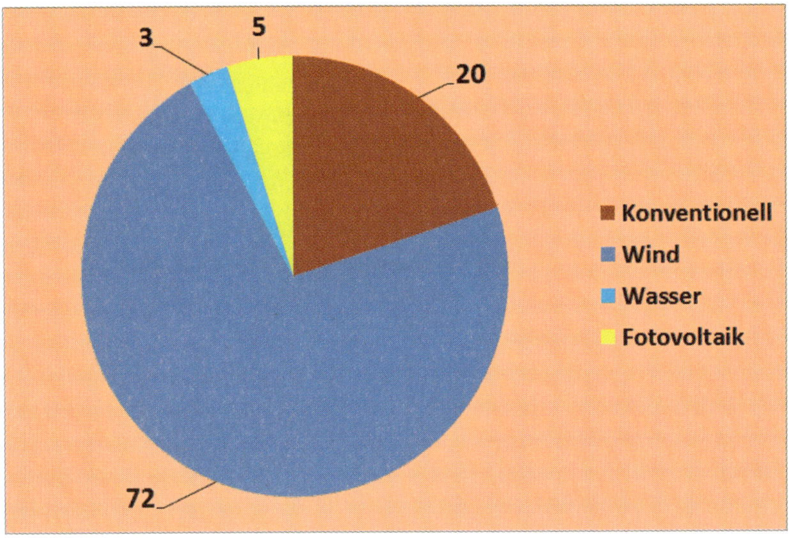

Abb. 32: Angenommene Aufteilung der Energiequellen für die Stromerzeugung im Jahre 2050

Da wesentliche gesellschaftliche Kräfte wie die Grünen, die inzwischen längst zu „Spenden-Profitcentern“ mutierten Verbände wie WWF, Greenpeace oder der BUND sowie maßgebliche kirchliche Kreise sogar noch darüber hinausgehen und einen 100 Prozent EE-Anteil fordern, werden in der nächsten Tabelle auch die dementsprechenden Zahlen aufgeführt:

Erforderliche Kapazität im Jahr 2050 bei 100 Prozent EE-Anteil

	tWh
Wind onshore (erforderl. Kapazität 367.800 MW, Nutzungsgrad 17,4 %)	560,6
Wind offshore (erforderl. Kapazität 46.000 MW, Nutzungsgrad 34,8 %)	140,1
Solar (erforderl. Kapazität 52.000 MW, Nutzungsgrad 8,3 %)	37,8
Wasser (Kapazität 4.300 MW)	20,5
Gesamtsumme	**759,0**

Das größte Fragezeichen ist bei der Abschätzung dieser Zahlen sicherlich im Bereich der Offshore-Windenergie zu setzen. Erwartungsgemäß hat es nach dem forcierten Ausbau dieser noch längst nicht ausgereiften Technologie in letzter Zeit erhebliche Rückschläge gegeben. Sowohl die bisher realisierten Kapazitäten als auch die vollmundig propagierten Nutzungsgrade haben die Zielvorgaben bei weitem verfehlt. Damit wurden diejenigen Fachleute bestätigt, die den viel zu optimistischen Zahlenwerken der Errichter und Betreiber skeptisch gegenüberstanden. Da die aufgetretenen Probleme grundsätzlicher Natur sind und auch längerfristig anhalten dürften, wurden bei der Konzeption der Offshore-Zahlen bei obigen Beispielen realistisch erscheinende Abschläge sowohl bezüglich der Ausbaukapazitäten als auch bezüglich des erzielbaren Nutzungsgrades berücksichtigt.

14] Der verflixte Nutzungsgrad

Eines der entscheidenden Hindernisse für die Verwirklichung einer vor allem auf der Nutzung von Wind und Sonne basierenden „Energiewende" ist der miserable Nutzungsgrad dieser Anlagentypen. Die Anlagen liefern nicht nur Strom ausschließlich dann, wenn die Natur dazu gerade einmal Lust hat, sie stehen darüber hinaus auch die meiste Zeit nutzlos in der Landschaft herum. Der sogenannte Nutzungsgrad liegt bei der Onshore-Windenergie bei lediglich 17,4 Prozent und bei der Fotovoltaik gar bei mickrigen 8,3 Prozent. Das hat desaströse Konsequenzen für die gesamte Infrastruktur der Netze.

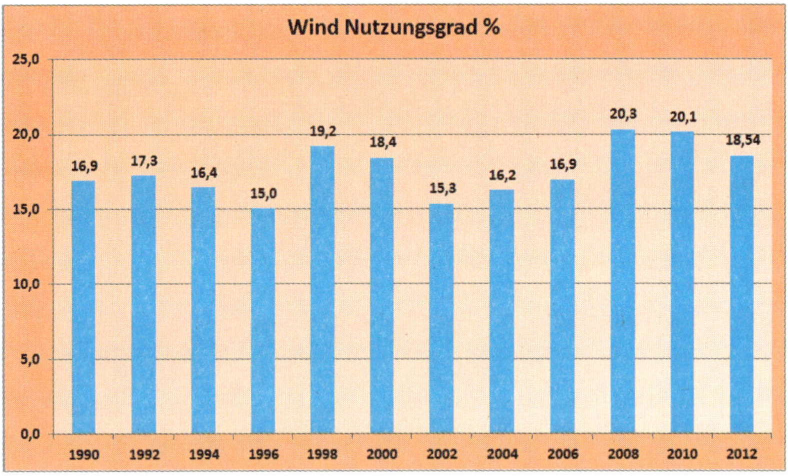

Abb. 33: Im Zeitraum von 1990 bis 2012 ermittelte Nutzungsgrade von an Land errichteten Windenergieanlagen (Daten: BDEW[32])

Da eine Windenergieanlage nur selten die volle Leistung erreicht, liefert sie im Jahresmittel wesentlich weniger Strom als nach Typenschild zu erwarten. Man kennzeichnet dies durch Kennwerte wie Nutzungsgrad oder Volllast-

[32] BDEW (Hg.): Erneuerbare Energien und das EEG: Zahlen, Fakten, Grafiken (2014) – Anlagen, installierte Leistung, Stromerzeugung, EEG-Auszahlungen, Marktintegration der Erneuerbaren Energien und regionale Verteilung der EEG-induzierten Zahlungsströme, Berlin, 24. Februar 2014, www.bdew.de [Juni 2015].

stunden. Dem Begriff „Volllaststunden“ liegt ein Bilanzierungsansatz zugrunde, bei der man die gelieferte Gesamtmenge an Strom so betrachtet, als hätte die Anlage für einen Teil der insgesamt 8.760 Stunden des Jahres unter Volllast gearbeitet und in der restlichen Zeit komplett stillgestanden.

Gleichwertig, jedoch für Berechnungen einfacher zu handhaben ist der Nutzungsgrad, der sich aus dem Prozentualen Verhältnis von Volllaststunden zu Gesamt-Jahresstunden ergibt. Die Abbildung 33 (vorige Seite) zeigt den über einen Zeitraum von 23 Jahren ermittelten Nutzungsgrad von in Deutschland an Land betriebenen Windenergieanlagen.

Als Mittelwert aus diesen Angaben lässt sich ein durchschnittlicher Nutzungsgrad von 17,4 Prozent errechnen. Bei der Fotovoltaik werden im Schnitt sogar lediglich 8,3 Prozent erreicht.

Auswirkungen eines niedrigen Nutzungsgrades

Für die geplante Umstellung der deutschen Stromerzeugung auf „erneuerbare“ Energien erweisen sich diese niedrigen Nutzungsgrade als entscheidendes Handicap. Am besten erkennt man dies beim Vergleich mit einem Kleinkraftwerk, das mit einem Dieselmotor arbeitet. Ein solches Kraftwerk, das nahezu unterbrechungsfrei arbeiten kann, liefert bei einer nominellen Leistung von 1 MW bis zum Ende eines Betriebsjahres etwa 8.600 MWh elektrischer Arbeit ab (Abb. 34).

Angesichts der Zuverlässigkeit moderner Motor- und Generatortechnik in diesem Bereich seien lediglich fünf Tage Stillstandszeit für Wartung und Instandhaltung im Jahr angesetzt, was einem Nutzungsgrad von rund 98 Prozent entspricht. Zum Vergleich sind auch die Jahresstromlieferungen einer Windenergieanlage sowie einer Fotovoltaikanlage mit nominell gleicher Leistung aufgeführt. Im Vergleich zum Dieselgenerator würden bei der Windenergieanlage bis zum Jahresende lediglich 1.524 MWh und bei einer Solaranlage sogar lediglich 727 MWh abgeliefert.

Allerdings benötigen die Abnehmer im Laufe des Jahres nach wie vor die bisher vom Dieselgenerator gelieferten rund 8.600 MWh. Um die gleiche Strommenge zu erzeugen, muss man daher bei EE-Anlagen eine entsprechend dem Nutzungsgrad höhere Kapazität installieren (Abb. 35). Bei Windenergie entspricht dies dem Faktor 5,67. Bei Solarstrom mit seinem noch deutlich schlechteren Nutzungsgrad liegt der Faktor sogar bei 11,9.

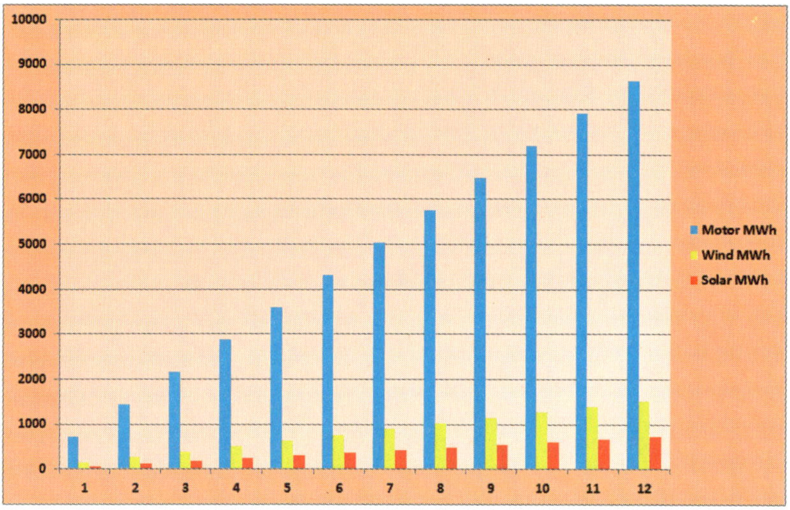

Abb. 34: Vergleich der gelieferten Jahresstrommenge für ein Motorkraftwerk, eine Windenergieanlage und eine Solaranlage, jeweils mit einer Typenschildleistung von 1 MW

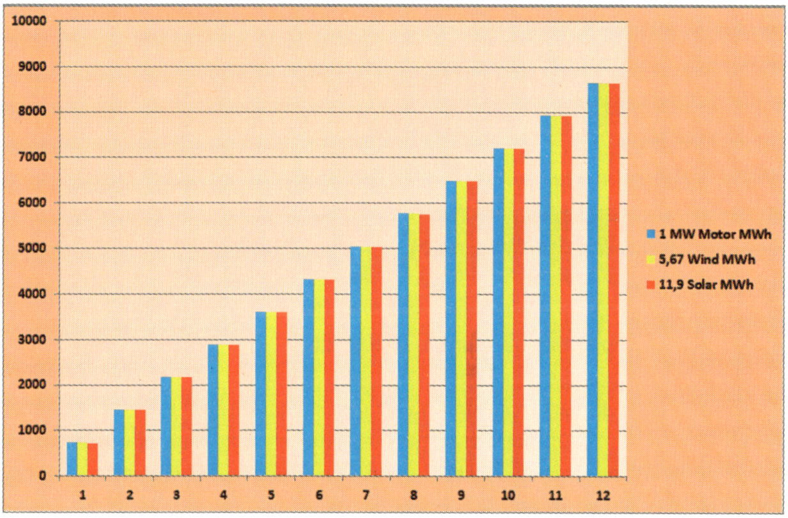

Abb. 35: Gleicher Stromertrag von etwa 8.600 MWh wird geliefert von: 1 MW Motorkraft, 5,67 MW Windenergie oder 11,9 MW Solarpaneelen

Anders ausgedrückt: Um ein Motorkraftwerk mit nominell 1 MW bei 98 Prozent Auslastung zu ersetzen, müsste man 5,67 MW Windleistung oder sogar 11,9 MW Solarleistung installieren – und deren Produktion bei passender Wetterlage auch irgendwo speichern, um sie später bei Flaute und Wolken wieder abrufen zu können. Für die folgenden Betrachtungen wird hypothetisch davon ausgegangen, dass eine solche Technik existieren würde und sie zudem verlustfrei arbeitet.

Das Problem der Strom-Überproduktion

Direkte Folge der großen Überkapazitäten, die man beim Ersatz konventioneller Stromerzeugungstechnologien durch Wind- und Solaranlagen als Folge ihrer niedrigen Nutzungsgrade vorsehen muss, ist eine entsprechend hohe zeitweilige Überproduktion an Strom, wenn es der Wind oder die Sonne mal gut meinen. Während ein konventionelles Kraftwerk mit 1 MW Leistung stets genau diese Leistung zur Verfügung stellt, sieht dies bei einem Windpark ganz anders aus: Es wird je nach Wetterlage zwischen 0,67 Prozent und 567 Prozent der eigentlich benötigten Leistung ins Netz einspeisen, egal wie hoch der aktuelle Bedarf ist. Bei einem Solarkraftwerk sind es dementsprechend zwischen null Prozent und 1.190 Prozent.

Den bei „guter" Wetterlage zuviel produzierten Strom kann man ja nicht einfach „abfackeln", da man damit andererseits die Zeiten schwächerer Produktion ausgleichen muss. Anderenfalls würde man die für das Gesamtjahr zu sichernde Stromproduktion nicht darstellen können. Das Ganze kann daher nur funktionieren, wenn man die in Zeiten des Überflusses produzierten großen Strommengen für flaue Zeiten speichert. Da das zurzeit nicht in wünschenswertem Umfang möglich ist, drücken wir diesen Strom im Fall des Falles zum Nulltarif in die Stromnetze unserer diversen Nachbarländer. Wird er dort selbst dann nicht abgenommen, dann hilft man mit „Negativpreisen" nach. Es kommt zu der grotesken Situation, dass wir den Abnehmern dafür sogar noch massive Geldgeschenke anbieten, damit sie ihn doch noch abnehmen (Abb. 36).

Vervielfachung der erforderlichen Leitungskapazitäten

Das Problem ist dabei, dass man für diese Zeiten massiver Überproduktion die Leitungsnetze entsprechend der im Extremfall zu erwartenden Strommengen überdimensionieren muss. Während für das bereits angesprochene 1-MW-Dieselkraftwerk eine Leitung mit einer Transportkapazität von 1 MW völlig ausreichen würde, müsste sie für den Anschluss eines Windparks mit 5,75 MW auch für dessen Maximalkapazität ausgelegt werden, auch wenn im Jahresmittel nur 1 MW Transportkapazität tatsächlich genutzt wird.

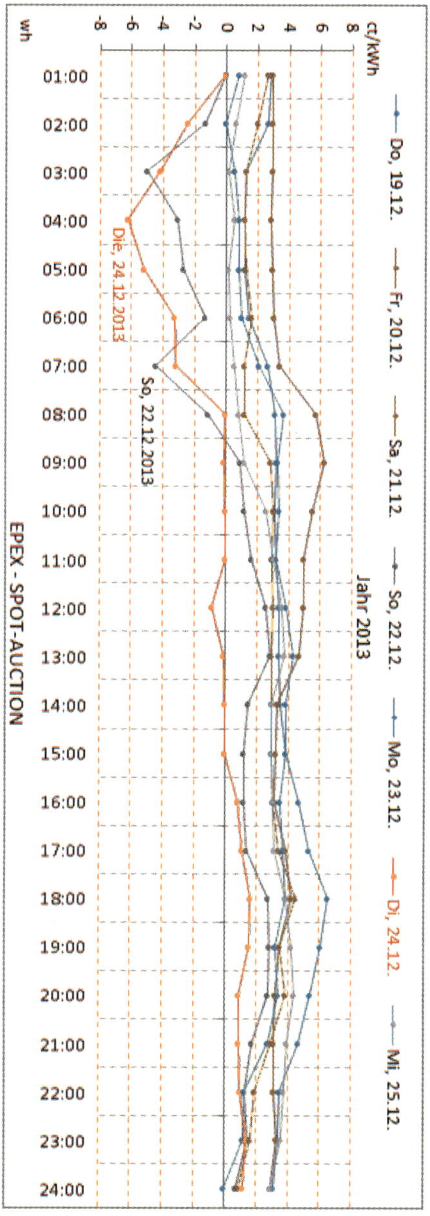

Abb. 36: Um die Weihnachtszeit 2013 musste überschüssiger EE-Strom an der Börse mit Aufzahlungen von bis zu 6,2 ct/kWh verschleudert werden (Grafik: http://nature2010.tripod.com/wkr202.htm).

Anders ausgedrückt: Man muss eine 5,7-MW-Leitung vorsehen, die jedoch statt zu 98 Prozent lediglich zu 17,4 Prozent ausgelastet wird. Im Straßenbau entspräche dies dem Bau einer sechsspurigen Autobahn, über die dann im Mittel das Verkehrsaufkommen einer einspurigen Landstraße abgewickelt wird.

Noch schlechter sieht es bei Solaranlagen aus, da hier das Verhältnis eins zu zwölf ist. Das entspräche einer zwölfspurigen Autobahn statt einer Landstraße.

15] Land unter im Stromsee

Die schlechten Nutzungsgrade der „erneuerbaren" Energiequellen Wind und Sonne wirken sich unmittelbar auf die gesamte Transport- und Versorgungsinfrastruktur unserer Stromnetze aus. Wenn man den mit hohen Investitionen erkauften „Öko"-Strom auch bei hohem Aufkommen nicht verschwenden will, muss man die Kapazität der Netze den zu erwartenden Maximalbelastungen anpassen. Dazu müsste man jedoch die Netzinfrastruktur um ein Vielfaches der heutigen Kapazitäten erweitern.

Unsere Netzinfrastruktur – Transport- und Verteilnetze, Umspannwerke, Schaltanlagen (Abb. 37) etc. – ist für die Bewältigung von etwa 80.000 bis 85.000 MW ausgelegt. Dazu kommen natürlich noch einige Reserven wegen Abschaltungen für Reparaturen etc. Höhere Einspeisekapazitäten würden in jedem Fall einen entsprechenden Ausbau erforderlich machen. Dieser Aspekt ist zunächst unabhängig von der Frage, ob wir die viel beschworenen Strom-Autobahnen in Nord-Süd oder in Ost-West-Richtung benötigen, um, wie man es so schön formuliert, „regionale Ungleichgewichte zwischen Erzeugung und Verbrauch auszugleichen".

Denn mit diesen neuen Strecken soll nicht etwa mehr Strom transportiert werden als bisher. Es geht vielmehr darum, die gleiche Menge Strom über andere und vor allem auch längere Strecken zu transportieren. Hauptgrund ist die Vernichtung ortsnaher Kraftwerkskapazitäten vor allem in den süddeutschen Industrieregionen durch die Energiewende (siehe Kapitel 25), während man mitten im nord- und nordostdeutschen Nirgendwo gigantische Windkraftkapazitäten aus dem Boden stampft, um deren Strom dann nach Süden zu senden. Im Wesentlichen werden also öffentliche Gelder eingesetzt, um die Profite norddeutscher Strom-Oligarchen zu steigern.

Künftige Einspeisekapazitäten

Für die schöne neue „Öko-Zukunft" bräuchten wir jedoch darüber hinaus zusätzliche und erheblich größere Leitungskapazitäten, um die zufallsbedingte Überproduktion von Strom aus Wind und Sonne bewältigen zu können. Wie bereits im Kapitel 13 über die Utopie von „80 Prozent Strom aus erneuerbaren Energien" aufgeführt, laufen die Pläne der Bundesregierung letztlich darauf hinaus, dass im Jahr 2050 rund 70 Prozent der Stromproduktion aus Windkraftanlagen, drei Prozent aus Wasserkraft und fünf Prozent aus Fotovoltaikanlagen kommen dürften. Für Wind und Sonnenkraft bedeutet dies wiederum, dass die Sicherstellung der gewünschten Gesamt-Stromliefermenge wegen der niedrigen Nutzungsgrade zur Errichtung entsprechend hoher Produktionskapazitäten zwingt.

Abb. 37: Schaltanlagen an der Grenzübergabestelle Laufenburg des europäischen Verbundnetzes

Hierfür müssten bei Onshore-Wind 288.100 MW, bei Offshore-Wind 36.010 MW und bei Fotovoltaik 52.000 MW Produktionskapazität installiert werden. Wie im Kapitel 14 gezeigt, müssten die Netze so groß dimensioniert werden, dass sie den bei günstigen Wetterbedingungen erzeugten Strom auch vollständig aufnehmen und zu hypothetischen Speichern leiten könnten, wo er für spätere Verwendung zwischengelagert werden müsste. Doch wie hoch müsste die entsprechende Durchleitungskapazität der Stromleitungen ausgelegt werden? Hierbei ist zu berücksichtigen, dass die Maxima von Wind- und Solareinspeisung kaum jemals gleichzeitig auftreten dürften. Daher erscheint es sinnvoll, die realen Zahlen eines als typisch anzusehenden Monats zugrundezulegen und mit den entsprechenden Kapazitäten des Jahres 2050 hochzurechnen.

Auswirkungen auf die Stromproduktion

Da der Windenergie in den Zukunftskonzepten der Bundesregierung die entscheidende Rolle zukommt, wurde als Vergleichsmonat wieder der Dezember 2013 mit seiner guten Windstromproduktion herangezogen. Grundlage der Kalkulation waren die realen Zahlen der Stromproduktion in viertelstündlicher Auflösung. Davon ausgehend wurden sowohl die Netzlast als auch die zu erwartende Leistungsbereitstellung durch Wind- und Solarkraftwerke mit Hilfe der oben aufgeführten Zahlen umgerechnet. Die Abbildung 38 zeigt die entsprechenden Werte für die zu erwartende Netzlast sowie für die Summenleistung von Wind- und Solarenergieanlagen plus Wasserkraft. Deren Spitzenwert liegt bei 296.000 MW.

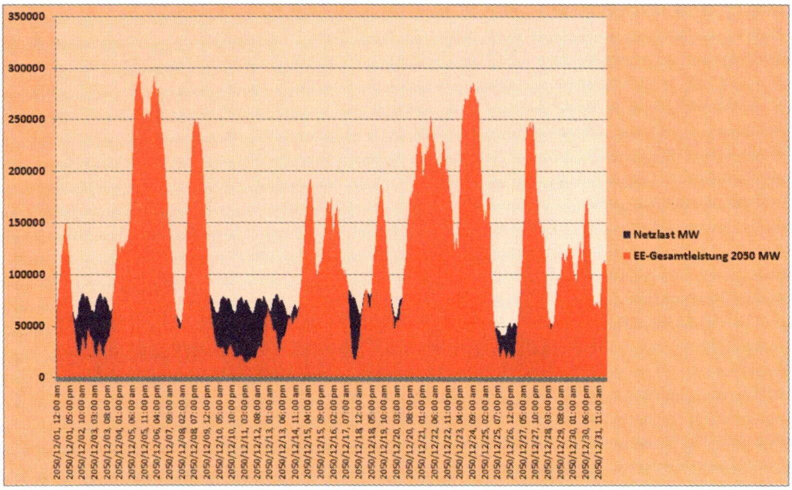

Abb. 38: Projektion der Netzlast (dunkelblau) sowie der kumulierten Leistung von Wind-, Solar- und Wasserkraftanlagen im Dezember 2050 (Daten: www.transparency.eex.com/de/ eigene Berechnungen)

Wer beim Blick auf diese Darstellung jetzt annimmt, man könne angesichts der großen Mengen an EE-Strom die Kapazität der konventionellen Kraftwerke stark reduzieren, den wird ein Blick auf Abbildung 39 enttäuschen. Trotz der riesigen Kapazitäten von Wind- und Solarenergieanlagen gibt es weiterhin zahlreiche kürzere oder auch längere Zeiträume, wo konventionelle Kraftwerke einspringen müssen, weil die Produktion von EE-Strom nicht ausreicht, um Deutschland zu versorgen. In der Spitze müssen konventionelle Kraftwerke an manchen Tagen sogar bis zu 61.000 MW Leistung bereitstellen, damit die Stromversorgung gesichert bleibt. Darüber hinaus müssen zahlreiche Kohle- und Gaskraftwerke kontinuierlich am Netz bleiben, um die Mindestleistung von etwa 20.000-28.000 MW zu sichern, die benötigt wird, um die zur Stabilisierung des Netzes erforderliche Regelleistung darstellen zu können.

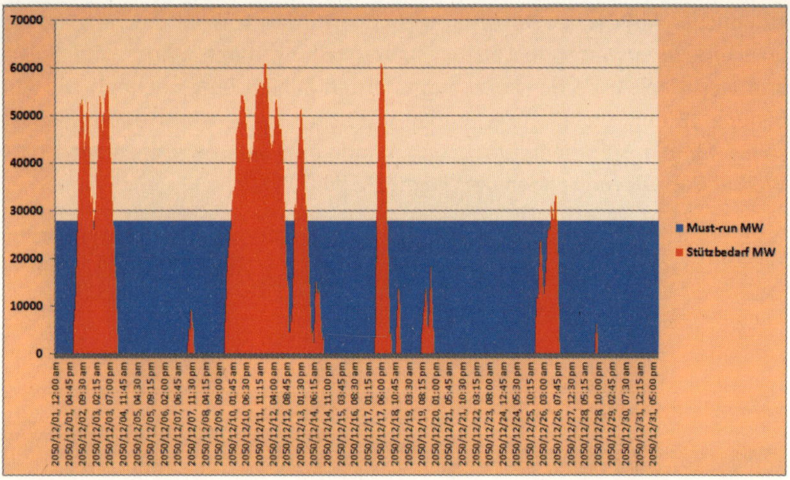

Abb. 39: Im fiktiven Dezember 2050 benötigte Leistung aus konventionellen Kraftwerken: Rot für die Tage, an denen die Produktion aus EE-Quellen nicht zur Deckung der Netzlast ausreicht, und blau die zur Aufrechterhaltung der Netzsicherheit erforderliche „must-run"-Mindestleistung (Daten: www.transparency.eex.com/de, eigene Berechnungen).

Auswirkung auf die Netze

Würde der Ausbau der Stromproduktion aus „erneuerbaren" Energien entsprechend der bisherigen Planungen konsequent umgesetzt, so hätte dies erhebliche Konsequenzen im Bereich der Hochspannungs-Übertragungsnetze. Statt – wie heute – Leistungen von etwa 80.000 bis 85.000 MW zu bewältigen, müsste unser Transportnetz im Jahre 2050 Spitzenleistungen von bis zu 320.000 MW verkraften können (Abb. 40). Das bedeutet, dass es in seinen wesentlichen Teilen um einen Faktor von 3,6 bis 3,8 größer dimensioniert werden müsste. Vergleicht man dies mit dem aktuellen Planungsstand, dann fällt auf, dass dieser Umstand in keinster Weise berücksichtigt wird. Geplant sind lediglich einige wenige Nord-Süd- und Ost-West-Verbindungen wie „SüdLink", die aktuell erkennbare Engpässe aufgrund der bereits angesprochenen regionalen Erzeugungsungleichgewichte beheben sollen. Eine zielgerichtete Ausbauplanung entsprechend der für die Zukunft zu erwartenden Strom-Tsunamis ist dagegen nirgendwo zu erkennen. Grund für die weitgehende Planlosigkeit, mit der heute offensichtlich agiert wird, ist sicherlich auch die Tatsache, dass sich bisher keinerlei vertretbare großtechnische Lösung für die Speicherproblematik abzeichnet.

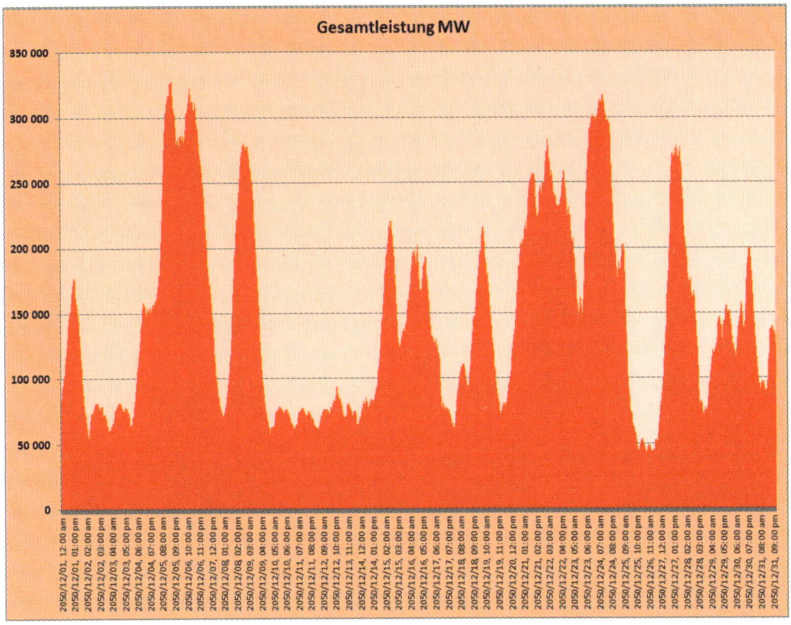

Abb. 40: Im Dezember 2050 würde die maximale Einspeiseleistung bei weiterer Fortführung der Pläne der Bundesregierung bis zu 320.000 MW erreichen (Daten: www.transparency.eex.com/de/ eigene Berechnungen)

Würde man die aufgezeigten Aspekte konsequent in Leitungsbau-Konzepte umsetzen, dann müssten wir bereits heute anfangen, das gesamte Transportnetz sowie einen nicht unerheblichen Teil der Verteilnetze einschließlich der sonstigen Komponenten wie Umspannstationen etc. um den bereits genannten Faktor 3,6 bis 3,8 zu erweitern. Anders ausgedrückt: Wo heute eine Hochspannungsleitung verläuft, dürften es bis 2050 vier sein.

Egal ob man diesen Strom jetzt in „Wunderspeicher" einlagert, die irgendwelche grünen Genies bis dahin noch „mal eben schnell" erfinden müssen, oder ob man vorhat, damit die Energiewirtschaft diverser Nachbarländer zu beglücken: Diesem massiven Überangebot wäre unser heutiges Übertragungsnetz nicht im Entferntesten gewachsen. Man kann grob über den Daumen schätzen, dass es für die Bewältigung dieser Strommengen um den oben errechneten Faktor erweitert werden müsste.

Nimmt man für den Faktor den Mittelwert 3,7 an, so müsste man ausgehend von der heutigen Transportnetzlänge von rund 38.000 km weitere 102.600 km zubauen, um auf eine Gesamtlänge von 140.600 km zu kommen. Bezüglich der Kosten kann man in erster Näherung von dem aktuell veranschlagten Aufwand von bis zu 10 Milliarden Euro für die rund 800 km lange „SüdLink"-Trasse ausgehen, die dereinst Windstrom von der Nord- und Ostsee nach Grafenrheinfeld transportieren soll.

Dabei kann dieser Ansatz noch als konservativ eingestuft werden, wenn man sich das Ausmaß der Kostenüberschreitungen ansieht, die bei Großprojekten wie Stuttgart 21, der Elbphilharmonie oder dem BER-Flughafen die Regel zu sein scheinen. Rechnet man diesen Wert auf die genannten 102.600 km hoch, so landet man bei Investitionskosten von etwa 1.026 Milliarden Euro – nur allein für den bis 2050 erforderlichen Ausbau des Transportnetzes. Den ganzen Rest wie Trafos, Schaltanlagen, Verteilnetze etc. noch gar nicht mitgerechnet.

16] Sind „100 Prozent EE“ tatsächlich machbar?

Eine interessante Frage, die sich im Zusammenhang mit den steigenden Anforderungen an den Netzausbau stellt, ist die nach der angeblich möglichen Vollversorgung mit EE-Strom, eine Position, die von diversen politischen Kräften, Spendenmaximierungsorganisationen wie Greenpeace, WWF, BUND und Konsorten usw. vertreten wird. Auch dieses Szenario lässt sich am Beispiel des Dezembers 2050 aus dem vorigen Kapitel durchrechnen.

Voraussetzung hierfür ist die Annahme, dass ein „grüner“ Wundereffekt, auf den die Ingenieure bisher unerklärlicherweise noch nicht gekommen waren, es in Zukunft erlauben würde, die Stabilisierung des Netzes auch ohne die Stützfunktion konventioneller Kraftwerke sicherzustellen. Die Aufstellung der entsprechenden Kapazitäten findet sich am Schluss des Kapitels 13. Das vom Übertragungsnetz in diesem Fall zu bewältigende Leistungsangebot von bis zu 376.000 MW zeigt die Abbildung 41. Bei diesem Szenario müsste man die Netze um den Faktor 4,4 auf 168.000 km erweitern. Dafür wären 1.300 Milliarden Euro aufzubringen.

Vollends zweifelhaft werden Sprüche wie „100 Prozent Erneuerbare Energien sind schon heute machbar“, wenn man sich ansieht, wie häufig im fiktiven Dezember 2050 trotz der Installation von dann rund 465.000 MW Wind- und Solarkraftwerken deren tatsächliche Produktion so niedrig ausfallen würde, dass ungeachtet der vorhandenen 4.300 MW Wasserkraft zusätzlich noch bis zu 58.000 MW konventioneller Kraftwerksleistung erforderlich würden, damit die Lichter in Deutschland nicht ausgehen (Abb. 42).

In diesem Zusammenhang sei noch angemerkt, dass die aktuell installierte Pumpspeicherkapazität zwar bei etwa 7.000 MW liegt, aber maximal nur für wenige Stunden zur Verfügung stünde.

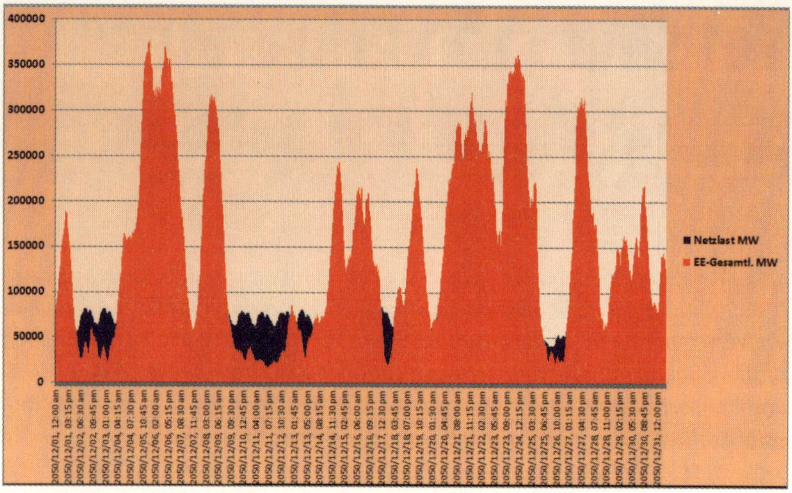

Abb. 41: Gesamtleistung von Wind-, Solar- und Wasserkraftanlagen im simulierten Dezember 2050 bei 100 Prozent EE-Anteil. Die Netzlast (dunkelblau) verdeutlicht, wo dennoch konventionelle Kraftwerke einspringen müssten (Daten: www.transparency.eex.com/de /eigene Berechnung)

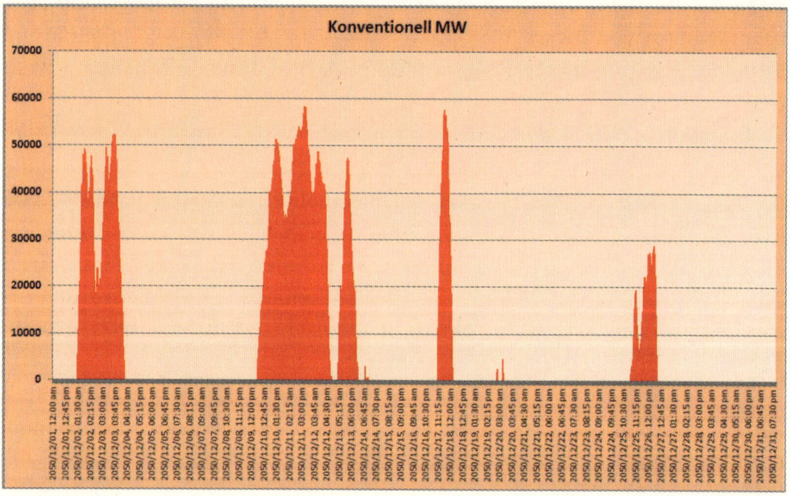

Abb. 42: Trotz „100 Prozent EE" würde im fiktiven Dezember 2050 der Einsatz konventioneller Kraftwerke mit einer Leistung bis zu 58.000 MW erforderlich (Daten: www.transparency.eex.com/de /eigene Berechnung)

Fazit

Die Energiewende kann so wie geplant nicht funktionieren, sowohl aus technischen als auch aus finanziellen Gründen. 100 Prozent heißt nun einmal 100 Prozent und ist gleichbedeutend mit völligem Verzicht auf jede Art konventioneller Stromerzeugung.

Spätestens wenn dann in Krankenhäusern die Patienten auf den Intensivstationen sterben, offenbart das ganze Gerede von der „Energiewende" und vor allem von den angeblich möglichen „100 Prozent Erneuerbaren" seinen wahren Kern: Ignoranz gegenüber den Gesetzmäßigkeiten moderner Technologie und maschinenstürmerische Lust an der Zerstörung der Grundlagen unserer Gesellschaft.

Letzteres läuft auf Massenmord hinaus, denn ohne moderne technische Zivilisation könnte Deutschland keine 80 Millionen Menschen ernähren, kleiden, wärmen und vor Krankheit schützen. Es sei jedem unbenommen, zurück zur Natur zu gehen und als Eremit in die Wälder zu ziehen oder auf die Säule eines griechischen Tempels oder wohin auch immer. Aber als Heilsweg für die Masse unserer Bevölkerung taugen solche Vorstellungen einfach nicht.

17] Das unlösbare Speicherproblem

Die heute in Deutschland betriebene Energiepolitik erinnert in fataler Weise an den „Großen Sprung" in Maos China, weil ebenso wie damals ein lebenswichtiges System aus ideologischen Gründen mit aller Macht komplett umgekrempelt werden soll, ohne dass die grundlegenden Voraussetzungen für seine „Runderneuerung" gegeben sind. Man will 80 Prozent eines bestens funktionierenden Stromversorgungssystems ersetzen, obwohl so gut wie alle wesentlichen technischen Voraussetzungen hierfür nicht verfügbar sind.

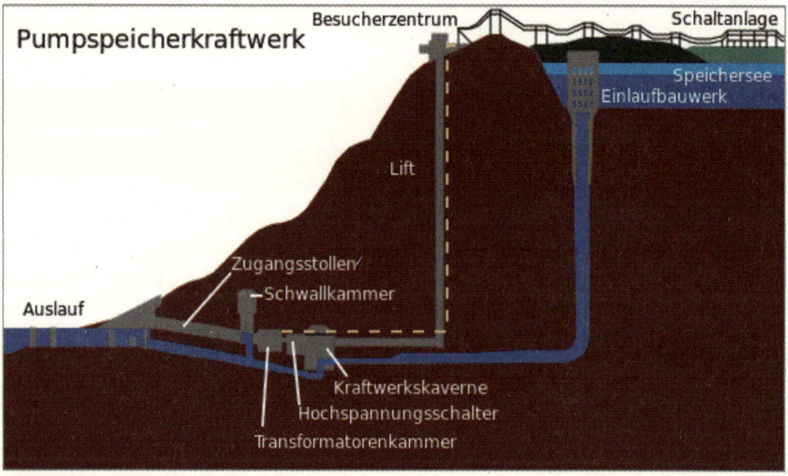

Abb. 43: Schema des Pumpspeicherkraftwerks Raccoon Mountain in den USA (Grafik: Wikipedia)

Das entscheidende ungelöste Problem ist, wie bereits weiter oben ausgeführt, die Frage der Speicherung. Im Stromnetz selbst lässt sich faktisch keine Energie speichern. Bei jedem Polaritätswechsel sinkt die Netzspannung auf null, was bedeutet, dass das Netz für diesen Zeitpunkt keine elektrische Energie enthält. Das geschieht pro Sekunde 100 Mal. Deshalb suchte man schon sehr früh nach Möglichkeiten, elektrische Energie im industriellen Maßstab zu speichern, um die Grundlastkraftwerke besser zu nutzen. Der Tagesverlauf der Netzlast ist durch das menschliche Verhalten mit Arbeits- und Ruhezeiten diktiert (siehe Kap. 5, Abb. 11). Nachts fällt er oft soweit ab, dass die Grundlastkraftwerke eigentlich unter ihren optimalen Betriebspunkt gedrosselt werden müssten.

Dies bedingt jedoch erhebliche technische wie auch wirtschaftliche Nachteile. Deshalb wurden bereits vor Jahrzehnten Möglichkeiten gesucht und gefunden, um den überschüssigen Grundlaststrom zu speichern und tagsüber zu Spitzenlastzeiten wieder abzugeben. Die einzige großtechnische Lösung hierfür bieten nach wie vor Pumpspeicherkraftwerke, die nachts Wasser in hochgelegene Staubecken pumpen. Tagsüber zu Spitzenlastzeiten wird es dann auf Turbinen geleitet, um Strom zu erzeugen. Der Wirkungsgrad dieser Speichertechnologie liegt bei etwa 75 Prozent (rund 20 Prozent Speicherverluste sowie mindestens drei Prozent Leitungsverluste für den Hin- und Rücktransport des Stroms).

Volatilität bedingt Potenzierung des Speicherbedarfs

Die bisher in Deutschland installierten Pumpspeicher haben eine Anschlussleistung von lediglich etwa 6000 bis 7000 MW, und ihre Speicher sind schon nach wenigen Stunden leer. Solange unsere Stromversorgung von „klassischen" Kraftwerken sichergestellt wurde, die ihren Strom zu exakt dem Zeitpunkt und in genau der Menge erzeugen, wie er benötigt wird, reichte das völlig. Im Gegensatz dazu liefern Windenergieanlagen und Solarpaneele Strom dann, wenn die Wetterlage es zulässt. Um das Land dennoch bedarfsgerecht mit Strom versorgen zu können, müsste man enorme Speicher bauen, in denen man bei „gutem" Wetter den Überschuss speichern könnte, um ihn bei Bedarf dann abrufen zu können.

Der Speicherbedarf kann von der Größenordnung her auf 1,5 bis 2 TWh für jeden Tag geschätzt werden, an dem die „Erneuerbaren" nicht liefern. Im Vergleich dazu beträgt die gesamte Pumpspeicherkapazität Deutschlands gerade einmal 0,04 TWh.[33] Hinzu kommt, dass gerade im Winter, wenn die Solarproduktion über Monate hinweg nahezu bedeutungslos ist, manchmal wochenlange Flauten aufgrund der sogenannten Sibirienhochs auftreten. Wenn dann in Deutschland die Lichter nicht ausgehen sollen, müssten sogenannte Saisonspeicher mit entsprechend hohen Kapazitäten einspringen. Solche Speichersysteme gibt es jedoch zurzeit nicht.

---

[33] So Dr.-Ing. Wolfgang Rasim am 30. 3. 2014 in Kommentar #80 zu: Mueller, Fred F.: Die im Dunkeln sieht man nicht: Regelenergie – die versteckten Zusatzkosten des EEG, www.eike-klima-energie.eu/ [Juni 2015].

Das Märchen von den „Batterien Europas“

Auch Deutschlands Nachbarn können diesbezüglich nicht aushelfen. Die Kapazität aller in Europa vorhandenen Pumpspeicherwerke reicht nicht einmal ansatzweise für den künftig erforderlich werdenden Bedarf aus. In Deutschland können wegen der geographischen Gegebenheiten kaum noch nennenswerte zusätzliche Anlagen realisiert werden. Sowohl in Österreich als auch in der Schweiz sind die vorhandenen Pumpspeicherkapazitäten erheblich geringer als in Deutschland und werden außerdem im Lande selbst gebraucht. Ein weiterer Ausbau ist aufgrund mangelnder Wirtschaftlichkeit sowie wegen zu erwartender politischer Widerstände kaum zu erwarten. Siehe dazu auch Kapitel 22.

Dass Politik und interessierte Ideologen gerade auf diesem Gebiet dem Bürger Halbwahrheiten und Unsinn präsentieren, zeigt sich hier besonders krass. Herausragendes Beispiel ist ein Gutachten des von der Bundesregierung eingesetzten Sachverständigenrats für Umweltfragen, der laut einem Wikipedia-Artikel im Mai 2010 in einem Sondergutachten „100 Prozent erneuerbare Stromversorgung bis 2050: klimaverträglich, sicher, bezahlbar“ davon ausging, dass die Kapazitäten besonders norwegischer (etwa 85 TWh Wasserbeckenkapazität dortiger zu Pumpspeichern ausbaufähiger Speicherkraftwerke) und schwedischer Speicherkraftwerke ausreichen, um Schwankungen der zukünftig eingespeisten erneuerbaren Energien auszugleichen: „Die Analyse zeigt, dass die häufig geäußerte Befürchtung, dass norwegische Wasserspeicher zu geringe Füllstände für einen Ausgleich der in Deutschland produzierten regenerativen Elektrizität aufweisen würden, unbegründet ist. Vielmehr scheint sich die norwegische Wasserkraft mit der erneuerbaren Stromerzeugung in Deutschland sehr gut zu ergänzen.“[34]

Macht man sich jedoch die Mühe, die Tatsachen beispielsweise in Norwegen zu überprüfen, so stellt man fest, dass es dort zurzeit so gut wie gar keine installierten Pumpspeicherkapazitäten gibt. Als einziges tatsächlich vorhandenes norwegisches Pumpspeicherkraftwerk findet sich das Kraftwerk Saurdal mit einer installierten Pumpleistung von gerade einmal 320 MW, daneben werden zwei weitere Projekte aufgeführt – ohne Angaben zu einem Inbetriebnahmedatum. Es ist schon erschreckend zu sehen, in welcher Weise hier theoretische Möglichkeiten als Fakten dargestellt werden. Über die Kosten scheint man sich dabei gar keine Gedanken gemacht zu haben.

Zudem muss man die diesbezügliche Stimmungslage in Norwegen berücksichtigen. Norwegen hat im zweiten Weltkrieg schmerzliche Erfahrun-

---

[34] Vgl. SRU (Hg.): Aktuelle Stellungnahme Nr. 15: 100% erneuerbare Stromversorgung bis 2050: klimaverträglich, sicher, bezahlbar, 5. 5. 2010, S. 59, 65, www.umweltrat.de/cae/servlet/contentblob/1001596/publicationFile/66394/2010_05_Stellung_15_erneuerbareStromversorgung.pdf [Juni 2015 abrufbar bei www.archive.org].

gen mit einem aggressiven „Volk ohne Raum" gemacht, woran man sich dort heute noch erinnert. Ein flächendeckender Ausbau von Pumpspeicherkapazitäten würde aufgrund der damit einhergehenden Verschandelung der Natur sofortigen und äußerst entschlossenen Widerstand der Bevölkerung provozieren. Abgesehen davon, dass man den Strom auch noch über extrem lange und teure Seekabel hin und her transportieren müsste.

„Power to gas" und andere unbrauchbare Speicherkonzepte

Abgesehen von der Pumpspeicherung gibt es kein energetisch wie wirtschaftlich vertretbares Konzept für die großtechnische Speicherung von elektrischer Energie. Alle immer wieder ins Feld geführten Alternativen wie Batterien, Elektroautos, Druckluftspeicher, Wasserstoffproduktion, Lageenergiespeicher oder die Erzeugung von Methan („Power-to-Gas") haben so schlechte Wirkungsgrade bzw. so enorme Kosten, dass sie als Alternativen definitiv ausscheiden. Selbst unter optimalen Bedingungen erreichen viele dieser Technologien nur 30 bis 54 Prozent, lediglich in Ausnahmefällen kommt man auf 62 Prozent.

Dazu muss man noch Leitungs- und Umspannverluste von 5-15 Prozent rechnen, da der Strom von weit her zu den Speichern und von dort wieder zu den Verbrauchern transportiert werden müsste. Insgesamt ginge daher mehr als die Hälfte des teuren EE-Stroms verloren, was volkswirtschaftlich völlig untragbar wäre. Zudem läge die zeitliche Reichweite dieser Speichersysteme meist im Bereich weniger Stunden statt der Wochen bis Monate, die zur effektiven Vorratshaltung benötigt würden. Eine umfassende Betrachtung findet sich bei EIKE.[35]

Dass solche untauglichen Speicherkonzepte trotzdem immer wieder in der Tagespresse sowie im Fernsehen präsentiert werden, liegt ausschließlich an der geschickten PR-Strategie interessierter Kreise. Die Mängel dieser Technologien sind durch die ihnen zugrunde liegenden physikalischen Gesetzmäßigkeiten bedingt und können auch durch noch soviel Forschung nicht behoben werden. Die häufig zu hörende Behauptung, man könne doch für die Zukunft entsprechende Entdeckungen nicht ausschließen, kommt meist von technischen Laien, während Naturwissenschaftler solche Aussagen in der Regel zusammen mit Laserschwert, Zeitsprüngen und Reisen in ferne Galaxien der Kategorie „Science Fiction/Fantasy" zurechnen.

Speziell auf das besonders häufig strapazierte Thema Batteriespeicherung wird weiter unten noch näher eingegangen.

---

[35] Horst Trummler: Stromspeicher – was sie sind, was sie taugen, was sie kosten, 22. 5. 2012, www.eike-klima-energie.eu [Juni 2015].

18] Kombikraftwerk für 100 Prozent „Erneuerbare“ – ein billiger Taschenspielertrick

Im Spätsommer des Jahres 2013 geisterten zwei Schlagworte durch das Internet. Einmal wurde der Slogan von den „100 Prozent Erneuerbaren“ wieder hervorgekramt und hinzu kam der Ausdruck „Kombikraftwerk“. In beiden Fällen handelt es sich um Markenbegriff für passende Studien, die durch aufwendig gemachte Videos in Youtube beworben werden. Die „100 Prozent Erneuerbar“-Verfechter wollen lieber heute als morgen unsere Versorgung mit elektrischer Energie zu 100 Prozent auf „alternative“ Energiequellen umstellen. Wir unterziehen das Konzept einem Realitätscheck.

Die Verfechter des „Kombikraftwerks“ behaupten, mit der geschickten Zusammenschaltung der verschiedensten alternativen Energiequellen zu einem kombinierten Kraftwerk (Kombikraftwerk) dem Ziel von 100 Prozent schon jetzt sehr nahe gekommen zu sein bzw. dessen Machbarkeit bewiesen zu haben. Von den Kosten dieser Ideen ist interessanterweise kein Wort zu lesen. Und auch ihre technische Umsetzbarkeit ist bei näherer Betrachtung eher eine Sache von Visionären ohne Bodenhaftung, als von gestandenen Ingenieuren, die das Machbare umsetzen. Zunächst befassen wir uns mit der technischen Machbarkeit des Kombikraftwerkes und werfen dann einen Blick auf die Übertragbarkeit auf ganz Deutschland sowie die entsprechenden Kosten.

Der Trick mit der Mischung

In der Hungerzeit nach dem Zweiten Weltkrieg warb ein geschäftstüchtiger Fleischermeister mit einem besonderen Angebot: „Billig, billig: Reines Kaninchenfleisch (mit Pferdefleisch gemischt!).“ Im Kleingedruckten stand: „Mischung: 50:50!“ Ein neugieriger Kunde fragte nach, wie denn das mit der Mischung zu verstehen sei, woraufhin der Meister ein wenig zögerte, bis er schließlich mit der Wahrheit herausrückte: „Na, ja, ein Kaninchen – ein Pferd!“

So ähnlich kann man sich die Zusammensetzung des Kombikraftwerks vorstellen, welches das unermüdliche Fraunhofer-Institut für Windenergie und Energiesystemtechnik (IWES) in Kassel zusammen mit seinen Partnern der staunenden Öffentlichkeit kürzlich vorstellte.[36]

Die dazu erstelle Pressemitteilung ist überschrieben mit: „Kombikraftwerk 2 demonstriert: Sicherer Stromnetzbetrieb bei 100 Prozent Erneuerbaren Energien in Zukunft möglich.“ Und um die sehr hohen Erwartungen an die Möglichkeiten dieses Projektes auch allen Gläubigen des Einsatzes von „Erneuerbaren“ zu demonstrieren, wurde außerdem ein schöner aufwendiger Film mit dem verführerischen Titel „Stabiler Strom aus Erneuerbaren Energien“ erstellt, der auf Youtube zu sehen ist.[37]

Als Dokumentarfilm aufgemacht und mit vielen Animationen angereichert, welche den Zuschauern die schöne neue Ökostrom-Welt nahe bringen sollen, zeigt er uns anschaulich, was – dank Kombikraftwerk-2-Erkenntnissen – zukünftig möglich sein soll, nämlich 100 Prozent Stromversorgung aus Ökostrom. Geld für das Projekt ist jedenfalls genug da, denn es wurde – wie kaum anders zu erwarten – vom Bundesministerium für Umwelt mit rund 1,8 Millionen Euro gefördert.

Der Anteil der vielen Projektpartner an der Förderung – allesamt Nutznießer des Geldregens aus der Energiewende – wird leider nicht genannt, doch darf man unterstellen, dass er nicht klein gewesen sein dürfte. Ansonsten ist von Geld oder gar Kosten samt Vergleichen, wie man dasselbe Ziel mit konventionellen oder mit Kernkraftwerken erreichen kann, mit keinem Wort die Rede.

Was wurde gemacht?

Deswegen ist es sinnvoll, sich die dem Projekt zugrunde liegenden Fakten anzuschauen. Im „Hintergrundpapier“ ist aufgelistet, welche Einzel-Kraftwerke zum „Kombikraftwerk“ zusammengefasst wurden.[38] Es handelt sich um zwei brandenburgische Windparks, 12 Fotovoltaikanlagen im Raum Kassel und insgesamt sieben Biomasseanlagen in Hessen und im Saarland. Die folgende Tabelle zeigt deren Typ, Ort, Anzahl und Leistungsdaten.

---

[36] Diese Partner sind: CUBE Engineering GmbH, Deutscher Wetterdienst, ENERCON GmbH, ÖKOBiT GmbH, Siemens AG, SMA Solar Technology AG, SolarWorld AG, Agentur für Erneuerbare Energien und Institut für Elektrische Energieversorgung der Universität Hannover. Vgl. www.kombikraftwerk.de/kontakt/impressum.html [Juni 2015].

[37] Agentur für Erneuerbare Energien: Kombikraftwerk 2 – Stabiler Strom aus Erneuerbaren Energien (Kurzfassung), www.youtube.com/watch?v=JqaeYaSAnFE [Juni 2015].

[38] Sven Kirrmann/ Agentur für Erneuerbare Energien: Infoblätter Kombikraftwerk 2, Feldtest Kombikraftwerk 2, Regelenergiebereitstellung durch erneuerbare Energien, www.kombikraftwerk.de [Juni 2015].

Typ, Ort, Anzahl und Nennleistung der zum Kombikraftwerk 2 zusammengeschalteten Einzelanlagen mit zusammen 81 MW Leistung

WKA	Ort	Anlagen-zahl	Gesamtnenn-leistung (MW)
	Jüterbog (Brandenburg)	18	37,2
	Jüterbog (Brandenburg)	19	39,2
Solaranlage	Raum Kassel	12	1
Biomasse	Wallerstädten	1	1,2
	Mittelstrimmig	2	0,5
	Zemmer	2	1,4
	Heilbachhof	2	0,5
Summen		**56**	**81**

Schon bei oberflächlicher Betrachtung sticht ins Auge, dass es sich bei dieser Kombination um eine recht willkürliche Angelegenheit handelt. Auch wenn Deutschland als Ganzes und insbesondere Kassel nicht von der Sonne verwöhnt werden, so ist doch der Anteil an Solaranlagenleistung mit nur 1,2 Prozent der Gesamtleistung extrem gering.

An dieser Stelle drängt sich sofort der Vergleich mit dem oben erwähnten Mischungsverhältnis von Pferde- zu Kaninchenfleisch auf. Schließlich hält Deutschland mit etwa 25 Prozent der weltweit installierten Fotovoltaik-Anlagen, deren Nennleistungen sich 2013/14 zu rund 36.000 MW auftürmen, einen Spitzenplatz bei der Solarnutzung. Zudem hat Fotovoltaik am aktuellen EE-Strom-Mix nach Angaben des BDEW immerhin einen Anteil von 20 Prozent.[39]

Ob die geringe Einspeisung für das Gelingen des Versuches erforderlich war oder nicht, wissen wir nicht. Denkbar wäre es jedenfalls. An zweiter Stelle folgen dann, mit ebenfalls geringen 4,44 Prozent der Gesamtleistung, die Biomasseanlagen (=Faulgasanlagen), während die Windparks mit rund 94,3 Prozent dominieren. Auch hier fällt ein eklatanter Unterschied zur Realität auf, denn Windparks liefern uns lediglich 35 Prozent des sogenannten EE-Stroms. Die Abbildung 44 zeigt die Anteile nochmals grafisch.

Ein seltsamer „Feldversuch"

Der Feldversuch hatte den Zweck herauszufinden, ob „Erneuerbare" sich dazu eignen, Regelleistung (siehe Kapitel 6) bereit zu stellen. Das ist die Kraftwerksleistung, die zur Grundlast hinzukommen muss, um schwankenden Bedarf und/oder schwankende Einspeisung sekunden- bis minutenschnell auszugleichen. Dabei sind besondere Anforderungen an Frequenz und Phase der so eingespeisten Leistung zu erfüllen.

[39] BDEW (Hg.): Foliensatz zur Energie-Info Erneuerbare Energien und das EEG: Zahlen, Fakten, Grafiken [...], Stand: 31. 1. 2013, www.bdew.de [Juni 2015].

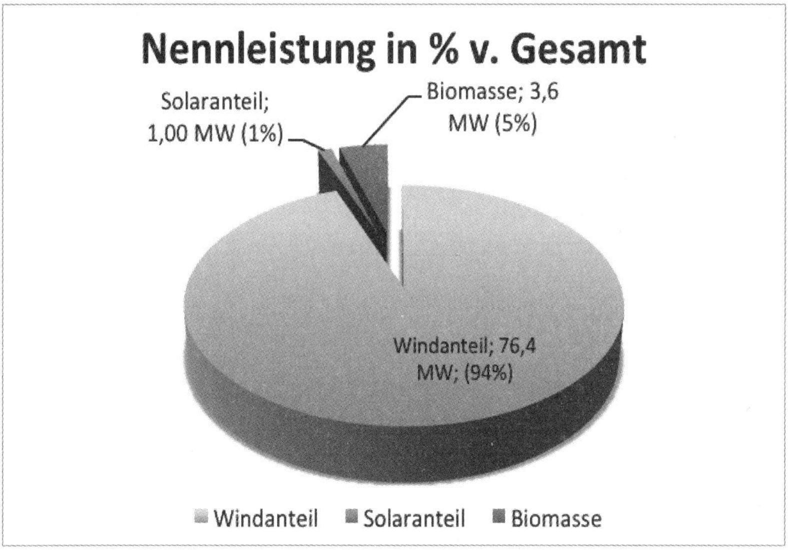

Abb. 44: Nennleistungsanteile beim Feldversuch Kombikraftwerk 2

Auch ohne Versuche dieser Art hätte man vorab feststellen können, dass sich Kraftwerke auf Biomassebasis vom Prinzip her für die Bereitstellung von Regelenergie eignen, denn wie alle thermischen Kraftwerke können sie innerhalb gewisser Grenzen beliebig herauf- wie auch heruntergefahren werden, d.h. je nach Anweisung des Betreibers mehr oder weniger Leistung ins Netz einspeisen.

Komplizierter wird diese Betriebsweise bei Windkraft- oder Solaranlagen. Auch diese lassen sich, wenn auch in wesentlich engeren Grenzen, auf- und abregeln, bspw. durch Verstellen des Anstellwinkels der WKA-Rotorblätter oder bei PV-Anlagen durch schrittweises Zu- und Abschalten oder Veränderung des Anstellwinkes einzelner PVA-Felder. Allerdings gilt dies nur, wenn man sie vorher „gedrosselt", d.h. mit verminderter Leistung gefahren hat, was ökonomisch nicht sinnvoll ist. Hinzu kommt die sehr wichtige Einschränkung, dass selbst bei gedrosselter Fahrweise eine Leistungssteigerung nur möglich ist, wenn es keinen Einbruch bei Windgeschwindigkeit bzw. Solareinstrahlung gibt. Grundsätzlich ist also bei beiden Kraftwerksarten keine verlässliche Bereitstellung von Notfallenergie möglich, man bleibt auch und besonders für Regelleistung – von wenigen Ausnahmen mal abgesehen – dem Willen der Götter unterworfen. Deswegen setzt man sie bisher nicht für das Erbringen von Regelleistung ein.

Unrealistische Rahmenbedingungen

Mit dem Versuch sollte demonstriert werden, dass sich alle beteiligten Kraftwerkstypen durch ihre Kombination als Regelleistungslieferant eignen würden. Dabei wurde bereits in der Kurzbeschreibung ausführlich dargelegt und auch im Film entsprechend gewürdigt, dass man später auch Speicher und Backup-Kraftwerke einbeziehen würde. In diesem Falle ist das jedoch – mangels Speichern und Backup-Kraftwerken – nicht geschehen.

Denn die Leistungsreserven der für den „Backup" vorgesehenen Faulgas-Kraftwerke waren mit gerade mal 4,44 Prozent der Gesamtleistung ganz offensichtlich völlig unterdimensioniert. Im deutschen Stromnetz wird als Untergrenze für den Anteil primärregelfähiger Kraftwerke an der aktuellen Stromerzeugung – die sogenannte „must-run"-Leistung ein Anteil von um die 40 Prozent angesetzt. Unterhalb dieses Wert wäre das Netz bei Störungen akut gefährdet. Der IWES-Versuch fand also unter unrealistischen Rahmenbedingungen statt.

Reine Augenwischerei

Das Projekt wurde zentral vom Fraunhofer Institut für Windenergie und Energiesystemtechnik (IWES) in Kassel entworfen, geleitet und während des Versuchsablaufs von dort im 3-Sekunden-Takt gesteuert. Der Versuch selbst dauerte insgesamt nur 20 Minuten und wurde schon nach dieser kurzen Zeit von der Projektleitung als Erfolg gewertet. Dabei gelang es laut Versuchsleitung, die Netzfrequenz mittels passender Steuerung der einzelnen Komponenten innerhalb einer Bandbreite von ± 0,03 Hz bezogen auf 50 Hz zu halten. Vollmundig sagte der Versuchsleiter Kurt Rohrig anschließend (Minute 7:20 ff des Films): „Unser Versuch hat gezeigt, dass die Erneuerbaren nicht nur genügend Energie liefern, sondern auch für eine stabile Spannung und eine stabile Frequenz sorgen."

Wenn das so sein sollte, dann bleibt zunächst die Frage offen, was ein zwanzigminütiger Feldtest, aufs genaueste vorbereitet und ausgetrimmt, eigentlich beweisen soll? Ein solcher als Nachweis für eine 100-Prozent-Versorgung aus „Erneuerbaren" angekündigter „Feldversuch" hätte realistischerweise über einen wesentlich längeren Zeitraum von mindestens sieben Tagen zu 24 Stunden, besser noch – weil wirklichkeitsnäher – über mehrere Monate bei allen Wetterlagen mit Stark- und Schwachwindtagen sowie mit Sommer- und Wintersonne laufen müssen. Alles andere ist schlichte Augenwischerei. Unsere Stromversorgung muß nicht nur bei Schönwetter funktionieren, sondern auch und gerade bei widrigen Bedingungen. Davon hängen Menschenleben ab.

Um es klar zu sagen: Hier wurde lediglich demonstriert, dass die zusammengeschalteten Anlagen die Frequenz in einem weitgehend störungsarmen Netz unter Idealbedingungen stabil halten können. Nicht getestet wurde dagegen die Fähigkeit, ernsthafte Störungen zu überstehen und auszugleichen. Anders ausgedrückt wurde lediglich bewiesen, dass ein Nichtschwimmer sich mit Schwimmflügelchen über Wasser halten kann.

Offen bleibt auch die Frage, warum man schon bei einem so minimalen Ergebnis, das zudem auch nur für einen extrem kurzen Zeitraum Gültigkeit hatte, die Regeln für die Bereitstellung von Regelleistung zugunsten der „Erneuerbaren" ändern soll. Denn genau dies wurde im Hintergrundpapier eindringlich gefordert. Da deutet sich offensichtlich – als zusätzliches Sahnehäubchen zugunsten der „Erneuerbaren" noch auf die Vorrangeinspeisung obendrauf – der Wunsch nach zusätzlichen Geldern an.

Was wurde erreicht?

Wie der Film exemplarisch zeigt, gelang es, die Frequenz unter kontrollierten Bedingungen innerhalb von ± 0,03 Hz auszuregeln. Dazu waren alle Teilkomponenten lieferbereit und zuvor entsprechend abgeregelt, um im Bedarfsfall ihre Leistung erhöhen oder im umgekehrten Fall drosseln zu können. Weder genannt noch gezeigt wurden die Produktionsbedingungen insbesondere für die Windkraftanlagen, deren nomineller Anteil an der zu liefernden Leistung immerhin 94 Prozent betrug.

Ebensowenig wurde die Leistungsabgabe der Solaranlage in Kassel erwähnt, vielleicht weil diese sowieso nur max. 1,2 Prozent zu Gesamtleistung beigetragen hätte. Es ist anzunehmen, dass die Solaranlagen sowieso keine wesentliche Rolle spielen sollten, sondern als „Feigenblatt" dienten, damit in den Schlagzeilen „Erneuerbare" statt „Wind" stehen konnte.

Es wurde zudem nicht gezeigt, wie das System reagiert, wenn die Netzfrequenz sich bis zu ± 0,2 Hz ändert. Das ist genau jener Bereich, den normale Kraftwerke ausregeln müssen und können. Somit ist die Schlussfolgerung des Projektleiters Rohrig reichlich kühn, wenn er diesen Mikroversuch, der unter engsten, streng kontrollierten Bedingungen durchgeführt wurde, als Beleg für das Vorhandensein grundlegender Eigenschaften ansah, wie man sie aus guten Gründen an eine funktionierende qualitativ hochwertige Stromversorgung stellen muss. Diesen Beweis erbrachte der Versuch nicht.

Was wurde nicht erreicht?

Nirgendwo – weder im ausführlichen Hintergrundpapier noch im Film – wurden die Randbedingungen erläutert, unter denen der Versuch durchgeführt wurde. Die Beschränkung auf die Ausregelung von mageren ±0,03

Hertz, also einem knappen Sechstel der zulässigen Abweichung, legt den Verdacht nahe, dass die Versuchsanforderungen extrem leicht waren. Und Informationen über Laständerungen o. ä. gab es auch nicht.

Unterstellt man, wie im Film und im Hintergrundpapier behauptet, dass dieser Feldversuch ein gelungenes Beispiel für das Funktionieren der Versorgung eines Industrielandes wie Deutschland mit 100 Prozent Strom aus „Erneuerbaren" sein soll, dann erhebt sich sofort als weitere Frage, wie denn die Stromversorgung gesichert werden soll, wenn weder die Sonne scheint noch der Wind weht. Dann nützen weder ein Hochregeln der Windparks noch eine künstliche Beleuchtung der dunklen Solaranlagen. Denn von nichts kommt nichts! Was verfügbar bleibt ist die Energiemenge, die die Biomassekraftwerke (vulgo Faulgas-Generatoren) abliefern können. D.h. die maximal sicher abrufbare Regelleistung ist nur diejenige der paar Faulgasgeneratoren. Alles andere ist Beiwerk oder Spitzenlastausgleich für den eher seltenen Fall, dass Nachfrage und Angebot übereinstimmen.

Die Leistung der Biomassekraftwerke und somit der obere Grenzwert an sicher verfügbarer Leistung lag hier bei 3,6 MW oder knapp 5 Prozent der Gesamtleistung. Anders ausgedrückt, hat das vom IWES konzipierte Kombikraftwerk zwar stolze 81 MW Nennleistung, kann aber nur 3,6 MW dauerhaft und sicher abliefern. Das entspricht einem Verhältnis von 22,5 zu 1 zwischen installierter (und vom deutschen Michel bezahlter) Leistung und der sicher abrufbaren Leistung!

Aufgrund seines vergleichsweise hohen Nutzungsgrades kann das Biomassekraftwerk im Durchschnitt zwar bis zu 17 Prozent der Gesamtmenge an elektrischer Energie erzeugen (Abb. 45), aber eben auch nicht mehr. Die stündlich oder täglich abgebbare Energiemenge wird durch die maximale Leistung der Biomassegeneratoren begrenzt.[40] Von Speichern, die diese missliche Situation mildern könnten, insbesondere Batterien und/ oder Wasserstoff-Methanspeichern, ist im Film zwar die Rede. Sie wurden aber nicht in den Versuch einbezogen.

Nun werden EE-Befürworter sofort einwenden, dass auch im konventionellen Bereich nach Grund-, Mittel- und Spitzenlastkraftwerken unterschieden wird. Es müsse ja nicht immer die volle Lieferkapazität bereitstehen, weil sich bestimmte Abnahmesituationen in Abhängigkeit von Stunde, Tag und Jahreszeit kurz-, mittel- und langfristig planen ließen. Deshalb könne man dafür entsprechende Kraftwerkstypen und deren Leistung unter kosten- und betriebsoptimalen Bedingungen vorhalten. Das hätte zu-

[40] In der Realität ist sie auch beim Biomassekraftwerk noch geringer weil diverse Einschränkungen nur eine Nutzung von max. 75 Prozent jährlich gestatten.

sätzlich den Charme, dass auch unvorhergesehene Lastabrufe über die gleichen Kraftwerke abgefangen werden könnten.

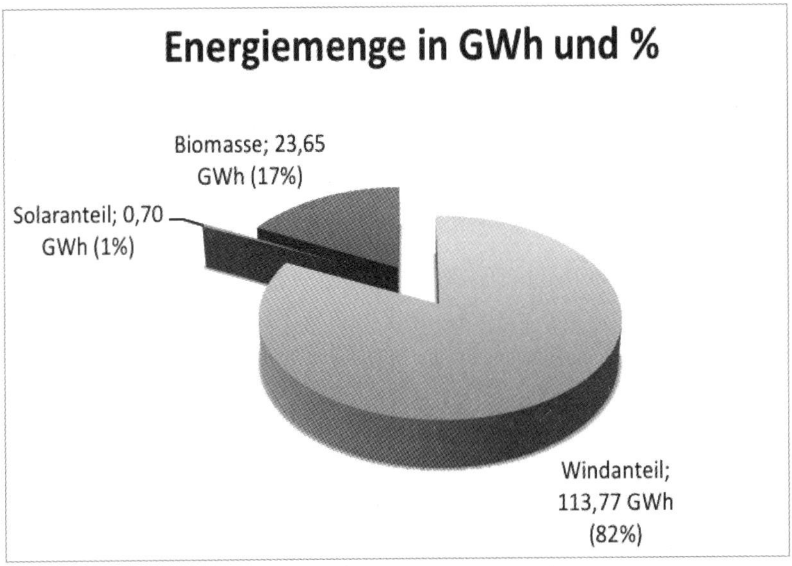

Abb. 45: Maximal abgebbare Energiemenge je Kraftwerkstyp beim Feldversuch Kombikraftwerk 2

Solche berechtigten Einwände sind jedoch für die oben gezeigte Situation nicht stichhaltig, denn alle konventionellen Kraftwerkstypen sind per se zur Erbringung von Grundlast sowie zur Abgabe von Regelenergie fähig. Und damit auch fähig, zu jeder gewünschten Zeit Strom – im Rahmen ihrer jeweiligen Maximalauslegung – in gewünschter Menge bereitzustellen. Es ist somit nur eine Kostenfrage, ob sie für diesen oder jenen Zweck eingesetzt werden, oder nicht. Und damit keine Frage, die allein vom Wettergott entschieden wird. Deswegen muss der Bestand an konventionellen Kraftwerken auch nur um eine vergleichsweise geringe Marge oberhalb der jederzeit zu gewährleistenden Spitzenlast ausgelegt werden und nicht für ein Vielfaches davon (siehe auch Kapitel 8, Stichwort „Leistungskredit").

Einer solchen, eigentlich selbstverständlichen Anforderung genügen weder Solar- noch Windkraftwerke, weil sie ihre Leistung nur dann liefern, wenn Wind oder Sonne es erlauben. Und auf die Vorhersagen ist nach wie vor wenig Verlass, siehe Abbildung 52 in Kapitel 20. Angesichts dieser Faktenlage ist es schwer nachzuvollziehen, wieso uns die Versuchsleitung allen

Ernstes weismachen will, eine Überkapazität von 22:1 im Kraftwerkspark wäre ein probates Mittel, um 100 Prozent „Erneuerbare" einzusetzen.

Was ergibt sich daraus auf nationaler Ebene?

Deshalb machen wir nun die Probe aufs Exempel und übertragen dieses Ergebnis auf die bereits installierte Kapazität von sogenannten „Erneuerbaren" (besser: Neue Instabile Energien, NIE) in ganz Deutschland. Mit etwa 36.300 MW Fotovoltaik und rund 34.300 MW Wind lagen wir Ende 2013 zusammen bei rund 71.000 MW theoretisch verfügbarer Leistung.[41] Mit Biomasse betriebene Kraftwerke können derzeit knapp 3.000 MW (Ende 2011) bereitstellen. Das Verhältnis liegt also heute schon bei 1:23, also ungefähr wie beim Feldversuch.

Damit könnten wir zwar theoretisch eine Netzlast von bis zu 71.000 MW + 3.000 MW = 74.000 MW abdecken, aber nur dann, wenn diese auch tatsächlich erzeugt würde. Das ist aber nur sehr selten und in den Herbst- und Wintermonaten so gut wie nie der Fall. In diesen Monaten brauchen wir jedoch gerade in der Spitze um die 80.000 MW, die aber von keinem dieser Anbieter sicher bereitgestellt werden können.[42] Wir müssten also die Biomasse als einzig grund-, mittel- und evtl. spitzenlastfähige Stromerzeugungsart der NIE erheblich ausbauen, um uns den Luxus der Regelenergie in Spitzenlastzeiten aus Wind und PVA leisten zu können. Aber auch die Spitzenlast könnte damit nicht sicher bereitgestellt werden. Weder am Mittag noch am Abend. Denn es ist nicht sicher, dass am Mittag und Abend der Wind bläst. Die Sonne scheint abends schon mal gar nicht.

Massiver Ausbau der Biomasse-Kraftwerke?

Insgesamt ist daher festzustellen, dass zur Sicherstellung von 100 Prozent EE-Strom der Bestand an Biomassekraftwerken zur Sicherung der Grundversorgung auf mindestens 80.000 MW (ohne Reserve) hochgefahren werden müsste. Das ist in jeder Hinsicht völlig illusorisch. Die Planungen der Bundesregierung zur Energiewende sehen in diesem Bereich nur etwa 6.000 MW vor. Den Grund für diese „Bescheidenheit" liefert schon eine grobe Betrachtung des Flächenverbrauchs, der schon allein für sich so gigantisch wäre, wie es heute bereits die Umweltbelastung durch die bestehenden Monokulturen ist. Zwar müsste man nicht den Dauerbetrieb dieser Faulgasgeneratoren übers Jahr einplanen und dafür die entsprechende

---

[41] Vgl. Andreas Mihm: Netzbetreiber fürchten Stromausfall an Weihnachten, FAZ, 29. 11. 2013, www.faz.net/ [Juni 2015].

[42] Maren Hille [BDEW]: Technische und wirtschaftlicheSituation konventioneller Kraftwerke in Deutschland, Präsentation, Dialogforum dena, 10. 10. 2012, www.effiziente-energiesysteme.de/ [Juni 2015].

Menge an Energiepflanzen oder Gülle vorhalten. Doch ein wesentlicher Teil müsste schon für den Fall der Fälle vorgehalten werden.

Derzeit benötigt Deutschland etwa 630 TWh an elektrischer Arbeit. Diese Energiemenge wird durch Grund-, Mittel- und Spitzenlastkraftwerke bereit gestellt. Etwa 40 Prozent davon werden (Stand: 2005) von Kraftwerken als Grundlast bereitgestellt, die 7.000 oder mehr Volllaststunden gefahren werden. Die Mittellast von ebenfalls etwa 40 Prozent wird hingegen nur an etwa zwei Dritteln des Tages gebraucht. Die Spitzenlast muss dann in sehr kurzer Zeit einzig den Rest der Leistung bereitstellen, was bisher und wohl auch in Zukunft nur Pumpspeicher und Gaskraftwerke können. Sie wird je nach Wochentag in 10 bis 20 Prozent der Zeit benötigt, dann aber bis 100 Prozent (Abb. 46).

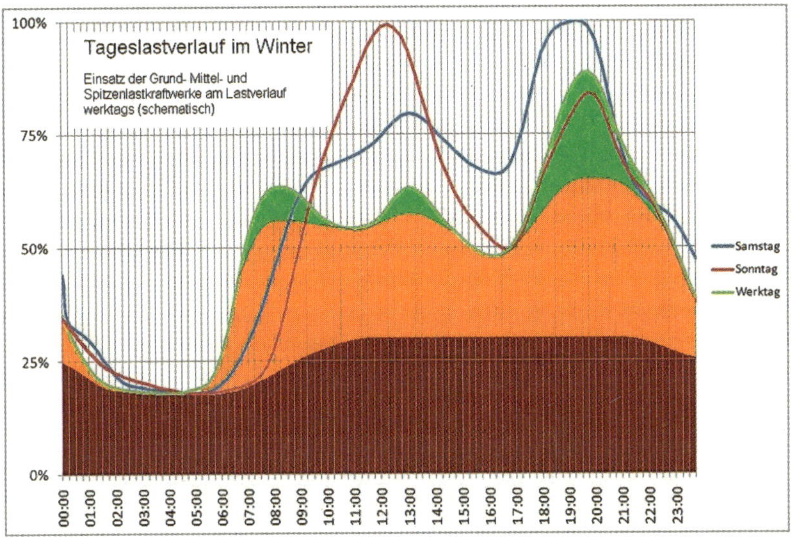

Abb. 46: Verteilung von Grund- Mittel- und Spitzenlast im Winter (nach VDEW)

Das bedeutet, dass auch genügend Biomasse vorgehalten werden muss, um diesen Bedarf zu decken. Wie hoch dieser letztendlich sein muss, lässt sich nur abschätzen, denn Wind und Sonne liefern ja, wenn auch oft sprunghaft und nicht unbedingt dann, wenn man die Energie braucht.

Für die erforderliche Biomassekapazität...

Rechnen wir der Einfachheit halber mit 40 Prozent der benötigten Energiemenge. Das wären rund 600 x 0,4 = 240 TWh. Um ein konventionelles

Kraftwerk mit 1.000 MW Leistung komplett und übers Jahr durch Faulgasanlagen zu ersetzen, bräuchte man laut einer Berechnung des VDE Verband der Elektrotechnik Elektronik Informationstechnik e.V. unter Bestbedingungen Maisanbauflächen von mindestens 1.600 km^2.[43] Dabei sind die für die Lagerung erforderlichen Flächen und die Energie für die Produktion der Biomasse, ihren Transport und ihre Umwandlung noch nicht berücksichtigt. Diese Faktoren erhöhen den Netto-Flächenbedarf nochmals erheblich.

Dieses 1.000 MW-Biomassekraftwerk wäre in der Lage, pro Jahr bis zu 7,9 TWh nach Bedarf zu liefern. Das bedeutet, zur Abdeckung von 40 Prozent der Jahresbedarfs an Strom durch Biomassekraftwerke (bei angenommenen 7.000 Betriebsstunden p.a.) müssten für die Produktion von Biomasse etwa 1.600 x 240/7,9= 48.606 km^2 landwirtschaftlicher Fläche vorgehalten werden. Zusätzlich natürlich noch die Flächen für Lagerung etc. wie oben beschrieben.

Und selbst dann wäre es technisch wohl kaum möglich, die erforderliche Spitzenlast in der notwendigen kurzen Zeit bereit zu stellen. Das schaffen bisher nur schnelle Gaskraftwerke, die jedoch bei plötzlichen Ausfällen keine Primärregelleistung abgeben, können, weil sie einige Minuten zum Hochfahren brauchen. Primärregelleistung für Notfälle können nur die mit großen Schwungmassen ausgestatteten Turbinen der Großkraftwerke bereitstellen.

...müsste fast halb Deutschland vermaist werden

Insgesamt hat Deutschland aber nur 119.000 km^2 Ackerfläche. Davon müssten rund 41 Prozent nur für die Bereitstellung von Energiepflanzen vorgehalten und bewirtschaftet werden. Unsere Nahrung müsste dann zum großen Teil importiert werden – wobei sich die Frage stellt, von welchem Geld – oder die ganze Nation müsste auf eine sichere Stromversorgung verzichten und auf Wind und Sonne beziehungsweise deren Wohlwollen vertrauen. Das wäre unweigerlich das Ende Deutschlands als Industrienation, aber ein grünes Paradies für Wildschweine und andere Nutznießer dieser Monokulturen.

Eine weitere Begrenzung ergibt sich aus der erforderlichen Zahl der Biomasse-Faulgasanlagen. Wie der VDE weiter ermittelt hat, sollte beim Bau

[43] Vgl. VDE/ ETG-Fachbereich V1 „Zentrale und dezentrale Erzeugung elektrischer Energie": Biomassekraftwerke. Demnach liefert z.B. der energiereiche Silomais 1.000 kWh/t. Es wird mit einen Ertrag von 50 t/ha, gerechnet. Der Wirkungsgrad der Stromerzeugung wird einschließlich der Ankopplung eines Blockheizkraftwerks mit 40 Prozent angegeben. Die für die Lagerung erforderliche Fläche und die Energie für die Produktion der Biomasse, ihren Transport und ihre Umwandlung wurden von der produzierten Energie nicht abgezogen. Dadurch erhöht sich aber der spezifische Netto-Flächenbedarf. Siehe auch: www.vde.com/de/fg/ETG/Arbeitsgebiete/V1/Aktuelles/Oeffentlich/Seiten/Biomassekraftwerke.aspx [Juni 2015].

von Biomasse-Kraftwerken eine Leistungs-Obergrenze von lediglich 20 MW eingehalten werden. Zur Bereitstellung der erforderlichen 80.000 MW müssten demnach 4.000 Anlagen dieser Größe errichtet werden.

Vielleicht auch deswegen kommen die VDE-Autoren zu folgendem Schluß: „Mit den vorher genannten verfügbaren Flächen beträgt das Potenzial zur Erzeugung elektrischer Energie aus dem großflächigen Anbau von Biomasse etwa 5.000 MW, was etwa 4,5 Prozent der zurzeit installierten elektrischen Leistung in Deutschland entspricht. Der Anteil der erzeugten elektrischen Energie könnte dabei etwa 7 Prozent betragen, da Biomasseanlagen ganzjährig als Grundlasterzeuger betreibbar sind.“ Es wird also schon aus diesem Grund nichts mit Grund- und Regellast aus Faulgasgeneratoren bei 100 Prozent Ökostrom.

Und weil die Organisatoren des Feldversuches Kombikraftwerk 2 das wissen, fordern sie mal eben schnell eine Änderung der Regeln für die Zulassung zur Lieferung von Regelleistung. Unter der Überschrift „Fazit und Änderungsbedarf am Regelenergiemarkt“, fordern sie, die Regeln zugunsten der fluktuierenden „Erneuerbaren“ aufzuweichen, indem man auch ganz kurzfristige Angebote als Einspeisung zulässt.

Dass damit der Bock zum Gärtner gemacht wird, leuchtet sofort ein, denn damit wird das zerstörerische Element der Vorrangeinspeisung auch auf die Regelenergie übertragen und dem schon heute zunehmendem Chaos im Netz ein weiteres breites Einfallstor geöffnet. Zigtausende bis Millionen von Lieferanten „erneuerbarer“ Energie würden dann zu jeder beliebigen Zeit, die nur vom Wettergott abhängt, zu- oder abregeln dürfen. Das Chaos wäre der Normalfall, die Netzstabilität endgültig dahin.

Und die Kostenfrage?

Aber es blieben nicht nur die technischen Randbedingungen völlig ausgeblendet, sondern auch die vielleicht noch wichtigeren Kosten dieses Kombikraftwerkes. Die Befürworter der Neuen Instabilen Energien (NIE) – wie man die „Erneuerbaren“ treffender nennen sollte – wollen uns einreden, dass 100 Prozent „Erneuerbare“ aus übergeordneten Gründen überaus erstrebenswert seien, schweigen sich aber über die Kosten dieser Energieerzeugung sowie ihre zahllosen naturgesetzlich bedingten Schwächen komplett aus. Wenn das Pech es will, dass sie doch mal dazu Stellung nehmen müssen, dann kommen blumige Sprüche wie der von der sattsam bekannten „Kugel Eis im Monat“ des ehemaligen Umweltministers Jürgen Trittin. Mehr würden die „erneuerbaren“ Energien nicht kosten, behauptete dieser Star der grünen Bewegung vor einigen Jahren, als er gerade das EEG durchgedrückt hatte, ebenso unverfroren wie falsch. Im Laufe des Jahres

2013 kostete diese „Kugel Eis" bereits 18,5 Milliarden Euro, die die Netzbetreiber an die Besitzer der NIE-Anlagen per Zwangsabgabe auf den Strompreis zu zahlen hatten.

Beispiel „Kombikraftwerk"

In einem ersten Durchgang bleiben wir vorerst beim „Kombikraftwerk 2" und seinen Kosten. Dieses besteht – wie in der Tabelle am Beginn dieses Kapitels gezeigt – aus 37 Windkraftanlagen in Brandenburg mit einer Nennleistung von 76,4 MW, ferner aus 12 Fotovoltaik Anlagen in der Kasseler Umgebung mit 1 MW und 7 kleinen Faulgas (Biomasse)-Anlagen mit insgesamt 3,6 MW Leistung. Für größere Biogasanlagen beziffert der Fachverband Biogas e.V. die Investitionskosten installierter Leistung auf etwa 2.500 Euro/Kilowatt, während kleinere Anlagen bei etwa 4.000 Euro/ Kilowatt angesiedelt sind. Beim Kombikraftwerk 2 handelt es sich zweifelsfrei um kleine Anlagen, für die demnach Investitionen in Höhe von etwa 14,4 Millionen Euro anfielen.

Praktisch für die Investoren ist in diesem Zusammenhang, dass auch diese Anlagen (bis zu einer Leistung von 20 MW) sich weder an der Lastregelung noch an der Spannungs- oder Frequenzregelung des Netzes beteiligen müssen. Sie können daher – im Rahmen ihrer technischen und betriebsbedingten Möglichkeiten – ständig unter Volllast produzieren, die Abnahme ist garantiert.

Für die Kostenbetrachtung der Windkraftanlagen wurden heutige Preise aus aktuellen Bürgerwindpark-Projekten herangezogen.[44] Demnach kosten Onshore Windkraftanlagen der Zwei-bis-drei- MW-Klasse heute zwischen 1,44 Millionen Euro/MW und 2,2 Millionen Euro/MW, der Mittelwert liegt bei 1,75 Millionen Euro/MW. Mit diesem Wert wurde die nachstehende Rechnung durchgeführt.

Bei Fotovoltaikanlagen hat es in den letzten Jahren rapide Kostensenkungen gegeben. Noch im Jahre 2007 nannte das Branchenportal Solaranlagen.eu Preise von 4.500 Euro/kWp, während heute etwa 1.700 Euro/ kWp anzusetzen sind.[45] Die Preisreduktion kam allerdings zwischen 2012 und 2013 weitgehend zum Stillstand. Damit hätten wir die Investitionskosten für die Anlagen zusammen. Beachtet werden muss jedoch, dass die erforderliche dezentrale Netzanbindung nicht enthalten ist.

---

[44] Vgl. Verkaufsprospekt zum Erwerb von Kommanditanteilen an der Bürgerwindpark Albersdorf GmbH & Co. KG, Verkaufsprospekt Windpark Bayerischer Odenwald, Emissionsprospekt Denkendorf.

[45] Die Einheit kWp (Kilowatt Peak) steht für die Nennleistung dieser Anlage im Neuzustand und unter optimalen Laborbedingungen.

Investitionskosten für das Kombikraftwerk 2 sowie vergleichsweise diejenigen für ein Braunkohlekraftwerk nach heutigen Preisen

	Windkraftanlagen	Fotovoltaik	Faulgas	Braunkohlekraftwerk Niederaußem
Anzahl	37	12	7	1
Kosten in Euro/kW	1.750	1.700	4.000	1.200
Nennleistung in MW	76,4	1	3,6	1.012
Kosten in Mio. Euro	133,7	1,7	14,4	1.200

Zusammen kosteten die Komponenten des Kombikraftwerkes 2 demnach rund 149,8 Millionen Euro, jedoch noch ohne Netzanbindung. Ein Kohle-, Öl-, Kern- oder Gaskraftwerk würde man für diese mickrigen Leistungsdaten nicht bauen. Das rechnet sich nicht. Trotzdem kann man die Investition pro kW, die heute für ein modernes konventionelles Kraftwerk (z.B. Niederaußem) gestemmt werden muss, bestimmen und vergleichen. Während das Kombikraftwerk bei 1.849 Euro/kW landet, ist das Braunkohlekraftwerk schon für rund 1.200 Euro/kW zu haben.

Das sieht – mit Ausnahme des Faulgases – auf den ersten Blick eigentlich noch halbwegs vergleichbar aus. Jedoch sind es nicht die Wind- oder Solaranlagen, die dem ganzen Projekt „Kombikraftwerk 2" erst den Anspruch auf eine Befähigung zur Netzstabilisierung ermöglichen. Das können im Projekt nur die Faulgaskraftwerke, weil nur diese durch Rückgriff auf ihren gespeicherten Gasvorrat zumindest für einen gewissen Zeitraum die volle Leistung bedarfsgerecht produzieren können. Ohne diese entscheidenden Komponenten fällt die gesamte Logik des Projektes in sich zusammen.

Unsinnige Förderung

Eigentlich hätten das die eifrigen Förderer vom BMU schon vorher erkennen und die Förderung verweigern müssen, denn nur mit Hilfe eines nach Angebot und Nachfrage steuerbaren Kraftwerks kann bei Flauten und/oder an sonnenarmen oder dunklen Tagen die Leistung bereitgestellt werden, die die heutige Zivilgesellschaft in jedem Moment in Deutschland benötigt. Allein und nur rechnerisch betrachtet kostet das Kombikraftwerk 2 mit einer Nennleistung von 81 MW rund 91,8 Millionen Euro. Pro kW installierter Leistung sind das 1.133 Euro und damit in etwa genau so viel pro installierter kW wie das Braunkohlekraftwerk Niederaußem. Sogar etwas weniger.

Fordert man jedoch einen unter allen Umständen sicheren Betrieb, was bei einem derart lebenswichtigen Produkt wie Strom nicht nur eine Selbstverständlichkeit ist, sondern sogar per Gesetz gefordert wird, dann tun sich zwischen beiden Ansätzen Welten auf. Dann müssten die Faul-(„Bio“)-Gaskraftwerke in Zahl und Leistung erheblich ausgeweitet werden, nämlich auf die volle Nennleistung des gesamten Kombikraftwerkes 2. Das wären die bereits erwähnten 81 MW.

Ohne diese Maßnahme stünden im Bedarfsfall nur die mickrigen 3,6 MW der jetzigen Anlagen zur Verfügung, die Verbraucher für den Rest von 77,4 MW gingen leer aus, wenn die Sonne – wie jeden Abend und in der Nacht – nicht scheint und der Wind zusätzlich ein Nickerchen macht, siehe das bereits erwähnte Bild 20.1. in Kapitel 20. Solche Wetterlagen sind insbesondere in den Herbst- und Wintermonaten recht häufig.

Eine entsprechende Umstellung des Konzepts auf eine reine Biogaslösung würde allein schon die Investitionskosten der Versuchsanlage um 324 Millionen auf 401 Millionen Euro erhöhen. Ein vergleichbares konventionelles Kraftwerk hingegen käme nur auf 97,2 Millionen Euro. Bei den Investitionen ergäbe sich somit ein Faktor von 4,1 zuungunsten des Kombikraftwerks.

Selbst wenn man auch bei Faulgasanlagen nur noch große Anlagen mit Kosten von 2.500 Euro/kW bauen würde, wäre eine Investition in Höhe von 202,5 Millionen Euro zusätzlich zu tätigen. Insgesamt beliefe sich die Investition damit dann auf knapp 280 Millionen Euro. Gegenüber einer rein konventionellen Lösung ergibt sich dadurch immer noch ein dreifach höherer Preis.

Welche Kosten kämen bei 100 Prozent NIE auf uns zu?

Überträgt man diese Ergebnisse auf die von Grünen ja so gerne beschworene 100 Prozent NIE-Versorgung für ganz Deutschland, dann müssten zur Absicherung des Spitzenbedarfs von rund 80.000 MW zusätzlich etwa 200 Milliarden Euro in Biomasse Kraftwerke investiert werden. Diese würden sich natürlich ebensowenig rechnen wie die heutigen konventionellen Kraftwerke, da die vergleichsweise geringe Betriebsstundenzahl keine Amortisation zulässt. Dafür hätten wir dann mindestens eine Verdopplung des jetzigen Kraftwerksbestandes hinbekommen, ergänzt um die vielen Gigawatt Pseudo-Leistung aus den mit Wind oder Sonne betriebenen NIE-Anlagen.

Somit bleibt als offene Frage, die auch dieser Versuch nicht beantworten kann (oder will): Wie sollen 100 Prozent NIE erreicht werden, ohne die Faulgasanlagen, wie zuvor beschrieben, auf 70.000 bis 80.000 MW Nennleistung auszuweiten? Andererseits könnten diese wiederum schon allein wegen des Mangels an verfügbarer Anbaufläche nicht mit in Deutschland erzeugten „Energiepflanzen" betrieben werden. Der Bedarf wäre viel zu groß, selbst wenn man davon ausgehen kann, dass die Mittel- und Spitzenleistung von 70.000 MW nicht an allen Tagen im Jahr gebraucht würde. Da hilft nur großvolumiger Stromimport aus dem nahen Ausland. Erzeugt per Kernkraft versteht sich. Oder Verzicht, gesteuert per Smartmeter!

Das Kombikraftwerk 2 – nichts weiter als teures Blendwerk

Der Feldversuch Kombikraftwerk 2 beweist nur, dass seine Initiatoren viel Geld für teure Spielchen verbraten durften. Die hier vorgestellten Erkenntnisse hätte man bei einfacher und ehrlicher analytischer Betrachtung auch ohne diesen Versuch gewinnen können. Das Versuchsergebnis demonstriert erneut, wenn auch unabsichtlich, dass die Energieversorgung eines Industrielandes nicht von den schwankenden Ergebnissen der NIE-Erzeugung abhängig gemacht werden darf. Das zumindest hat der Versuch einmal mehr sehr deutlich gezeigt. Mit den angeblich „erneuerbaren" Energien ist weder eine sichere Versorgung mit elektrischer Energie möglich, noch sind die extremen Kosten dafür zu rechtfertigen.

19] Batterieautarkie am Beispiel Sonne – wie ideal ist dezentral?

Angesichts steigender Strompreise schwappt seit kurzem eine neue Welle von Bauernfängerei über Deutschland: Propagiert wird die Stromunabhängigkeit von Haushalten. Mithilfe von Solarkollektoren auf dem Dach und Batterien im Keller soll der Haushalt autark werden. Zwar gehen die Vergütungen für Solaranlagen immer weiter zurück. Doch dafür werden Batterien mittlerweile gefördert. Zahllose schöne bunte Internetseiten und Prospekte suggerieren, wie schön diese „eigene", saubere grüne Energie doch sei. Dafür ist Mann oder Frau Umweltbewegt natürlich gerne bereit, ein paar Euros in die Hand zu nehmen. Doch ist eine solche Kombination aus Solarzellen und Batterien wirklich eine Lösung für die private Energieversorgung?

Um dieser Frage nachzugehen, muss man sich einmal die Erfordernisse einer solchen „autarken" dezentralen Energieversorgung genauer ansehen. Um die Sache einfach zu halten, nehmen wir an, eine einzelne Familie mit vier Personen wolle sich bezüglich ihres Strombezugs unabhängig machen, indem sie die Netzverbindung kappt und jetzt einzig auf Solarzellen sowie Batterien als Speicher setzt. Was würde dafür benötigt, und wie sieht die entsprechende Kalkulation aus? Um das zu untersuchen, braucht man zunächst realistische Daten. Hierfür wurden deshalb die in Deutschland installierten Solarkapazitäten sowie die damit produzierten Strommengen über eine Periode von einem Jahr hinweg analysiert. Quelle der Daten sind die von der deutschen Strombörse (EEX) veröffentlichten Erzeugungsstatistiken in viertelstündlicher Auflösung.

Solarstromproduktion im Jahresverlauf

Für die hier durchgeführte Betrachtung wurde als Ausgangspunkt der Jahresperiode der April 2012 gewählt, weil dadurch gleich am Anfang ein hohes Solarstromangebot gewährleistet wird. Das zwischen April 2012 und März 2013 in Deutschland produzierte Solarstromaufkommen zeigt Abb. 47.

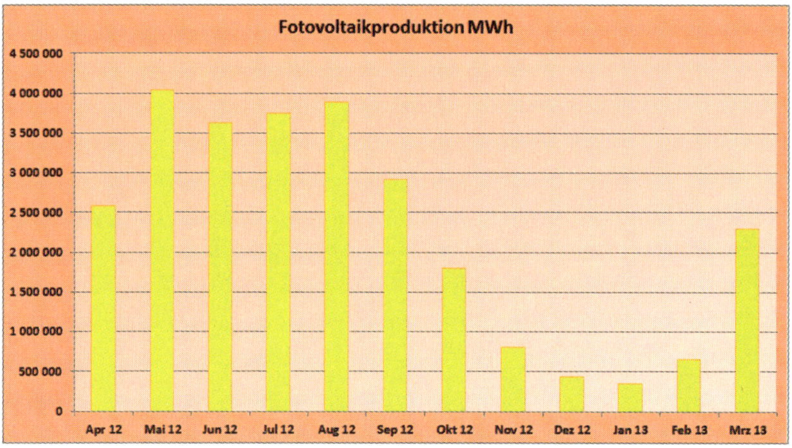

Abb. 47: Solarstromproduktion in Deutschland im Zeitraum von April 2012 bis März 2013 in MWh (Datenquelle: www.transparency.eex.com/de)

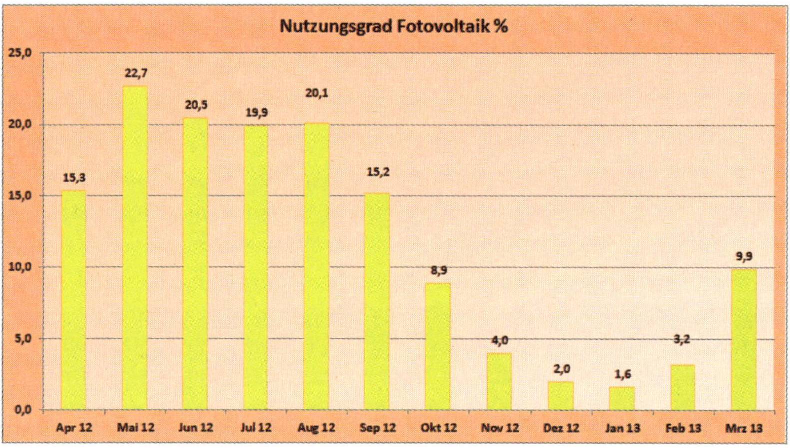

Abb. 48: Monatliche Nutzungsgrade der in Deutschland installierten Fotovoltaikanlagen im Zeitraum April 2012 bis März 2013

Schon beim ersten Blick auf den Verlauf zeigt sich, dass die Verfügbarkeit der Solarenergie exakt gegenläufig zur Bedarfskurve verläuft: Im Winter, wenn der Energiebedarf am größten ist, liefert die Fotovoltaik die geringsten Erträge. Dies zeigt sich auch, wenn man sich die entsprechenden Nutzungsgrade der FV-Anlagen im Jahresverlauf ansieht (Abb. 48). Bei dieser Kalkulation wurde der Zubau, der im Laufe der Untersuchungsperiode stattfand, mithilfe eines linearen Ausgleichsfaktors berücksichtigt.

Entsprechend der geringeren Sonnenscheindauer und des schlechteren Einfallswinkels im Winter zeigt sich ein Abfall des Nutzungsgrades von etwa 20 Prozent in den sonnenreichen Sommermonaten auf teils weniger als ein Zehntel dieses Wertes in den vier dunklen Monaten November bis Februar. Für die Gesamtperiode ergab sich übrigens ein Gesamtnutzungsgrad von 12 Prozent. Das liegt deutlich über dem langjährigen Durchschnitt von 8,3 Prozent. Für die folgenden Betrachtungen wird ungeachtet dieser Abweichung die hier ermittelte Nutzungsgradkurve als Grundlage für die Abschätzung des Solarstromaufkommens herangezogen.

Familie Mustergültig und ihr autarkes Solarhaus

Unsere Test-Autarkiefamilie Mustergültig besteht aus Vater, Mutter und zwei fast erwachsenen Kindern und lebt in einer Doppelhaushälfte, die nach heutigem Standard gedämmt ist. Als Beitrag zum Klimaschutz verzichtet man auf fossile Energieträger wie Öl oder Gas und verlässt sich stattdessen auf eine elektrische Warmwasserbereitung sowie eine moderne Wärmepumpenheizung.

Mustergültigs verbrauchen jährlich die für einen solchen Vierpersonen-Haushalt typische Strommenge von 6.190 kWh und für die Wärmepumpenheizung zusätzlich nochmals 2.500 kWh, macht zusammen 8.690 kWh. Während man beim normalen Stromverbrauch in erster Näherung einen konstanten Verlauf über das Jahr hinweg annehmen kann, hängt der Strombedarf der Heizung natürlich von der Jahreszeit bzw. von den Außentemperaturen ab.

Im vorliegenden Fall wird davon ausgegangen, dass sich Mustergültigs auch hierbei vorbildlich verhalten und die entsprechende Strombedarfskurve der üblichen Berechnung mittels Gradtageszahlen nach VDI 2067 entspricht. Den sich aus diesen Betrachtungen ergebenden Jahresverlauf des Stromverbrauchs zeigt Abb. 49 (nächste Seite).

Dimensionierung der Solaranlage

Die entscheidende Forderung an die zu beschaffende Solaranlage muss natürlich sein, dass sie den Jahresbedarf der Familie vollständig decken kann, und das über den gesamten Nutzungszeitraum von mindestens 20 Jahren und auch in etwas schlechteren Sonnenjahren, denn der Zähler soll ja abgeklemmt bleiben. Da Fotovoltaikpaneele mit einer Maximalleistung (kW_p) von 1 kW_p bei einem Nutzungsgrad von 12 Prozent im Jahr 1051 kWh liefern, bräuchte man theoretisch rund 8,3 kW_p, um die benötigte Jahresstrommenge zu erzielen.

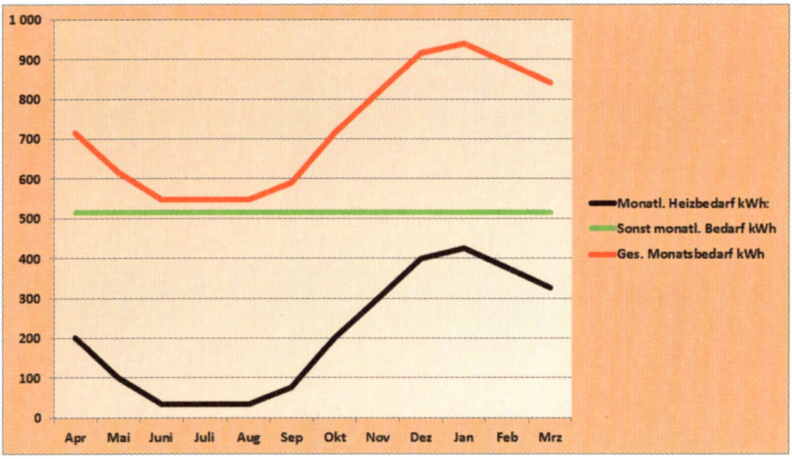

Abb. 49: Verlauf des Strombedarfs von Familie Mustergültig von April 2012 bis März 2013

Zunächst einmal müssen jedoch noch Abschläge mit Blick auf Modulwirkungsgrad, Dachneigung und Abschattung berücksichtigt werden, die man im Durchschnitt mit 8 Prozent veranschlagen kann. Hinzu kommt die Tatsache, dass bei der Batteriespeicherung Verluste auftreten. Leider findet sich dazu nicht in jedem Prospekt eine Angabe. Erfahrungen aus verschiedenen Einsatzbereichen legen nahe, dass man beim Füllen und Entleeren der Batterien Verluste von 10 Prozent ansetzen sollte.

Um beide Faktoren zu berücksichtigen, muss man die Solaranlage entsprechend größer dimensionieren. Weitere Korrekturen betreffen den Ausgleich des Leistungsabfalls der Kollektoren im Verlauf der Zeit, den man mit 25 Prozent ansetzen kann, sowie eine Sicherheitsmarge von 20 Prozent für Jahre, in denen der Anlagenertrag wegen schlechten Wetters niedriger ausfällt. Hieraus ergibt sich folgende Auslegung:

Benötigte effektive Anlagenleistung für 8.690 kWh/a	8,3 kW_p
Kompensation Speicherverluste (10 %)	9,2 kW_p
Ausgleichsfaktor Modulfehler/ Installationsdefizite (8 %)	10,0 kW_p
Kompensation Modulalterung (25 %)	13,3 kW_p
Sicherheitsmarge für schlechte Sonnenjahre (20 %)	16,6 kW_p

Da Solarmodule pro Quadratmeter etwa 125 W_p liefern, bräuchte man dafür eine Dachfläche von rund 133 m^2. Soviel geeignete Fläche steht auf einem klassischen Einfamilienhaus mit Satteldach jedoch nicht zur Verfügung. Daher muss man vermutlich noch einen Teil des Gartens mit Solarmodulen belegen. Die Investitionskosten für eine solche Anlage betrugen (laut Solarrechner.de) im November 2013 rund 29.700 Euro.

Für die weiteren Betrachtungen unterstellen wir ein Worst-Case-Szenario, d. h. wir simulieren eine Situation, in der die Solaranlage aufgrund diverser Faktoren am unteren Minimum arbeitet und auch die Sonnenscheindauer um 20 Prozent unter dem üblichen Niveau liegt. Schließlich soll die Anlage ja auch dann noch die Bedürfnisse der Familie vollständig decken.

Ist Tagesspeicherbetrieb sinnvoll?

Als erstes ist die Frage zu klären, ob mit einer solchen Anlage und einem ordentlichen Batteriepack eine Versorgung im Tag-Nacht-Wechselbetrieb auch im Winter möglich ist. Als Simulationstag nehmen wir den 1. Januar 2013. An diesem Tag liegt der tägliche Bedarf an elektrischer Energie bei 30,35 kWh. Bezüglich der Batterie nehmen wir an, dass Mustergültigs sich für die größte Version mit 13,8 kWh Speicherkapazität entschieden haben. Weitere Annahme ist, dass ein etwas verspäteter Weihnachtsmann der Batterie um Mitternacht eine volle Ladung spendiert hat. Das Ergebnis einer Simulation am Beispiel dieses typischen Januartages zeigt Abb. 50.

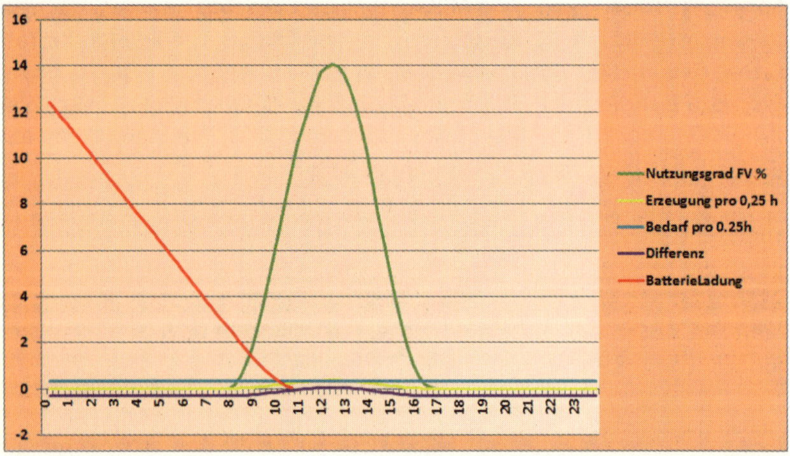

Abb. 50: Simulation des Verlaufs von FV-Erzeugung, Nutzungsgrad, Strombedarf und Batterieladung in 15-Minuten-Schritten am 1. Januar 2013. An diesem Tag lag der Nutzungsgrad der Solaranlage im Tagesmittel bei 2,6 Prozent, deutlich besser als der Monatsdurchschnitt von 1,6 Prozent.

Wie sich zeigt, reicht die Batterieladung gerade hin, um den Strombedarf bis 10.30 Uhr zu liefern, danach ist Schluss. Die Solaranlage kann den laufenden Bedarf nach einstündiger Pause dann lediglich zwischen 11.30 Uhr und 13.00 Uhr decken, danach ist alles dunkel und kalt. An ein Laden der Batterie für den nächsten Tag ist gar nicht zu denken. Da die meisten Tage in den Monaten November bis Februar ähnlich bzw. eher noch ungünstiger verlaufen, nützt die Batterie bei dieser Betriebsart herzlich wenig, und das gerade in der Jahreszeit, wenn sie am meisten gebraucht würde. Energieautarkie ist so nicht zu erreichen. Das ginge nur, wenn man die Batterie stattdessen als Saisonspeicher betreibt, der in den sonnenreichen Monaten aufgeladen wird, um die Ladung dann im Winter abzugeben.

Batterie als Saisonspeicher

Deshalb wird im nächsten Schritt simuliert, wie sich die Kombination aus Solaranlage und Batterie bei einem Saisonspeicherbetrieb verhält. Dabei wird von den gleichen Voraussetzungen ausgegangen wie im ersten Fall, nur geht es jetzt darum zu ermitteln, welche Batteriekapazität erforderlich ist, um den Winter zu überstehen. Natürlich kann und muss die Batterie hierbei auch im Tagspeicherbetrieb verwendet werden. Dieser braucht jedoch nicht speziell simuliert zu werden, für die Betrachtung genügen Monatsbilanzierungen. Das Ergebnis der entsprechenden Simulation zeigt Abb. 51.

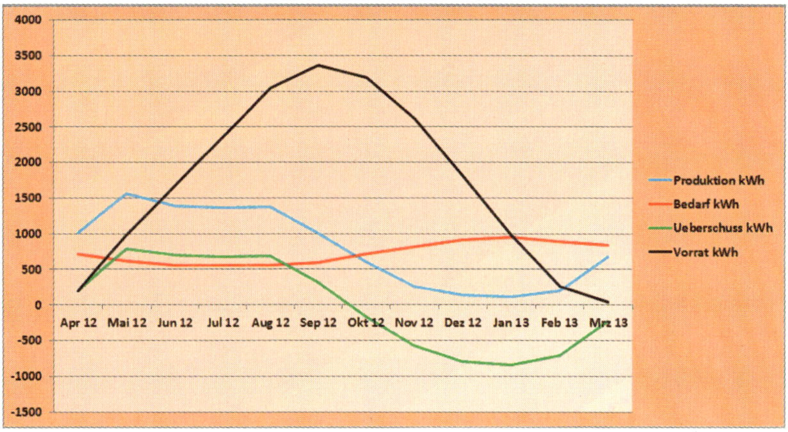

Abb. 51: Simulation von Solaranlage und Batterien im Saisonspeicherbetrieb mit für Deutschland zwischen April 2012 und März 2013 ermittelten Solardaten

Wie man sieht, wäre ein solcher Betrieb im Prinzip machbar, sofern die Batterien diese Betriebsart ohne wesentliche Verluste und Eigenschaftsänderungen mitmachen. Benötigt würde allerdings eine recht große Batteriekapazität: Um die maximal erforderliche Energiemenge von 3.358 kWh speichern und wieder abgeben zu können, würden Batterien mit einer Nennkapazität von 3.730 kWh benötigt, da die maximale Entladetiefe von Li-Ionen-Batterien rund 90 Prozent beträgt.

Bei den aktuell angebotenen Systemen von z.B. Varta/ RWE beträgt die maximale Kapazität pro Einheit 13,8 kWh[46], für die benötigte Speicherkapazität wären demnach 270 Einheiten erforderlich. In durchschnittlichen Einfamilienhäusern könnte es bei einem Flächenbedarf von 0,24 m^2 pro Einheit im Keller etwas knapp werden, vor allem da die Module noch etwas Zwischenraum für Kühlluft benötigen. Zudem ist in solchen Fällen sicherlich eine Rücksprache mit der Feuerversicherung ratsam, denn Li-Ionen-Batterien haben den Ruf einer gewissen Feuergefährlichkeit.[47]

Das größte Problem dürften die Kosten sein. Mit Preisangaben halten sich die meisten Anbieter etwas zurück. Im Internet finden sich Angaben, aus denen sich ein Preis von rund 2.615 Euro pro kWh Speicherkapazität errechnen lässt.[48] Um die Zahlen nicht ins Unendliche wachsen zu lassen, sei angenommen, dass die Preise dank chinesischer Anbieter auf 1.000 Euro/kWh sinken. Damit wären für die hier berechnete Speicherlösung rund 3,75 Millionen Euro aufzubringen. Allerdings kann davon ausgegangen werden, dass man bei einem derartigen Auftrag sicherlich noch etwas handeln kann, vielleicht bekommt man dann die Transportaufwendungen bezahlt, denn schließlich wiegen diese Batterien rund 12,5 kg pro kWh Speicherkapazität, in Summe also etwa 47 Tonnen. Sinnvollerweise sollte man auch zu diesem Zeitpunkt gleich klären, wer sich nach Ablauf der Betriebsdauer um Abtransport und Entsorgung kümmert.

Interessant ist in diesem Zusammenhang die Frage, was denn eine solche Batterielösung für die „Insel Deutschland“ kosten würde. Hier genügt eine einfache Überschlagsrechnung: 0,9375 Millionen Batteriekosten pro Einwohner bei 80 Millionen Einwohnern macht rund 75 Billionen. Eine deutschlandweite Saisonspeicherlösung mit Batterien könnte daher möglicherweise an der Finanzierungsfrage scheitern.

---

[46] Vgl. RWE Effizienz GmbH (Hg.): Schalten Sie um auf intelligente Energie. Mit RWE Storage vario. Stand Mai 2013, www.rwe.com [September 2015].

[47] Vgl. Hawaii News Now: Fire at Kahuku wind farm destroys crucial building, 2. 8. 2012, www.hawaiinewsnow.com [Juni 2015]. Hier brannte ein Lager mit Batterien, das nur mit großen Schwierigkeiten gelöscht werden konnte.

[48] Vgl. Lithium-Batteriespeicher für Photovoltaikanlagen – wirtschaftlich sinnvoll? In: www.solista-solar.de/lithium-batteriespeicher-photovoltaik/ [Juni 2015].

Nepp und Bauernfängerei

Wie bereits erwähnt, finden sich im Internet dennoch zahlreiche Angebote für Privatleute, ihre neue oder bereits vorhandene Solaranlage mit einem solchen Speichersystem aufzurüsten. Hintergrund sind entsprechende Fördergelder – natürlich auf Kosten der Allgemeinheit. Die sollen bei kleinen Batteriegrößen angeblich Gewinne ermöglichen. Wie überall im Bereich der „Erneuerbaren" sollte man solchen Angeboten jedoch mit Vorsicht begegnen, denn die Aussicht auf leichtes Geld lockt jede Menge Bauernfänger an, die dem arglosen Häuslebauer gerne das Blaue vom Himmel herunter versprechen. Nach überschlägigen Berechnungen liegen die Kosten für Batteriespeicherung von Strom im günstigsten Fall bei 35-50 ct/kWh. Rechnet man noch die Kosten des eigenen Solarstroms hinzu, so liegt man nach wie vor deutlich über dem Strompreis der Versorgungsunternehmen.

Zudem sollte man auch den Leistungsangaben der Batterieanbieter mit gesundem Misstrauen begegnen. Da werden Betriebsdauern von 20 Jahren[49], teilweise sogar von 24 Jahren[50] genannt, mit der „kleinen" aber wichtigen Einschränkung, dass lediglich 250 Lade-/ Entladezyklen pro Jahr vorgesehen sind. Man fragt sich unwillkürlich, wie solche Zeiten garantiert werden können, obwohl das Produkt erst seit wenigen Jahren existiert und Langzeiterfahrungen demnach fehlen dürften. Beim Blick in die Garantiebestimmungen ist aber möglicherweise dann von lediglich sieben Jahren bzw. 4.000 Ladezyklen statt der im Prospekt von 2013 angegebenen 6.000 die Rede.[51] Und als defekt gilt ein Modul erst ab einem Kapazitätsverlust von 20 Prozent. Wenn der Hersteller demnach einen Kapazitätsverlust von 19 Prozent in sieben Jahren für zulässig hält, so ergäbe dies bei linearer Rechnung im letzten von 20 Jahren Betriebsjahren knapp 54 Prozent Kapazitätsverlust. Häufig finden sich auch keine Angaben zur Selbstentladung, obwohl dies gerade für Langzeitspeicherung ein wichtiger Faktor ist.

Misstrauen empfiehlt sich generell auch bei allen Produkten, für die im Datenblatt kein Speicherwirkungsgrad angegeben wird, obwohl dies bei der angegebenen Lebensdauer ein entscheidendes Kriterium darstellt. Bei 6.000 Ladezyklen macht es schon einen erheblichen Unterschied, ob ich

---

[49] „Bei einer Systemauslegung von bis zu 20 Jahren und mehr entsteht dadurch ein enormer Kostenvorteil." Zit. n. VARTA Storage GmbH (Hg.): 24 Stunden Sonne [Endkundenbroschüre, Version von ca. 2013]. In der aktuellen Version [September 2015] auf www.varta-storage.com heißt es hingegen nur „Durch das qualitativ hochwertige und langlebige System entsteht somit ein enormer Kostenvorteil über die Betriebsdauer."

[50] So RWE (Hg.): Die Unterschiede Der RWE Homepower Storage Solarstromspeicher im Überblick, www.energiewelt.de/web/cms/de/2391704/energieberatung/solarenergie-photovoltaik/rwe-homepower-storage/batteriespeicher-von-rwe/ [Juni 2015].

[51] Vgl. VARTA Storage GmbH (Hg.): Herstellergarantien für das Engion-System und die Baumodule, Stand: 7. 10. 2013 (Ziffer 2.1). Im aktuellen Endkundenprospekt (Fn. 49) ist jedoch unter Verweis auf die aktuellen „Herstellergarantien für das VARTA home/family System und die Batteriemodule" (Stand: 7. 9. 2015) von 7 Jahren „Systemgarantie" und einer „Garantie auf Batteriezellen" von „10 Jahre(n) oder 14.000 Zyklen" die Rede.

fünf Prozent, zehn Prozent oder gar 15 Prozent des teuren Solarstroms pro Ladezyklus verliere. 6.000 Zyklen mal zehn Prozent sind immerhin 600 vollständige Batterieladungen zu je 13,8 kWh, da kommt schon was zusammen. Also Augen auf beim Batteriekauf – und im Zweifel lieber die Finger von windigen Angeboten lassen.

20] Eine Monsterbatterie für Absurdistan

Die nonchalante Selbstverständlichkeit, mit der die Vertreter der „erneuerbaren" Energien sich auf Kosten der Allgemeinheit bereichern, gebiert ständig neue Auswüchse. Im Bemühen, Lücken und Grauzonen bestehender Regelwerke für zusätzliche eigene Profite zu nutzen, werden immer abstrusere Projekte gestartet und – dank des Einflusses der eigenen Parteigänger in der Politik – mit öffentlichen Geldern gefördert. Gleichzeitig werden hierbei die konventionellen Kraftwerke immer weiter geschädigt, obwohl sie doch das unverzichtbare Rückgrat unserer Stromversorgung darstellen. Wie kontraproduktiv solche Vorhaben wie das hier vorgestellte Speicherbatterieprojekt im Prinzip häufig sind, zeigt oft schon ein kurzer Blick auf die grundlegenden Zusammenhänge.

„Monster-Akku im Norden soll Flatterstrom zähmen" titelte die „Welt" vom 15. April 2014 in einem Artikel über ein „Ökostrom"-Projekt in Mecklenburg-Vorpommern.[52] In diesem Bundesland, das viele Windenergieanlagen, aber wenig Industrie und damit kaum Abnehmer für den so erzeugten Zufallsstrom hat, bereitet diese schwankende Produktion inzwischen immer mehr Probleme mit der Netzstabilität.

Angeblich als Abhilfe hat der in Schwerin ansässige „Ökoenergie"-Anbieter Wemag AG jetzt einen Batteriepuffer errichtet, mit dessen Hilfe das Netz durch Bereitstellung von Primärregelenergie stabilisiert werden soll. Übernehmen sollen diese Aufgabe fünf große Transformatoren und insgesamt 25.600 Lithium-Ionen-Akkus. In dem künftig größten kommerziellen Batteriespeicher Europas sollen insgesamt 5 MWh Strom gespeichert und bei Bedarf mit einer Anschlussleistung von 5 MW wieder ins Netz zurückgespeist werden.

Die Kosten für dieses Projekt werden auf 6 Millionen Euro beziffert, wovon mindestens eine Million Euro Fördergelder sind. Allein das hierfür errichtete Gebäude hat dem Zeitungsbericht zufolge die Abmessungen einer Turnhalle.

---

[52] Daniel Wetzel: Monster-Akku im Norden soll Flatterstrom zähmen, 15. 4. 2014, www.welt.de [Juni 2015].

Gezielt gegen konventionelle Kraftwerke

Das große Problem bei der Stromproduktion aus Wind- und Solaranlagen ist bekanntlich, dass sie nicht bedarfsgerecht anfällt (Abb. 52). Dringend erforderlich wären daher Speicher, um z.B. Windenergie bei Starkwind „einzulagern" und sie bei Schwachwind wieder ins Netz einzuspeisen. Doch die Errichter der neuen Anlage haben etwas ganz anderes im Sinn. Trotz ihrer beeindruckenden Größe kann diese „Monsterbatterie" in Wirklichkeit nur völlig unzureichende Energiemengen einlagern. Darauf wird auch schon im Artikel der „Welt" hingewiesen.

De facto reicht die ganze Kapazität der millionenteuren Installation gerade einmal aus, um die Leistung aufzunehmen, die eine einzige 5-MW-Windturbine bei geeigneter Wetterlage innerhalb einer Stunde erzeugt. Ihre wirkliche Aufgabe ist deshalb auch nicht der Ausgleich schwankender Windstromproduktion, sondern lediglich die Lieferung von Primärregelenergie, siehe Kapitel 6.

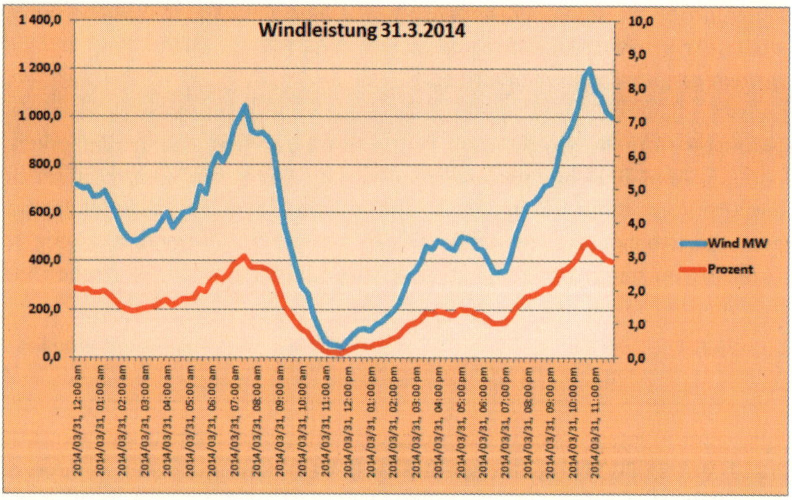

Abb. 52: Schwachwind-Situation am 31. März 2014. Bei einer installierten WKA-Leistung von 34.950 MW wurden zeitweise nur lächerliche 50 MW und weniger geliefert. Ohne konventionelle Kraftwerke wären in Deutschland die Lichter ausgegangen (Daten: www.transparency.eex.com/de).

Diese Primärregelenergie benötigen die Netzbetreiber bekanntlich für „Feuerwehrfälle", wenn es gilt, besonders kritische Netzschwankungen im Sekundenbereich auszugleichen. Diese extrem schnell verfügbare Leistungsreserve konnte bislang nur von im Lastbetrieb befindlichen konventionellen

Großkraftwerken bereitgestellt werden. Wegen ihrer Bedeutung für die Aufrechterhaltung der Netzstabilität wird diese spezielle Leistungsbereitstellung separat abgerechnet und meist auch deutlich besser bezahlt als der Strom für die „normale“ Produktion.

Mit dem gezielt auf den Markt für Primärregelenergie ausgerichteten Angebot dieser Batterie-Installation soll also den aufgrund niedriger Börsenstrompreise sowieso schon um ihr finanzielles Überleben kämpfenden konventionellen Kraftwerken eine der letzten Möglichkeiten, noch einige dringend benötigte Zusatzeinnahmen zu erzielen, entzogen werden. Dass die gleichen Kraftwerke unverzichtbar bleiben, weil man sie dringend für die Aufrechterhaltung der Energieversorgung des Landes benötigt, wenn der Wind mal nicht weht und die Sonne nicht scheint, ist diesen Vertretern einer aggressiven „Ökostrom“-Ideologie völlig schnuppe.

So behauptet die Firma Younicos, welche die Installation geliefert hat, auf ihrer Website vollmundig: „Willkommen im fossil-freien Sektor dieser Welt. Wir bei Younicos arbeiten an einer Zukunft, in der Energie CO_2-frei und erneuerbar erzeugt wird. Unsere Kernkompetenz ist die wirtschaftliche, sichere und stabile Integration von Wind- und Sonnenenergie in das bestehende Energiesystem. In Zusammenarbeit mit unseren Partnern entwerfen, bauen und betreiben wir bis zu 100 Prozent erneuerbare Energiesysteme, die heute schon wirtschaftlicher sind als fossile Systeme.“ Solche selbstbewussten Sprüche reizen dazu, sie an der Wirklichkeit zu messen, vor allem mit Blick auf die Wirtschaftlichkeit.

Lithium-Batteriespeicher sind schon heute viel zu teuer…

Was die Initiatoren des Projekts nämlich übersehen haben ist die Tatsache, dass sie mit ihrem Projekt Zahlen liefern, mit denen man alle möglichen sonstigen Projekte im „Öko“-Bereich hervorragend auf ihre Machbarkeit bzw. ihre Wirtschaftlichkeit abprüfen kann. Gerade im Fotovoltaikmarkt wird aktuell von verschiedensten Anbietern und Interessengruppen behauptet, man könne Batterien – insbesondere Li-Ionenbatterien – in Zeiten der Überschussproduktion für die Zwischenspeicherung einsetzen, siehe auch Kapitel 19. Während wir dort die Mach- und Finanzierbarkeit vorrangig am Beispiel eines Autarkiekonzepts für ein Einfamilienhaus betrachtet haben, bietet sich hier die Gelegenheit, das Thema auf der Ebene der Gesamtversorgung des Landes zu analysieren.

Technisch ist eine solche Gesamtversorgung im Prinzip zwar denkbar, doch nur solange, bis man einen Blick auf die erforderlichen Investitionskosten wirft. Diverse Fans dieser Idee gehen im Internet mit phantastisch niedrigen Preisen für direkt importierte Li-Ionenakkus von fernöstlichen

Billiganbietern auf Dummenfang. Auf die Nachteile solcher Bastlerlösungen z.B. mit Blick auf die Feuergefahr verschwenden sie dabei keinerlei Gedanken. Umso willkommener ist deshalb das hier vorgestellte Projekt, denn hier handelt es sich nicht um eine Billiginstallation, sondern um einen nach eigenem Bekunden voll professionellen Li-Ionen-Batteriespeicher. Bei dieser Lösung werden für eine Speicherkapazität von 5 MWh sechs Millionen Euro fällig, das entspricht einer Investition von 1,2 Millionen Euro pro MWh Kapazität. Was würde demnach eine solche Lösung allein schon für den in Deutschland produzierten Windstrom kosten?

Ende des Jahres 2013 waren in Deutschland Windräder mit einer Gesamtleistung von 32.455 MW installiert, die bei Flaute jedoch meist nur wenige Prozent und manchmal sogar nur Promille ihrer nominellen Leistung abgeben. Rechnet man mit den obigen Angaben nach, was eine Batterie kosten würde, welche die Speicherung einer einzigen Stunde bei voller Leistung dieser Windenergieanlagen ermöglicht, so landet man bei 39 Milliarden Euro. Ein recht ordentlicher Betrag für die Speicherung gerade einmal einer Stundenleistung. Für einen vollen Tag von 24 h käme man dann schon zu der noch deutlich beachtlicheren Summe von 938 Milliarden Euro, das entspricht einer knappen Billion. Und das nur für die Speicherung einer einzigen Tagesproduktion der zum Stichtag installierten Windenergieanlagen.

...und erst recht bei 80 Prozent EE-Strom

Wie man sieht, ist diese Art von Batteriespeicher bereits zur Lösung der Probleme, die sich aus dem heute installierten Park aus Windenergieanlagen ergeben, praktisch unbezahlbar. Vollends als Utopie entpuppt sich ein solcher Ansatz, wenn man bedenkt, dass wir im Jahre 2050 rund 80 Prozent unseres Strombedarfs aus Wind und Sonne decken sollen.

Die aktuelle deutsche Stromproduktion liegt bei 629 TWh/Jahr bzw. 1,7 TWh/Tag, 80 Prozent hiervon wären demnach 1,4 TWh/Tag. Der Speicher für einen einzigen Tagesbedarf würde eine Investition von 1.680 Milliarden Euro (1,68 Bio. Euro) erfordern. Unterstellen wir als wohlwollend knapp angesetzten Vorsorgefall eine zehntägige Flaute in einem Wintermonat mit minimaler Sonneneinstrahlung, so kommt man auf eine erforderliche Gesamtinvestition von 16.800 Milliarden Euro (16,8 Bio. Euro). Hinzu kommt, dass diese Übung wegen der begrenzten Lebensdauer der Batterien spätestens alle 20 Jahre wiederholt werden müsste.

Dass diese Zahlen völlig außerhalb jeglicher Grenzen der Finanzierbarkeit liegen, dürfte unmittelbar einleuchten. Selbst wenn es gelänge, die Kosten für Li-Batterien um einen Faktor 10 zu senken, bliebe dieser Speicheransatz völlig unsinnig. Dennoch gibt die Politik für eine derartige Installation, deren Zweck einzig und allein darin besteht, die konventionellen Kraftwerke – das zuverlässige Rückgrat unserer Stromversorgung – noch weiter aus dem Markt zu drängen, auch noch Fördergelder. Absurdistan lässt grüßen.

Selbstentlarvung der Öko-Profiteure

Dieses Batterieprojekt ist ein besonders eindrückliches Beispiel dafür, wie ungeniert sich die verschiedensten Öko-Profiteure darum bemühen, durch Ausnutzung juristischer und verwaltungstechnischer Grauzonen unseres Stromversorgungssystems weitere Profite herauszuschinden, während man damit gleichzeitig die Grundlagen der Stromversorgung zerstört. Diese Ungeniertheit hat jedoch auch ihr Gutes.

So wird beispielsweise in der Berichterstattung über dieses Projekt gegenüber der Öffentlichkeit eingestanden, dass der „Flatterstrom" von Wind- und Solaranlagen den Betrieb der Netze gefährdet, eine Tatsache, die von den Vertretern der EE-Branche bei anderen Gelegenheiten immer wieder vehement geleugnet wird. Auch zeigt dieses Beispiel überdeutlich, dass sich Lithium-Ionen-Batterien nicht als Puffer für die Zwischenspeicherung der Überproduktion von EE-Strom in wind- und sonnenreichen Zeiten eignen. Hierauf wird noch in einem gesonderten Kapitel eingegangen.

21] Export deutscher Stromprobleme – an den Grenzen wächst die Unruhe

Mit der Einrichtung des europäischen Verbundnetzes wurde das Ziel verfolgt, die gemeinsame Stromversorgung sicherer zu machen, indem man sich gegenseitig bei Pannen und Engpässen aushilft. Nicht geplant war hingegen, dass einer der größeren Teilnehmer sein Netz aufgrund ideologischer Experimente fahrlässig immer weiter destabilisiert und die daraus resultierenden Probleme dann via Verbundnetz den Nachbarländern aufs Auge drückt. Und von ihnen dann noch erwartet, dass sie ihm bei selbstverschuldeter Unterdeckung bezüglich Regelenergie den Hals aus der Schlinge ziehen. Die deutsche Energiewende hat inzwischen Dimensionen erreicht, die zu Problemen nicht nur in Deutschland, sondern auch außerhalb der Grenzen führen. Dort schlägt das anfängliche Wohlwollen mehr und mehr in offene Verärgerung um.

Mit inzwischen (Stand Mitte 2014) rund 72.000 MW an installierter Leistung im Bereich der Stromerzeugung aus Wind und Sonne wird das deutsche Stromnetz in unvorhersehbarer Weise mit Zufallsstrom belastet, für den es immer häufiger keinen ausreichenden Bedarf gibt. Wie schlimm die Situation schon jetzt ist, belegt das Beispiel des Gas- und Dampfkraftwerks Irsching 5 in Bayern.

Unter dem Titel „Irrsinn in Irsching" erklärte hierzu die „Schwäbische Zeitung": „Die 2010 in Betrieb gestellte 400 Millionen Euro teure Anlage gilt als eines der modernsten Gaskraftwerke der Welt. Trotzdem müssen die Betreiber – neben E.ON die Stadtwerke in Nürnberg, Frankfurt und Darmstadt – tiefrote Zahlen verkraften. Wegen der verstärkten Einspeisung von Wind- und Sonnenstrom im Zuge der Energiewende ist die 845-Megawatt-Anlage seltener als geplant am Netz. Statt wie geplant 4.000 bis 5.000 Stunden pro Jahr läuft Irsching derzeit nicht einmal 1.000 Stunden.

E.ON-Vorstandschef Teyssen denkt der Meldung zufolge inzwischen bereits darüber nach, Irsching 5 auseinanderzunehmen und da aufzubauen, wo die Kunden das wollen."[53] Derartig unverblümte Töne von einem so hochrangigen Manager sind in Deutschland eher unüblich und ein deutliches Zeichen für den Ernst der Lage.

Stromdumping in Nachbarländern

Den Netzbetreibern, die durch das EEG verpflichtet sind, den Zufallsstrom aus Wind- und Sonnenkraft vorrangig abzunehmen, bleibt gar nichts anderes übrig, als diesen via Strombörsen auch ins Ausland zu verhökern. Zeitweise werden sogar Negativpreise vereinbart, d.h. deutsche Stromlieferanten zahlen noch Geld drauf, damit man im Ausland bereit ist, diesen Strom abzunehmen (Vgl. Kapitel 14, Abb. 36).

Bei unseren Nachbarn wirkt sich dieses Stromdumping jedoch im Prinzip genauso aus wie das Warendumping europäischer Kolonialmächte in Ländern wie Indien oder China zu Zeiten, als westliche Diplomatie gerne auch mal auf Kanonenboote setzte. Das technisch wie auch wirtschaftlich fein abgestimmte, auf marktwirtschaftliche Regeln abgestellte Stromversorgungssystem der Nachbarn wird durch solche plötzlichen und heftigen Stromschwemmen aus dem Gleichgewicht gebracht.

Wachsender Ärger

Das bleibt nicht ohne Folgen. Während man im Ausland noch vor wenigen Jahren das deutsche Experiment durchaus mit einem gewissen Wohlwollen beobachtete, mehren sich inzwischen immer deutlicher die Anzeichen offenen Ärgers über eine deutsche Energiepolitik, die die Entsorgung ihrer Überproduktion rücksichtslos über Nachbars Zaun betreibt.

Einer Bloomberg-Meldung vom Oktober 2012 zufolge ist die Situation in Tschechien bereits Ende 2012 eskaliert: „Deutschland kennt das Problem, aber es mangelt dort wegen der hohen Kosten am politischen Willen, es zu lösen" erklärte demnach Pavel Solc, Tschechischer Vizeminister für Industrie und Handel, in einem Interview. Man sei deshalb gezwungen, einseitige Abwehrmaßnahmen zu ergreifen, um Unfälle und Zerstörungen zu vermeiden. Die Stromnetze in den früheren kommunistischen Ländern seien nach Aussagen des tschechischen Netzbetreibers CEPS bis zum Limit belastet und durch mögliche Blackouts gefährdet, wenn die Produktion der Windturbinen in Norddeutschland oder an der Ostsee ansteige. Deshalb plane man bis zum Jahresende in Tschechien die Installation von Sicher-

---

[53] Klaus Wieschemeyer: Irrsinn in Irsching: Einem dringend gebrauchten Gaskraftwerk droht das Aus, Schwäbische Zeitung, 18. 3. 2013, www.schwaebische.de [nur noch im Archiv der Zeitung zugänglich].

heitsschaltern in Grenznähe, um sich bei kritischer Überbelastung von Europas größter Volkswirtschaft abkoppeln zu können.[54]

In Österreich spricht man inzwischen Klartext

Vor „Nachkriegszuständen“ beim Strom und einer wackligen Versorgung warnte auch Wolfgang Anzengruber, der Chef von Österreichs führendem Stromunternehmen Verbund AG, in einem Interview mit der „Welt“. Mit einer für die sonst eher diplomatischen Österreicher sehr unüblichen Direktheit – ein klares Warnsignal, wie weit die Situation inzwischen bereits eskaliert ist – wies er auf die Probleme hin, mit denen man sich aufgrund der deutschen Energiewende konfrontiert sieht, und forderte die deutsche Energiepolitik auf, zur Marktwirtschaft zurückzukehren. Man könne nicht einen Teil der Anbieter der Nachfrage unterwerfen, während ein anderer Teil, nämlich Wind und Sonne, davon ausgenommen sind. Derzeit befinde man sich in einer Teufelsspirale. Infolgedessen sei die Qualität des Strommarktes in den letzten Jahren insgesamt sicher schlechter geworden, man gehe auf dünnem Eis.[55]

Dazu passt auch ein Bericht in der Zeitschrift „Österreichs Energie“ vom September 2014 über einen Energiekongress, wo schon in der Schlagzeile darauf hingewiesen wird, dass die Verschiebung von Wasserkraftprojekten die Erneuerbaren-Ziele gefährdet, da niedrige Strompreise zum Aufschub baureifer Projekte zwingen.[56]

Konsequenzen auch in der Schweiz

Auch in der Schweiz führt der aus Deutschland herüberschwappende Dumpingstrom inzwischen zu ernsten Konsequenzen. Einer Meldung der Berner Zeitung zufolge hat einer der größten Wasserkraftwerksbetreiber der Schweiz, die Kraftwerke Oberhasli (KWO), die Pläne für eine Erweiterung ihrer Pumpspeicherkapazitäten gestoppt. Verwaltungsratspräsident Peter Schmid habe im Gespräch bestätigt, dass man zwar weiterhin an das 660-Millionen-Projekt glaube, es sich jedoch aus heutiger Sicht nicht rechne. Mit Pumpen lege man im Moment Geld drauf, hieß es zudem.

Dabei sei dies bis vor kurzem ein einträgliches Geschäft gewesen, bei dem man in der Nacht günstigen Atom- oder Kohlestrom aus dem Ausland einkaufte, um Wasser von den tieferen in die höher gelegenen Speicher-

---

[54] Ladka Mortkowitz Bauerova, Tino Andresen: Windmills Overload East Europe’s Grid Risking Blackout: Energy, 26. 10. 2012, www.bloomberg.com/news/articles/2012-10-25/windmills-overload-east-europe-s-grid-risking-blackout-energy [Juni 2015].

[55] Reinhard Engel: „Wir bekommen beim Strom Nachkriegszustände“, 20. 3. 2013, www.welt.de [Juni 2015].

[56] Verschiebung von Wasserkraftprojekten gefährdet die Erneuerbaren-Ziele, Österreichs Energie [Fachmagazin], Ausgabe September 2014, als pdf unter: http://oesterreichsenergie.at/ [Juni 2015].

seen zu pumpen. Bei der größten Nachfrage zur Mittagszeit wurde das Wasser wieder abgelassen; der so erzeugte Strom ließ sich gut verkaufen. Doch jetzt machten Wind- und vor allem der Sonnenstrom einen Strich durch die Rechnung, weil sie mittags im Überfluss vorhanden sind.[57]

Nochmals Österreich: Alarmstart der Kraftwerke

Einen Eindruck davon, wie schädlich sich deutsche Alleingänge in Sachen EE-Energieproduktion auf unsere Nachbarländer mittlerweile auswirken, vermittelt auch der Vergleich der ursprünglich in Österreich für den 22. Dezember 2013 geplanten Stromerzeugung aus konventionellen Kraftwerken mit der tatsächlichen Produktion (Abb. 53). In dieser Zeit kurz vor den Weihnachtsfeiertagen gerieten die deutschen Stromnetze aufgrund übermäßiger Produktion von Windstrom in eine kritische Lage, wobei Deutschland seine internationalen Verpflichtungen zur Sicherung der Netzstabilität zeitweilig grob missachtete.

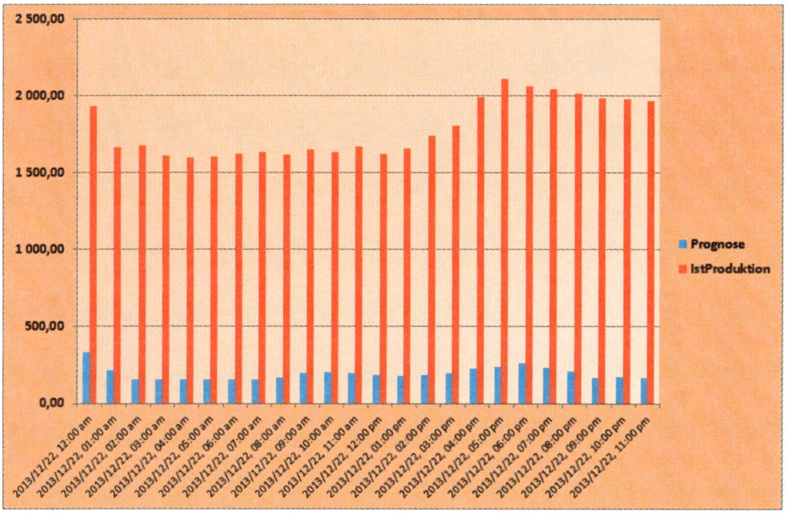

Abb. 53: Am 22. Dezember 2013 mussten Österreichs Kraftwerke ihre Erzeugung notfallmäßig um teilweise mehr als 1.100 Prozent (!) über die ursprünglich geplanten Werte hinaus steigern (Daten: www.transparency.eex.com/de)

Während die deutsche Windradlobby jubelte, mussten in Österreich die Leistungen der konventionellen und Wasserkraftwerke am 22. und 23. Dezember notfallmäßig hochgefahren werden, am 22. Dezember sogar auf

[57] Verwaltungsrat stoppt Grimsel 3, Berner Zeitung, 27. 3. 2013, www.bernerzeitung.ch [Juni 2015].

mehr als den elffachen (!) Wert der geplanten Produktion. Nur so konnte verhindert werden, dass die Belastung einiger Fernleitungen zwischen Deutschland und Österreich aufgrund der drastischen Überproduktion von norddeutschem Windstrom über die kritischen Grenzwerte hinaus anstieg. Fast den ganzen Tag über mussten die Kraftwerke des Austrian Power Grid (APG) zwischen 800 und mehr als 1.100 Prozent der ursprünglich geplanten Erzeugung erbringen, um einen Zusammenbruch der zu hoch belasteten Leitungsnetze aus Deutschland zu vermeiden.

Gerne hat man das bei unseren Nachbarn sicher nicht gemacht, denn schon bei einer vergleichbaren Situation am 3. Oktober 2013 hatte man zu ähnlichen Maßnahmen greifen müssen, wenn auch nicht in dem jetzt erforderlich gewordenen Umfang. Schon damals hatten sich die Kosten auf über eine Millionen Euro belaufen.[58] Beim Strom-Tsunami, der um den 22. Dezember 2013 herum die Netze überflutete, dürfte es noch wesentlich teurer geworden sein.

Das Ausmaß des Ärgers, den solche Ereignisse auslösen, unterstreicht die folgende Meldung, die am 29. November 2013 in „Die Presse" erschien: „Der heimische Übertragungsnetzbetreiber APG schlägt Alarm: Das Stromnetz könne mit dem rasanten Ausbau der Wind- und Solarkraftwerke nicht Schritt halten. Allein heuer musste das Unternehmen 600 Stunden lang Kraftwerke notabschalten oder den kurzfristigen Handel mit Strom unterbinden, um das heimische Stromnetz zu sichern. ‚Die Tendenz ist stark steigend', warnt APG-Vorstand Gerhard Christiner."[59]

Die Energiewende frisst ihre eigenen Kinder

Diese Beispiele zeigen mehr als deutlich, dass die Geburtsfehler der Energiewende dabei sind, gerade solche Bereiche in Mitleidenschaft zu ziehen, die eigentlich integrale Bestandteile einer stärker auf „erneuerbare" abgestellten Energiestrategie sein sollten: Flexible, hoch effiziente Gaskraftwerke, die zur Netzstützung dringend gebraucht würden, werden vom Markt gedrängt, Nachbarn müssen die Notbremse ziehen, um ihre Netze zu schützen, und Wasserkraftwerksbetreiber in den Alpen, deren Speicherkapazitäten eigentlich für den Ausgleich von schwankender Erzeugung gebraucht würden, fühlen sich schlecht behandelt und stoppen inzwischen Projekte, obwohl diese seit Jahren bis zur Fertigstellungsreife vorangetrieben worden waren (vgl. Kapitel 22).

Jeder, der eine Vorstellung davon hat, wie lange es dauert, ein solches Projekt von der ersten Planung über die Genehmigungs- und Projektie-

---

[58] Vgl. Eine Analyse der aktuellen Situation Weihnachten 2013, www.ploetzlichblackout.at [Juni 2015].

[59] Matthias Ader: Stromnetz heuer 600 Mal in Gefahr, Die Presse, 29. 11. 2013, http://diepresse.com [Juni 2015].

rungsphase bis zur Finanzierung und dem tatsächlichen Baubeginn voranzutreiben, weiß zugleich, dass mit einer solchen Entscheidung, die Signalwirkung für den gesamten Alpenraum haben wird, negative Weichenstellungen auch auf internationaler Ebene für lange Zeiträume vorgenommen worden sein dürften.

22] Schweizer Wasserkraft – Opfer der deutschen Energiewende

Der weiter massiv voranschreitende Ausbau der deutschen Kapazitäten bei der Stromerzeugung aus Wind- und Solarenergie wirkt sich auch immer verheerender auf Deutschlands Nachbarländer aus. Die mit Hilfe hoher Subventionen und ohne Rücksicht auf den Bedarf produzierten Strommengen schaden der Elektrizitätswirtschaft in den Nachbarländern gleich zweifach: Schon der gesunkene Börsenpreis belastet die Erträge der Stromerzeuger und gefährdet ihre wirtschaftliche Grundlage. Zusätzlich werden sie durch Dumpingstrategien in Form negativer Strompreise noch weiter ins Aus getrieben.

So wie bekanntlich die Revolution ihre Kinder frisst, so frisst die deutsche Energiewende ihre Geschwister: „Klassische erneuerbare" Energien wie die bereits seit vielen Jahrzehnten etablierte Wasserkraft, die sich dem Markt stellen müssen, werden durch den hoch subventionierten Strom aus Windanlagen, Solarparks oder Faulgasanlagen mit der gleichen brutalen Rücksichtslosigkeit aus dem Markt gedrängt wie die konventionellen Anbieter.

Das trifft nicht nur Stromerzeuger in Deutschland: Die sinn- und planlos zum falschen Zeitpunkt erzeugten Überschussmengen werden mit Methoden, die an den ungezügelten Nanking-Kolonialismus der Briten in China und Indien erinnern, auch in die Netze der Nachbarländer gedrückt (Abb. 54) und ruinieren den dortigen Kraftwerksbetreibern das Geschäftsmodell.

Besonders übel trifft es dabei gerade die dort bisher sehr gut aufgestellten Betreiber von Wasserkraftwerken in den Alpenländern. So auch die Axpo AG, den größten Schweizer Produzenten von Strom aus Wasserkraft. In einem Interview mit der „Berner Zeitung" vom 7. Juni 2014 klagte Axpo-Verwaltungsratspräsident Robert Lombardini, dass man inzwischen wegen der Ertragsausfälle und der ungewissen Zukunft in der Zwickmühle stecke und Geld aktuell nur noch im Winter verdient werde. Wenn es keine Änderung gebe, so könne die Axpo bis zu einer Milliarde Franken verlieren. Die Situation sei alarmierend, weil in den nächsten drei bis fünf, wenn nicht gar zehn Jahren keine Änderung des Ist-Zustandes zu sehen sei. Er frage sich, wie es so weit habe kommen können, dass die Wasserkraft plötzlich nicht mehr rentabel sei.[60]

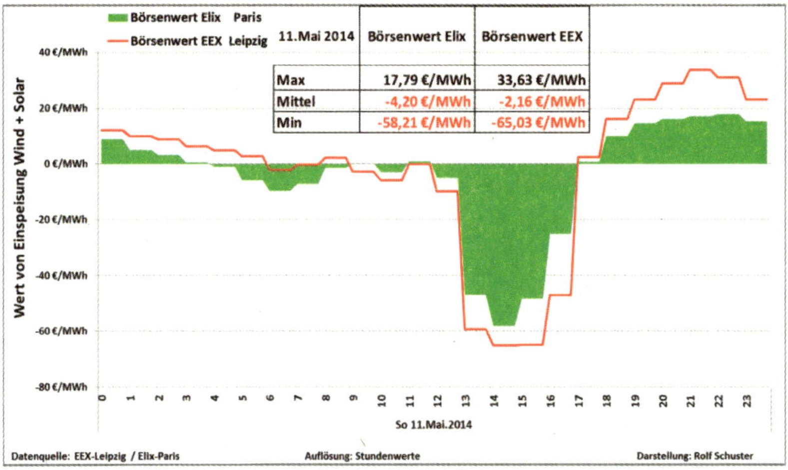

Abb. 54: Am 11. Mai 2014 wurde in Deutschland Strom wegen der chaotischen Überproduktion aus Wind- und Solaranlagen mit Geldgeschenken bis zu 65 Euro pro MWh in die in- und ausländischen Märkte gedrückt – das ist nichts anderes als frühkolonialistisches Dumping (Grafik: Rolf Schuster).

Im Sommer läuft das Wasser künftig ungenutzt ab

Im Sommer, so Lombardini, werde es angesichts der aus dem europäischen Ausland verfügbaren Strommengen bald so weit sein, dass man gezwungen sei, das Wasser ungenutzt neben den Turbinen vorbeizuleiten. Es mache keinen Sinn, sich aufgrund der dann am Markt geltenden Tiefstpreise noch finanziell dafür bestrafen zu lassen, dass man Energie ins Netz einleite.

Aus dem gleichen Grund wurde bei der Axpo auch die Investitionstätigkeit weitgehend eingestellt. Neue Anlagen sind kaum noch geplant, es wird nur noch da investiert, wo es unbedingt nötig ist. Wegen der Ertragsausfälle und der ungewissen Zukunft steckt das Unternehmen in einer Zwickmühle zwischen schlichter Aufrechterhaltung des Bestands und der eigentlich erforderlichen Erneuerung der Anlagen. Man könne im Prinzip nur noch versuchen, den vorhandenen Bestand an Wasserkraftwerken mit möglichst wenig Aufwand sicher am Netz zu halten. Wenig Freude dürfte

[60] Die Axpo fragt sich: Wie konnte es so weit kommen? Berner Zeitung, 7. 6. 2014, www.bernerzeitung.ch [Juni 2015].

dies bei der Schweizer Regierung hervorrufen, denn für deren ambitionierte Energiewendepläne – einschließlich eines massiven Ausbaus der Wasserkraft – bedeutet dies einen herben Rückschlag. Für die eigentlich dringlich erforderlichen Investitionen in Neuanlagen und größere Kapazitäten dürfte angesichts der desolaten Marktsituation schlicht kein Geld da sein.

Das Aus für „Europas Batterien"

Im gleichen Zusammenhang trifft es ausgerechnet auch Projekte, die aus Sicht der „Energiewende"-Strategen eigentlich von zentraler Bedeutung sind, nämlich die Alpen-Pumpspeicherkraftwerke, von manchen Politikern auch vollmundig als „Batterien Europas" angepriesen. Zu den Projekten, die nach Ansicht von R. Lombardini angesichts des aktuellen Marktumfeldes kaum noch Aussicht auf eine Realisierung haben, gehört auch die geplante Erweiterung des Pumpspeicherkraftwerks der Kraftwerke Linth-Limmern AG im Kanton Glarus. Damit würden volle 1.000 MW bereits geplante Pumpspeicherkapazität wegfallen.

Während eine erste Entlassungswelle 300 Mitarbeiter trifft…

In das Bild passt dann auch eine Meldung des Züricher Tages-Anzeigers vom 16. Juni 2014. Aufgrund der niedrigeren Großhandelspreise für Strom seien der Axpo die Ergebnisse gründlich verhagelt worden. Laut einer Medienmitteilung des Konzerns sei die Gesamtleistung (Umsatz) insgesamt um über 10 Prozent auf 3,57 Milliarden Franken gesunken. Beim Betriebsergebnis vor Steuern (EBIT) habe die Axpo im Vergleich zum letzten Geschäftsjahr ein Minus von rund 25 Prozent auf 545 Millionen Franken verzeichnet.[61]

Unter dem Strich blieben 502 Millionen Franken übrig, also rund 16 Prozent weniger als 2012/13. Alleine die in der ersten Hälfte des Geschäftsjahres 2013/2014 erforderliche Preissenkung für die Stromlieferungen an die Kantonswerke per 1. Januar habe das Ergebnis um rund 25 Millionen Fr. sinken lassen. „Wir sehen keinen Trend, dass die Strompreise sich erholen würden", so Axpo-Chef Andrew Walo in diesem Zusammenhang. Deshalb müsse man rechtzeitig Gegenmaßnahmen ergreifen, etwa durch Absenkung der laufenden Kosten. Erreicht werden solle dies durch den Abbau von 300 der insgesamt derzeit 4.460 Vollzeitstellen. Was die Entlassung von immerhin sieben Prozent der Belegschaft bedeutet.

Natürlich versucht man, diese Maßnahme durch zeitliche Streckung über drei Jahre und die Anwendung eines Sozialplans abzufedern. Dennoch bleibt die hässliche Tatsache bestehen: Die deutsche Energiewende kostet

[61] Axpo baut 300 Stellen ab, Tages-Anzeiger, 16. 6. 2014, www.tagesanzeiger.ch [September 2015].

in der Schweiz inzwischen Arbeitsplätze auch und gerade im Bereich der umweltfreundlichen, weil (angeblich) CO_2-vermeidenden Wasserkraft.

... setzen die Verursacher noch einen drauf

Angesichts der Härten, die für die betroffenen Mitarbeiter mit dem Verlust ihres Arbeitsplatzes verbunden sind, sollte die fast schon zynische Nonchalance, mit der die Schweizer Ableger der Verursacher dieser Misere gerade eine neue politische Initiative lancieren, den einen oder anderen nachdenklich stimmen: Am gleichen Tag, an dem die Meldung über den Arbeitsplatzverlust bei der Axpo publiziert wurde, erschien dort auch ein Bericht darüber, dass die Schweizer Solar-Lobby „Pro Solar" zusammen mit dem WWF Schweiz eine Abgabe auf den von ihnen so bezeichneten „Dreckstrom" aus Kohle-, Gas- und Kernkraftwerken durchsetzen wollen. Damit, so die Begründung, sollten angebliche „Marktverzerrungen" gemildert und der Umwelt geholfen werden, ohne die Haushalte und die Wirtschaft unnötig zu belasten.

Es gehe darum, die von der Allgemeinheit bezahlten externen Kosten der atomaren und fossilen Stromproduktion auszugleichen. Gleichzeitig führe dies zu einer „fairen Chance" für die erneuerbaren Energien. Dabei ist man nicht kleinlich und geht von einem Aufschlag von rund 10 Rappen pro kWh aus, was immerhin einen weiteren Kostensprung von rund 30 Prozent auf die Stromrechnung bedingen würde.[62]

Dieses Vorgehen kann man schon als dreist bezeichnen. Ähnlich wie in Deutschland hat die Schweizer EE-Lobby bereits vor einiger Zeit die sogenannte KEV-Abgabe durchgesetzt, welche den Betreibern von Wind- und Solaranlagen insgesamt schätzungsweise 10 Milliarden CHF auf Kosten des Stromverbrauchers in die Kassen spülen wird. Während Schweizer Stromerzeuger aufgrund des subventionierten Stroms aus Deutschlands EE-Kraftwerken um ihre Existenz kämpfen müssen, will man ihnen jetzt zusätzlich noch Strafabgaben aufbrummen.

Besonders verachtenswert ist hierbei die Rolle des WWF: Dass jede der von ihnen so heiß befürworteten Windenergieanlagen jedes Jahr unzählige Vögel und Fledermäuse erschlägt (Abb. 55), scheint für diese angeblichen Naturschützer überhaupt nicht ins Gewicht zu fallen.

[62] Vgl. Energiewende: Pro Solar und WWF fordern Dreckstrom-Abgabe, 14. 6. 2014, www.wwf.ch [Juni 2015].

Abb. 55: Traurige Überreste einer Storchenmutter, die von einem Windrad guillotiniert wurde (Foto: W.H.)

23] Strompreise – dank EEG hinauf zu den Sternen

Einer der beliebtesten und zugleich dümmsten Sprüche der Apostel der Energiewende ist der, dass Wind und Sonne keine Rechnung schicken würden. Angeblich, so versicherte der damalige grüne Bundesumweltminister Jürgen Trittin im Jahre 2004, sollte die Umstellung von 80 Prozent unserer Stromversorgung auf Wind, Sonne und Faulgase den Verbraucher monatlich nicht mehr kosten als den Gegenwert einer Kugel Eis. Inzwischen sind die realen Kosten jedoch so explodiert, dass seine Nachfolger fast schon verzweifelt nach einer Bremse suchen – und keine finden.

Vorab ist anzumerken, dass die heutige Energiepolitik sich nicht zufällig in die derzeit erkennbare Richtung entwickelt hat. Der seit Jahren zu beobachtende Anstieg der Strompreise ist nicht ein Ergebnis von höherer Gewalt, einer Verknappung von Ressourcen oder der Gesetze des Marktes, sondern eindeutig politisch gewollt. Erinnern wir uns an den damaligen Grünen-Chef Joschka Fischer, der seiner Partei vor vielen Jahren im Wahlkampf die Forderung „5 Mark für den Liter Benzin" vorgab. Beim Benzin haben sie es noch nicht ganz geschafft, aber man arbeitet daran. Doch neben dem Benzinpreis gibt es ja noch andere Energiepreise. Nachdem die Grünen 1998 in Deutschland an die Macht gekommen waren, brauchten sie nur zwei Jahre, um dem Strompreis mit Hilfe des EEG einen ordentlichen Trend nach oben zu verpassen (Abb. 56).

Dahinter steckt eine Ideologie, die vor allem vom sogenannten Club of Rome entwickelt wurde. Einer ihrer bekanntesten Vertreter ist der Physiker, Biologe und Umweltforscher Ernst Ulrich von Weizsäcker, Sohn des Kernphysikers und Philosophen Carl Friedrich von Weizsäcker und Neffe des ehemaligen deutschen Bundespräsidenten Richard von Weizsäcker. Auf den Punkt gebracht lautet das Credo: „Energie ist zu billig". Weizsäcker fordert daher, dass Energie stetig und sanft verteuert werden müsse.[63]

---

[63] Radio SRF 2 Kultur: Ernst Ulrich von Weizsäcker: „Energie ist zu billig", Freitag, 11. 3. 2011, 20:00 Uhr, www.srf.ch/sendungen/passage/ernst-ulrich-von-weizsaecker-energie-ist-zu-billig [Juni 2015].

Seine Ansichten haben Gewicht: Laut der gleichen Quelle gibt es kaum ein internationales Gremium, das sich mit Klimaforschung befasst, in dem sein Rat nicht schon gefragt war. Neben der Uno berät er auch die chinesische Regierung.

Heute spüren alle die Auswirkungen dieser Ideologie, der nicht nur die Energiepolitik der rot-grünen Bundesregierung, sondern auch die der nachfolgenden Merkel-Regierungen konsequent unterworfen wurde. Am generellen Aufwärtstrend bei den Kosten wird auch eine eventuelle kurzlebige „Delle" nichts ändern.

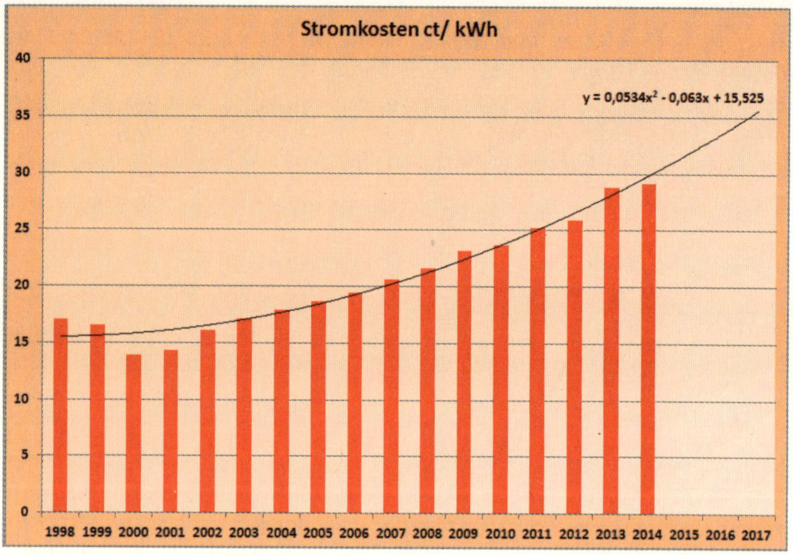

Abb. 56: In der Amtszeit der ersten rot-grünen Koalition begann die Umsetzung einer „Energie ist zu billig"-Ideologie durch Einführung des Erneuerbare-Energien-Gesetzes (EEG) (Daten: wikipedia)

EEG – Selbstbedienung auf Kosten des Bürgers

Ausgangspunkt sind zunächst einmal die tatsächlichen Gesamtkosten, die den Bürgern aufgrund von Zahlungen an die Betreiber von Anlagen entstehen, die nach dem EEG-Gesetz gefördert werden (Abb. 57). Diese sind für den Verbraucher viel wichtiger als die ursprünglich „klein" wirkenden Aufschläge, die er pro kWh auf seiner Stromrechnung erkennen kann. Diese tatsächlichen Gesamtzahlungen werden ihm letztlich nicht nur über seine direkte Stromrechnung, sondern auch über seine gesamten übrigen Lebenshaltungskosten weitergereicht. Von exportierten Gütern einmal abgesehen werden schließlich sämtliche Stromkosten, die Industrie, Handel, Handwerk und öffentliche Verwaltungen zu bezahlen haben, auf dem Umweg über entsprechend höhere Preise wieder bei Otto Normalverbraucher landen. Anders kann eine Volkswirtschaft nun einmal nicht funktionieren.

Die immer wieder erhobene Forderung, keine Ausnahmeregeln für energieintensive Industrien mehr zuzulassen, ist insofern ein reines Ablenkungsmanöver.

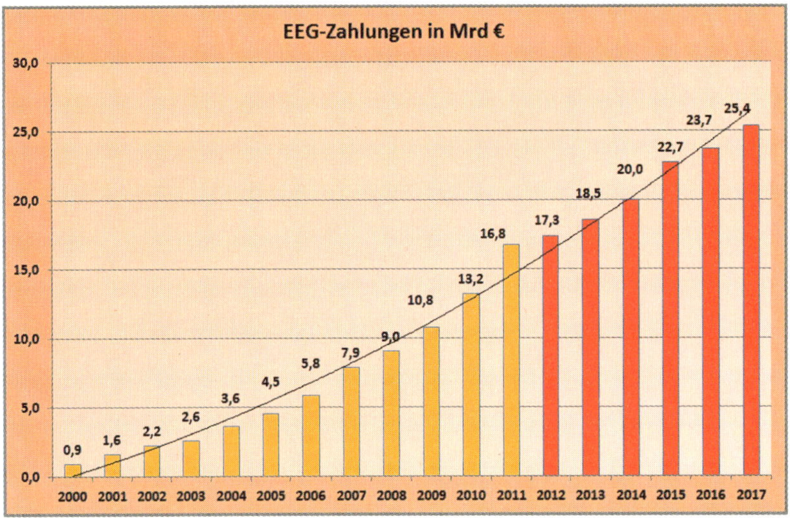

Abb. 57: An die Betreiber von EEG-Anlagen jährlich gezahlte Beträge in Milliarden Euro, ab 2012 Prognosen (Quellen: wikipedia, netztransparenz.de)

Zu finden sind diese Angaben übrigens auf der im Netz allgemein zugänglichen Informationsplattform der Übertragungsnetzbetreiber 50Hertz, Amprion, Tennet und TransnetBW, www.netztransparenz.de. Seit dem ersten Rumpfjahr 2000 sind diese Zahlungen von zunächst 883 Millionen Euro auf 16,8 Milliarden (!) Euro im Jahre 2011 angestiegen.[64]

Ein interessanter Nebenaspekt ist der deutliche Bruch des Trends zwischen den bis 2011 vorhandenen Ist-Zahlen und den ab 2012 verfügbaren

[64] Zwar wird bei diesen Zahlen oft geltend gemacht, dass hiervon noch die (deutlich niedrigeren) Erlöse für den an den Strombörsen erzielten Verkaufserlös für den Ökostrom abzuziehen seien, doch kann man dies bei den hier angestellten Überlegungen erst einmal unberücksichtigt lassen. Denn diesen Erlösen steht volkswirtschaftlich ein mindestens gleich großer Schaden gegenüber. Im Prinzip wird hier Strom, der wegen des bereits vollständig vorhandenen Kraftwerksparks gar nicht gebraucht würde, auf Kosten der anderen Produzenten vorrangig in den Markt gedrückt. Dadurch erleiden die Kraftwerksbetreiber entsprechende Verluste, welche die Allgemeinheit wiederum zu tragen hat.

Prognosedaten. Dies legt die Vermutung nahe, dass bei der Berechnung der Prognosen „ein wenig" geschönt wurde. Es wird interessant sein zu sehen, wie sich die Realitäten in den nächsten Jahren darstellen werden.

Wohin geht die Entwicklung?

Auch der mathematische Laie erkennt bei Abbildung 57 sofort, dass hier eine sich stetig beschleunigende Entwicklung vorliegt. Da beim EEG ausgabenseitig keine größeren Änderungen zu erwarten sind, ist für die nächsten Jahre daher eine recht zuverlässige Trendprognose möglich. Nach dem weitgehenden Scheitern der Kürzungsambitionen des bis 2012 zuständigen Ministers Röttgen sowie der „Kostenbrems"-Ambitionen seines Nachfolgers Altmaier hat es auch Bundeswirtschaftsminister Gabriel erwartungsgemäß nicht geschafft, der Gier der „Ökostrom"-Profiteure ernsthaft einen Riegel vorzuschieben.

Zur Zeit zeichnet sich lediglich eine leichte Verlangsamung ab, eine Trendwende ist jedoch nicht zu erkennen. Nach wie vor halten alle im Bundestag vertretenen bundesdeutschen Parteien an der Energiewende fest. Zudem haben SPD und Grüne – die „Paten" des EEG-Betrugs am Volk – derzeit vermutlich noch auf etliche Jahre hinaus eine solide Machtposition im Bundesrat.

Mit Hilfe von etwas Mathematik findet man schnell heraus, dass die bisherige Kostenkurve recht gut durch eine quadratische Gleichung beschrieben wird. Somit lässt sich die voraussichtliche Entwicklung für die nächsten fünf bis sechs Jahre leicht vorausberechnen. Für 2020 landet man dann schon bei um die 35 Milliarden Euro (Abb. 58).

Welches sind die tatsächlichen Kosten?

Dabei geben die bisher dargestellten Zahlen in Wirklichkeit nur einen Bruchteil dessen wieder, was im Gefolge der bisher geleisteten EEG-Zahlungen tatsächlich auf die Bevölkerung zukommt. Wie bei einem Eisberg, der zum größten Teil unter Wasser verborgen bleibt, zeigt Abbildung 57 nur, welche Zahlungen im betreffenden Jahr geflossen sind bzw. voraussichtlich fällig sein werden. Um die Gesamtbelastung zu erfassen, muss man sich in Erinnerung rufen, dass die Verpflichtung zur Zahlung von EEG-Vergütungen für eine anerkannte und produzierende Anlage laut Gesetz 20 Jahre lang Bestand hat. Allein schon die 883 Millionen Euro aus dem Jahr 2000 sind daher gleichbedeutend mit einer Gesamt-Zahlungsverpflichtung von 17,7 Milliarden Euro, die von der Allgemeinheit der Stromverbraucher noch bis zum Jahre 2020 aufzubringen sind. Diese Verpflichtungen sind seitdem Jahr um Jahr weiter angewachsen.

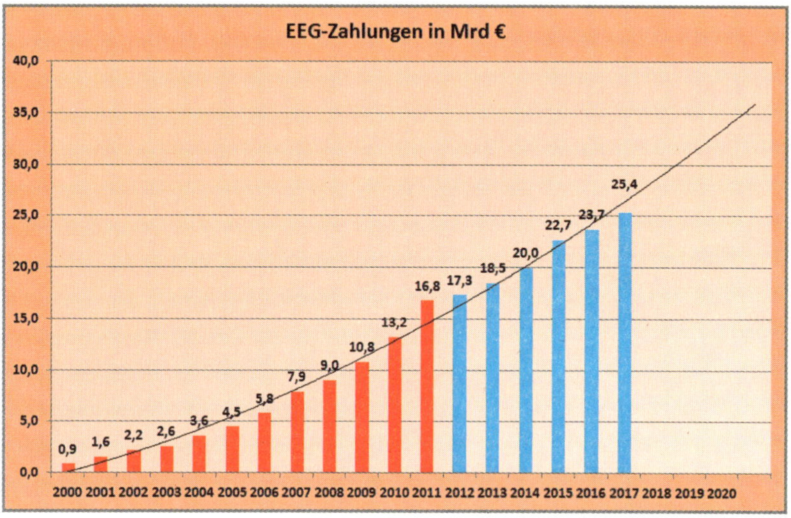

Abb. 58: Trendberechnung der jährlichen EEG-Vergütungen (einschließlich Stromerlöse) bis 2020 (ab 2012 Prognosen)

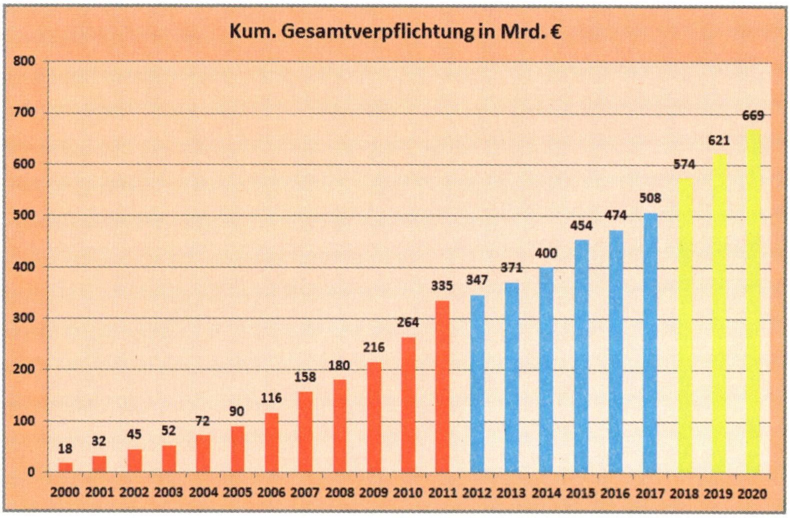

Abb. 59: Bisheriger Verlauf, Prognose (blau) sowie bis 2020 weitergeführte Trendberechnung (gelb) der kumulierten Gesamtverpflichtung in Mrd. Euro

Die entsprechenden Gesamtzahlen und ihre voraussichtliche weitere Entwicklung bis 2020 sind mit Hilfe eines Tabellenkalkulationsprogramms leicht auszurechnen (Abb. 59). Schon für 2013 liegt die Gesamtsumme aus bereits geleisteten Zahlungen und künftigen Zahlungsverpflichtungen bei kumulierten 400 Milliarden Euro, das ist deutlich mehr als der Bundeshaushalt 2014. Bis 2020 dürfte sie auf 669 Milliarden Euro anwachsen.

Was kommt auf den einzelnen Bürger zu?
Rechnet man die tatsächlichen Belastungen für den einzelnen Einwohner bzw. für den typischen Vier-Personen-Haushalt einmal aus, indem man die jährlichen Gesamtzahlungen durch die aktuelle Einwohnerzahl von etwa 81,9 Millionen teilt, so stellt man fest, dass der einzelne Bürger durch das EEG bereits heute wesentlich stärker belastet wird als laut Stromrechnung ausgewiesen (Abb. 60).

Das liegt daran, dass private Haushalte zwar nur rund ein Viertel des in Deutschland abgenommenen Stroms verbrauchen, aber dennoch die EEG-Umlagekosten für die übrigen drei Viertel des Stromverbrauchs aus den bereits genannten Gründen nahezu vollständig mit finanzieren müssen. Von lediglich 43 Euro pro Vier-Personen-Haushalt 2000 sind diese jährlichen Belastungen bis 2013 auf inzwischen fast 1.000 Euro gestiegen. Bis 2020 ist daher ein weiterer Anstieg auf 1.635 Euro vorprogrammiert.

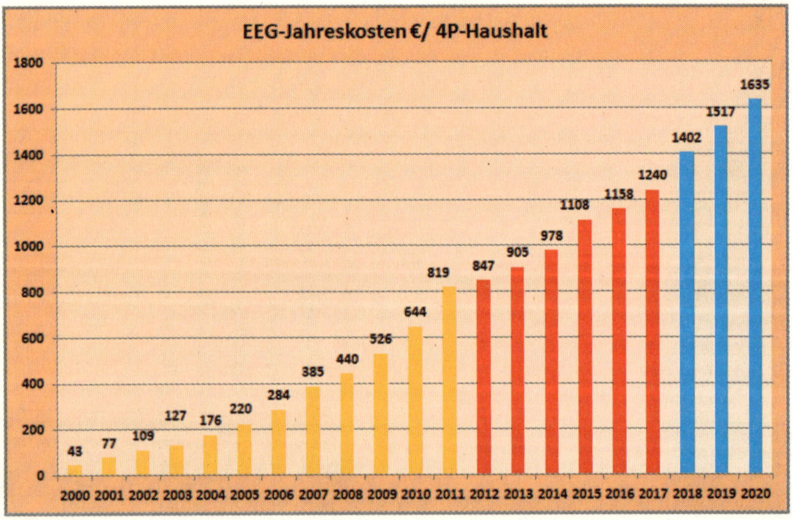

Abb. 60: Jährliche EEG-Belastungen für einen vier-Personen-Haushalt, bis 2017 Prognose (rot) sowie bis 2020 weitergeführte Trendberechnung (blau)

Die wahren Kosten

Die tatsächliche Größenordnung der dem Bürger mit dem EEG zugemuteten Kosten zeigt sich erst dann, wenn man nicht nur die jährlichen Kosten, sondern auch die Gesamtbelastung aufgrund der 20jährigen weiteren Zahlungsverpflichtung für den Vier-Personen-Haushalt aufsummiert. Diese zukünftigen Verpflichtungen gelten selbst dann, wenn man den weiteren Ausbau von EEG-Anlagen mit sofortiger Wirkung stoppen würde. Das gilt für jeden Bürger, vom Säugling über den Azubi und den Berufstätigen bis zum Rentner oder Hartz-IV-Empfänger. Bereits für das Jahr 2013 belief sich die Gesamtbelastung aus bereits gezahlten und noch geschuldeten Beträgen, die der übliche Vier-Personen-Arbeitnehmerhaushalt letztlich zu schultern hatte, auf insgesamt 18.000 Euro (Abb. 61).

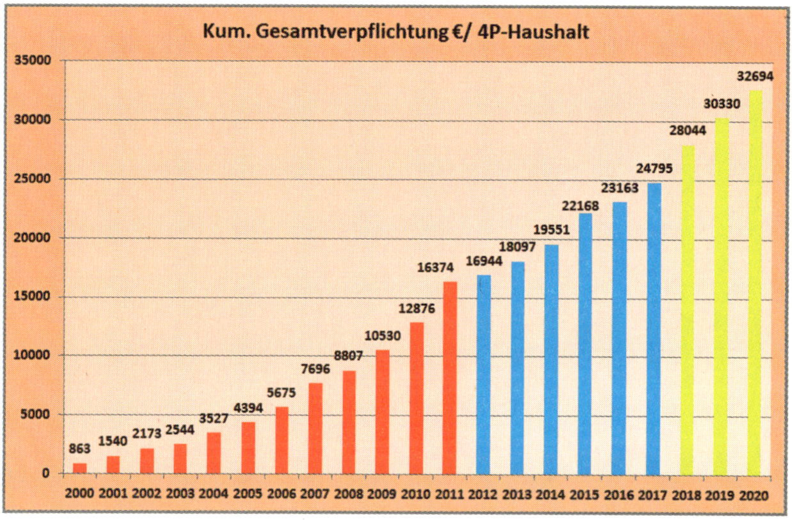

Abb. 61: Bisheriger Verlauf, Prognose (blau) sowie bis 2020 weitergeführte Trendberechnung (gelb) der kumulierten Gesamtbelastung für einen Vier-Personen-Haushalt

Bei unveränderter Weiterführung der aktuellen Energiewendepolitik wird sich dies bis zum Jahr 2020 auf mehr als 32.000 Euro erhöhen. Wobei auch diese Zahlen noch unvollständig sind: Sie berücksichtigen weder Steuern noch Netzentgelte noch weitere Zusatzkosten wie den Ausbau von Netzen, den vermehrten Bezug von Regelenergie oder die vorgesehenen Prämien für den Weiterbetrieb unrentabel gewordener Kraftwerke, die als systemrelevant eingestuft werden. Demnach bleibt festzuhalten, dass Wind und

Sonne zwar keine Rechnung schicken, sehr wohl aber die Betreiber von EEG-Anlagen, denen per Gesetz nahezu risikolose Erträge auf 20 Jahre garantiert werden.

Als einziger Trost bleibt dem Bürger, der von allen im Bundestag vertretenen Parteien gemeinschaftlich dieser „alternativlosen" Schröpfkur ausgeliefert wird, die alte Weisheit, dass der Krug stets nur so lange zum Brunnen geht, bis er bricht. Wirtschaftsfachleute dürften keine Probleme haben, in der skizzierten Entwicklung die deutlichen Anzeichen einer Blase zu erkennen, die früher oder später platzen muss...

Das Gerede vom Rückgang der Strompreise

Zum Jahreswechsel 2014/15 wurde von interessierter Seite lautstark verkündet, der EEG-Zuschlag und damit die Stromkosten würden im kommenden Jahr erstmalig sinken. Grund sei ein erheblicher Überschuss auf dem sogenannten EEG-Umlagekonto zum Stichmonat Oktober, an dem die Zulage für das kommende Jahr festgelegt wird. Eine genauere Betrachtung zeigt jedoch, dass es sich hier vermutlich um einen einmaligen Sondereffekt handelt, nichts weiter als eine Delle in der ansonsten weiter ansteigenden Kostenkurve. Die Gründe hierfür sind leicht einzusehen.

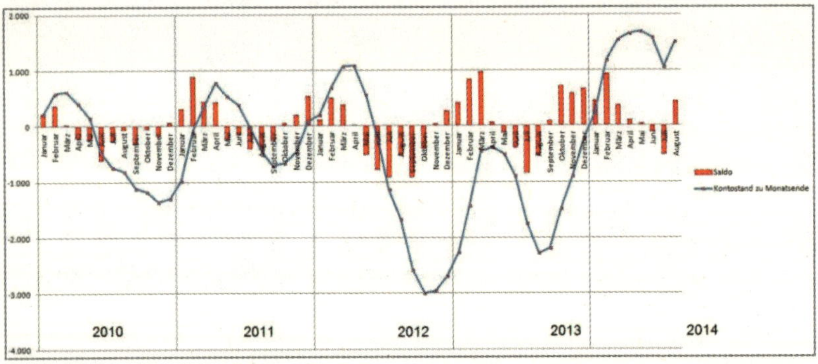

Abb. 62: Das EEG-Umlagekonto wies schon immer Schwankungen auf (Grafik: R. Kipp)

Rudolf Kipp beschäftigte sich auf dem Science-Skeptical-Blog ausführlich mit diesem scheinbaren Bruch des bisherigen Aufwärtstrends und stellte einige interessante Zusammenhänge heraus. Wie Abbildung 62 zeigt, wies das EEG-Umlagekonto schon immer mehr oder weniger starke Schwankungen auf, so dass es in den Folgejahren mal zu stärkeren, mal zu schwächeren Erhöhungen der EEG-Umlage kam. Nachdem die Erhöhung von

2013 auf 2014 besonders kräftig ausgefallen war, landete das Konto per Oktober ausnahmsweise im Plus. Also keine Trendumkehr, sondern wohl eher ein „Ausreißer“.[65]

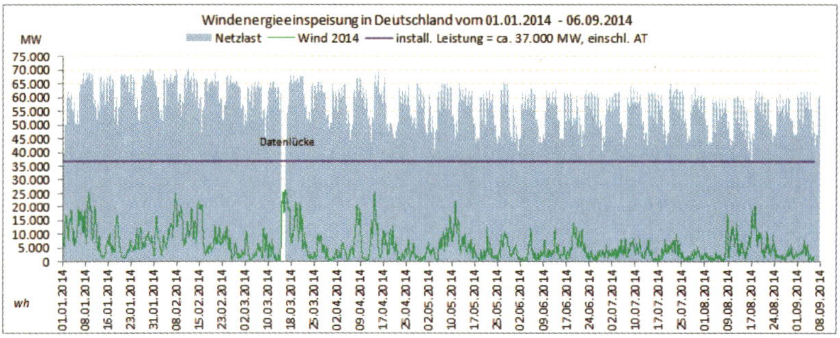

Abb. 63: Windenergieeinspeisung vom 1. 1. bis 6. 9. 2014 (Grafik: W. Heck)

Fast zeitgleich wies Wilfried Heck in seinem Blog nach, dass das Jahr 2014 bis zum Stichtag 6. September zumindest für Windmüller geradezu katastrophal schlecht verlaufen war.[66] Bei einer installierten Windleistung von rund 37.000 MW (Deutschland und Österreich) speisten die Anlagen im Zeitraum vom 1. Januar 2014 bis 6. September 2014 nur mit einer mittleren Leistung von 5.848 MW ins Netz ein (Abb. 63). Das entspricht einem Nutzungsgrad von mickrigen 15,8 Prozent. Dementsprechend geringer waren natürlich die Zahlungen, die aus dem Umlagekonto abgerufen wurden.

Außerdem fielen im Jahr 2014 die kumulierten Jahres-Zubauraten für Wind- und Solarstrom auf ein seit Jahren nicht dagewesenes Tief (Abb. 64).[67] Zwar stieg die auf das Gesamtjahr bezogene Rate bei Wind im Vergleich zum Jahr 2013 um 992 MW bzw. 41 Prozent an. Dafür fiel der Rückgang bei Fotovoltaik mit 4.239 MW bzw. 64 Prozent umso kräftiger aus. Insgesamt sank der Jahres-Zubau bei diesen beiden Technologien somit um 3.247 MW oder 36 Prozent. Grund waren vermutlich die länger anhaltenden Querelen um die Neufassung des EEG, was anscheinend dazu führte, dass sich viele Investoren zurückhielten. Auch das bewirkte geringere Ab-

---

[65] Rudolf Kipp: Geht beim „Milliarden-Überschuss beim Ökostrom“ alles mit rechten Dingen zu? Science-Skeptical Blog, 5. 9. 2014, www.science-skeptical.de [Juni 2015].

[66] Vgl. Wilfried Heck: Blog-Eintrag vom 8. 9. 2014, http://nature2010.tripod.com/wkr216.htm [16. 9. 2015].

[67] Solche Zahlenangaben können sich immer mal wieder verschieben. So findet sich auf der EEX-Webseite www.transparency.eex.com/de folgender Hinweis: „Eine Aktualisierung dieser Angaben erfolgt durch die Übertragungsnetzbetreiber in der Regel unterjährig, wenn ihnen geänderte Informationen vorliegen. Für alle Energieträger wird dabei eine Aktualisierung mindestens am 15. November eines jeden Jahres vorgenommen sowie für Wind- und Solarenergie zusätzlich auch am 15. Mai. Für Deutschland und Österreich enthält diese Veröffentlichung über die gesetzliche Veröffentlichungspflicht hinausgehend Erzeugungsanlagen <1 MW.“

rufe aus dem Umlagekonto als prognostiziert. Zudem gibt es im Diskussionsbereich zum Artikel von Rudolf Kipp Hinweise auf abrechnungstechnische Tricks, etwa durch Verschiebung von Abrechnungszeiträumen.

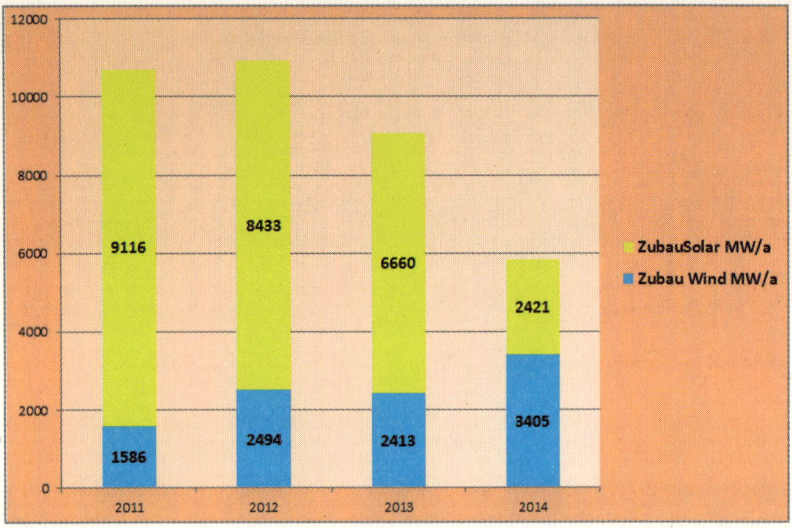

Abb. 64: Im Vergleich zu den Vorjahren sind die jährlichen Gesamt-Zubauraten für Wind und Solar in den ersten acht Monaten des Jahres 2014 regelrecht eingebrochen (Daten: www.transparency.eex.com/de).

Nicht zu vergessen sind außerdem die immer zahlreicheren Kosten, die nicht über den EEG-Zuschlag, sondern über die Netzgebühren abgerechnet werden und damit für den Normalbürger gar nicht „sichtbar" sind. Dazu gehören die immer weiter steigenden Aufwendungen für Regelenergie, die Kosten für überflüssige Leitungsprojekte wie SüdLink oder die Anschlusskosten für Windparks in der Nordsee. Solange weiter in teils gigantische Windparks investiert wird, ist kaum davon auszugehen, dass die Strompreise in den nächsten Jahren zurückgehen werden. Viel eher ist ein weiterer Anstieg zu erwarten.

24] Klimarettung? Energiewende als Etikettenschwindel

Im Bereich der Energieversorgung hat sich Deutschland mit großer Begeisterung Ziele gesteckt, deren Erreichbarkeit bei nüchterner Betrachtung eher in Zweifel zu ziehen sein dürften. Zeitgleich mit dem Kampf gegen das als Klimakiller angeprangerte CO_2 will man auch der Kernenergie entsagen. Betrachtet man die aktuelle Entwicklung, so stellt man allerdings fest, dass die bisherigen Energiewendemaßnahmen keine CO_2-Minderung bewirken. Trotz astronomischer Ausgaben ist selbst in zehn Jahren nicht mit einer spürbaren Senkung der CO_2-Emissionen zu rechnen. Auf der Habenseite hat Deutschland dafür lediglich einige neue Öko-Oligarchen aufzuweisen.

Unter dem Vorwand, den Klimawandel bekämpfen zu wollen, will Deutschland seine CO_2-Emissionen bei der Stromerzeugung senken. Entscheidendes Instrument hierfür ist das von der damals regierenden rot-grünen Koalition im Jahr 2000 eingeführte und seither ideenreich weiterentwickelte Erneuerbare-Energien-Gesetz (EEG). Dieses soll den Durchbruch zur Umstellung der landesweiten Stromerzeugung auf vorgeblich CO_2-freie erneuerbare Energien bringen. Mit Hilfe einer zwanzigjährigen Abnahmegarantie werden privaten Geldgebern Anreize geboten, ihr Kapital in normalerweise unrentable Technologien zu investieren, die Strom aus Wind oder Fotovoltaik oder durch das Verbrennen von Lebensmitteln („Biomasse") erzeugen. Die entsprechenden Aufwendungen sind Jahr um Jahr von ursprünglich zunächst 883 Millionen Euro auf (prognostizierte) 20 Milliarden Euro im Jahre 2014 angestiegen (Vgl. Abb. 58).

Ein Berg hat gekreißt...

Fragt man nach dem Erfolg, so sehen die präsentierten Zahlen rein äußerlich betrachtet zunächst beeindruckend aus. Beim Anstieg des Stromanteils aus „CO_2-freien" erneuerbaren Technologien wurden erhebliche Fortschritte erzielt (Abb. 65).[68] Dank gigantischer Investitionen stieg der Prozentuale Anteil des Stroms aus Wind, Sonne und der Vernichtung von Lebensmitteln an der Gesamterzeugung seit dem Jahr 2000 von etwa 1,2 Prozent bis 2013 auf 20 Prozent. Nicht einbezogen in diese Zahlen ist derjenige Anteil der Wasserkraft, der nicht per EEG gefördert wird. Aus dem gleichen Grund blieb auch der Anteil des Stroms aus der Müllverbrennung unberücksichtigt. Einerseits ist dieser Anteil mit etwa 0,8 Prozent vernachlässigbar gering, zudem enthält Müll viele Kunststoffe sowie andere Bestandteile, die nicht als „erneuerbar" einzustufen sind. Bei der hier präsentierten Betrachtung zählt nur das, wo EEG draufsteht.

Als Fazit bleibt demnach, dass bis 2013 mehr als 370 Milliarden Euro aufgewendet wurden, um 18,8 Prozent der deutschen Stromerzeugung auf die drei dominierenden EEG-Technologien umzustellen. Diese 18,8 Prozent ergeben sich, wenn man von den 2013 erreichten 20 Prozent die 1,2 Prozent Strom aus „Ökostrom"-Anlagen abzieht, die bereits vor dem Jahr 2000 (also vor Einführung des EEG) am Netz waren.

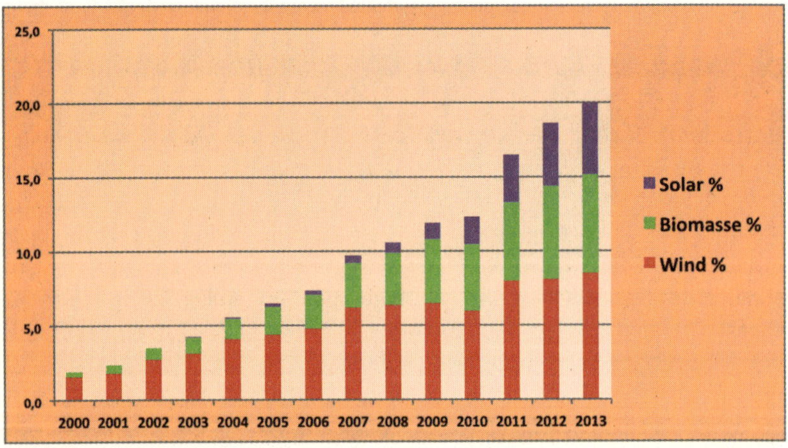

Abb. 65: Der Prozentuale Anteil des Stroms aus Wind, Sonne und Lebensmitteln an der Gesamterzeugung erreichte 2013 20 Prozent

Daraus lässt sich unter Berücksichtigung der Zahlen aus Kapitel 13 leicht errechnen, dass uns die Energiewende bis zu dem angestrebten Endstand von 77 Prozent (80 Prozent minus 3 Prozent Wasserkraft) insgesamt rund 1.835 Milliarden Euro kosten dürfte. Hinzu kommen noch erhebliche Auf-

[68] AGEB (Hg.): Auswertungstabellen zur Energiebilanz für die Bundesrepublik 1999 bis 2014, http://www.ag-energiebilanzen.de/10-0-Auswertungstabellen.html [Juni 2015].

wendungen für Netzausbau, Stromspeicherung sowie sonstige Maßnahmen. Alles in allem also ein ganz schöner Berg Geld.

Doch wo ist die Maus?

Erinnern wir uns: All diese gegenüber dem Bürger als Maßnahmen gegen die globale Erwärmung deklarierten Aufwendungen sollten letztlich dem Zweck dienen, das Klima vor dem „Killer" CO_2 zu retten. Das ist nach wie vor das entscheidende Argument für das Jahrhundertprojekt „Energiewende", mit dem eines der bisher weltweit besten Stromversorgungssysteme komplett umgekrempelt wird. Daher macht es Sinn nachzuprüfen, welche Auswirkungen das alles denn auf die Stromerzeugung aus fossilen Energiequellen wie Kohle und Erdgas und die entsprechenden CO_2-Emissionen gehabt hat.

Eine Aufstellung der entsprechenden Erzeugung in den Jahren seit der Einführung des EEG zeigt die Abbildung 66. Schon auf den ersten Blick zeigt sich, dass die Menge des aus fossilen Brennstoffen erzeugten Stroms seit Einführung des EEG nicht abgenommen hat. Zwar gab es aufgrund der weltweiten Finanz- und Wirtschaftskrise im Jahr 2009 eine kleine Delle. Ansonsten ist das Niveau jedoch zwischen 2000 und 2012 weitgehend unverändert geblieben.

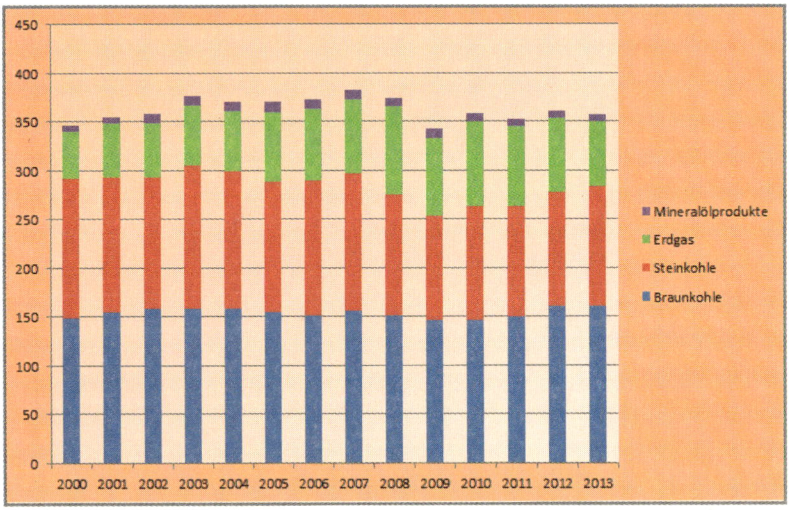

Abb. 66: Die Menge des aus fossilen Brennstoffen erzeugten Stroms (Angaben in TWh) hat seit Einführung des EEG nicht abgenommen.

Keinerlei CO_2-Einsparung...
An diesem Bild ändert sich auch dann nichts, wenn man statt der Stromerzeugung das bei der Herstellung ausgestoßene CO_2 betrachtet (Abb. 67). Dieser Ansatz ist sinnvoll, weil die verschiedenen Brennstoffe und Kraftwerkstechnologien diesbezüglich unterschiedliche Kennwerte haben. So verursacht die Herstellung einer Kilowattstunde aus Gas deutlich geringere CO_2-Emissionen als bei Verwendung von Kohle. Diese Berechnung lässt sich mit Hilfe entsprechender Kennwerte relativ leicht durchführen.[69]

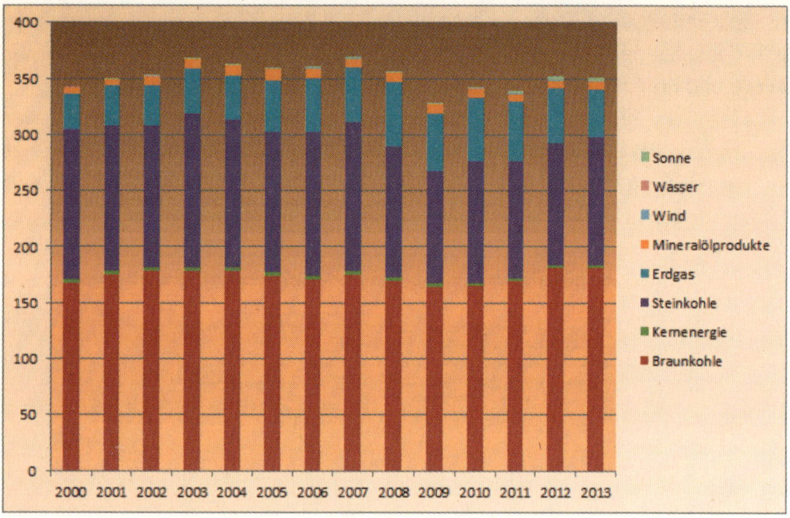

Abb. 67: Auch die jährlichen CO_2-Emissionen (in Millionen t CO_2) sind trotz der gestiegenen Anteile von Strom aus Sonne, Wind und Biomasse seit dem Jahr 2000 faktisch unverändert geblieben.

Auch nach der so erfolgten Umrechnung auf CO_2-Emissionen zeigt sich, dass diese trotz der gestiegenen Anteile von Strom aus Sonne, Wind und Biomasse in den letzten 12 Jahren faktisch unverändert geblieben sind: Waren es im Jahre 2000 342 Millionen Tonnen CO_2, die aus deutschen Kraftwerken gen Himmel stiegen, so lag dieser Wert im Jahr 2012 bei 349 Millionen Tonnen. Bei dieser Berechnung wurden alle Kraftwerkstypen mit Ausnahme von Biomasse und Hausmüll berücksichtigt. Die Ausnahme bei der Biomasse wurde gemacht, weil diese als mehr oder weniger CO_2-neutral einzustufen ist, während der kleine Anteil des Hausmülls auch hier

[69] Helmut Alt (FH Aachen): CO_2-Emissionen von Stromerzeugungsanlagen im Lebenszyklus, www.buerger-fuer-technik.de/CO2_Emissionen_im_Lebenszyklus.pdf [nur noch über https://web.archive.org/ abrufbar].

als vernachlässigbar angesehen werden kann. Bei den Berechnungen wurden übrigens die „versteckten" CO_2-Emissionen sowohl der Kernkraft als auch – der Fairness halber – des Wassers sowie der Wind- und Sonnenenergie berücksichtigt.

Wie man sieht, ist es trotz der enormen Investitionen in EEG-Anlagen in 12 Jahren nicht gelungen, auch nur eine Tonne CO_2 einzusparen. Hauptgrund hierfür ist der in Deutschland betriebene „Kannibalismus" der CO_2-armen Technologien untereinander: Die „Erneuerbaren" haben nicht etwa Kohle, Gas und Öl verdrängt, sondern hauptsächlich Kernkraft. Deren Beitrag zur Stromerzeugung sank von rund 169,6 TWh im Jahre 2000 aufgrund der Abschaltung von Kernkraftwerken auf nur noch 97,3 TWh im Jahr 2013.

Auch nicht in den nächsten 10 Jahren

Die schlechte Nachricht aus Sicht der CO_2-Reduzierung ist hierbei: An dieser Situation wird sich in den nächsten 10 Jahren selbst dann nichts ändern, wenn das derzeitige Ausbautempo der „Erneuerbaren" unverändert beibehalten wird. Eine nennenswerte Steigerung der „Erneuerbaren" ist nur noch bei Wind- und Solarstrom möglich. Bei der Wasserkraft sind kaum noch gute Standorte verfügbar, und bei Biomasse sind enge Grenzen des Wachstums zu erwarten.

Solange jedes Jahr Millionen Menschen verhungern, sind weder das Verbrennen von Lebensmitteln noch die Umnutzung von Agrarflächen von der Lebensmittel- auf die Energiepflanzenproduktion ethisch vertretbar. Es gibt sogar Stimmen, die das als Verbrechen gegen die Menschlichkeit einstufen. Zudem ist die verfügbare Agrarfläche begrenzt.

Sobald die derzeit zum Teil noch bis 2022 laufenden Kernkraftwerke abgeschaltet werden, muss deren Produktion von derzeit 97,3 TWh demnach fast vollständig durch Wind- und Sonnenkraft ersetzt werden. Da die bisher installierten Wind- und Solaranlagen im Jahr 2013 zusammen 84,4 TWh elektrischer Energie geliefert haben, müsste man deren Kapazität nochmals um rund 115 Prozent aufstocken, um auch nur den künftig wegbrechenden Anteil an Kernkraftstrom zu ersetzen.

Zu den bisherigen Kosten kämen demnach nochmals geschätzte mehr als 400 Milliarden Euro hinzu, ohne dass auch nur ein einziges fossiles Kraftwerk überflüssig gemacht worden wäre. Am Rande sei hierbei bemerkt, dass insbesondere die Fotovoltaik bezüglich versteckter CO_2-Emissionen rund fünfmal „schmutziger" ist als die Kernkraft.

Immense Kosten ohne die geringste CO_2-Reduzierung

Zieht man daher nach Einführung des EEG-Gesetzes im Jahre 2000 eine vorläufige Bilanz, so stellt man fest, dass die Politik mit gezinkten Karten gespielt hat. In Wirklichkeit ist weit und breit kein „Klimaschutz" zu erkennen. Bis 2022 wird man der deutschen Bevölkerung Kosten von fast 1.000 Milliarden Euro aufgebürdet haben, ohne dass bei der Stromerzeugung CO_2 eingespart würde. Stattdessen dient der ganze ungeheuerliche Aufwand nahezu ausschließlich dazu, die Kernenergie abzuschaffen.[70]

Angesichts der Enormität der Summen kann man sicherlich vom teuersten Etikettenschwindel aller Zeiten sprechen. Auf EEG und Energiewende steht außen zwar „Klimarettung", im Inneren befindet sich aber zu 100 Prozent lediglich das Produkt „KKW-Killer". Nur für diesen Zweck wird jeder Bundesbürger bis 2020 mit mehr als 8.000 Euro belastet, für den Vier-Personen-Arbeitnehmerhaushalt kommen damit mehr als 32.000 Euro zusammen. Doch trotz nicht existenter Klimarettung kann sich der Bürger trösten, denn ein guter Zweck wurde auf jeden Fall erreicht: Deutschlands neue Öko-Oligarchen können ihren Hobbies wie dem Sammeln von Schlössern weiter unbeschwert nachgehen.[71]

---

[70] Vgl. dazu meinen Beitrag „Alptraum „kostenlose" Energie – dank EEG ist der Strompreis auf dem Weg zu den Sternen" auf dem Science-Skeprical-Blog, 24. 4. 2013, www.science-skeptical.de/ [Juni 2015].

[71] Luxus-Immobilie am Rhein: Solarworld-Chef kauft Gottschalks Schloss, 28. 1. 2013, www.manager-magazin.de/lifestyle/leute/0,2828,880035,00.html [September 2013].

25] Deutschland droht die Stromlücke

Während der Ausbau der sogenannten Erneuerbaren Energien beschleunigt vorangetrieben wird, kämpfen die Betreiber fossiler Kraftwerke um ihre Existenz, weil subventionierter Strom aus Wind- und Solarkraftwerken die Börsenpreise immer weiter unter ihre Rentabilitätsgrenze drückt. Deshalb planen die Kraftwerksbetreiber die Stilllegung erheblicher Kapazitäten im Bereich fossiler Kraftwerke. Da parallel hierzu auch Kernkraftwerke vom Netz gehen sollen, droht Deutschland spätestens ab 2020 eine Stromlücke. Besonders kritisch ist die Lage in Süddeutschland, wo ein erheblicher Teil der bisherigen Erzeugungskapazität zur Stilllegung ansteht.

Bei Fortführung der derzeitigen Planung der Energiewende könnte es dazu kommen, dass die sogenannte Jahreshöchstlast ab 2020 nicht mehr mit ausreichender Sicherheit abgedeckt werden kann. Anders ausgedrückt: Die 85.000 MW an sicher verfügbarer Kraftwerksleistung, die zur störungsfreien Aufrechterhaltung der Versorgung auch bei Eintreten der Jahreshöchstlast zur Verfügung stehen müssen, können nicht mehr gewährleistet werden. Die Jahreshöchstlast von 80.000 MW kann dann benötigt werden, wenn beispielsweise an kalten Wintertagen hoher Heizbedarf bei gleichzeitig voll laufender Industrieproduktion auftritt. Einer Studie der Prognos AG aus dem Jahre 2012 zufolge dürfte die sich ab 2020 abzeichnende Deckungslücke nach dem Abschalten der letzten Kernkraftwerke rasch anwachsen und bis 2050 rund 32.000 MW bzw. 38 Prozent des Maximalbedarfs erreichen (Abb. 68).[72]

Grundlage dieser Studie ist eine Analyse des Betriebsalters des am Netz befindlichen Kraftwerksparks, wobei für Kohlekraftwerke eine Gesamtlebensdauer von 45 Betriebsjahren und bei Gas- sowie Ölkraftwerken eine solche von 40 Jahren zugrunde gelegt wurden. Auch die heute noch aktiven Kernkraftwerke dürften planmäßig bis Ende 2022 vom Netz genommen werden. Angenommen wurde zudem, dass der Stromverbrauch bis 2050 auf 555 TWh zurückgehen wird.

[72] Jens Hobohm, Eva-Maria Klotz, Frank Peter, Marco Wünsch: Endbericht „Bedeutung der thermischen Kraftwerke für die Energiewende", Berlin, 07. November 2012, www.prognos.com [Juni 2015].

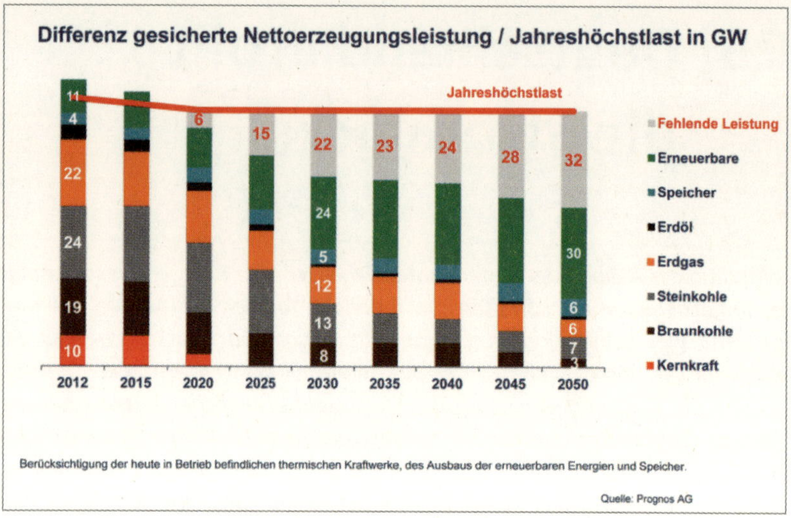

Abb. 68: Ab etwa 2018 wird sich die Deckungslücke bezüglich der sicher verfügbaren Kraftwerksleistung in Deutschland immer stärker erweitern. Für 2050 ist eine Unterdeckung von 32.000 MW bzw. 38 Prozent zu erwarten.[73]

Diese Hypothese wird von Fachleuten jedoch als sehr optimistisch bewertet. Geht man stattdessen von dem in Kapitel 13 angenommenen Jahresbedarf 2050 von 739 TWh aus, so würde die Deckungslücke mit 42.600 MW sogar noch wesentlich größer ausfallen. Auch die Annahme, dass „Erneuerbare" im Jahr 2050 volle 30.000 MW an gesicherter (!) Nettoerzeugungsleistung stellen könnten, darf angesichts der in Kapitel 8 dargelegten Fakten als zumindest „sehr optimistisch" bezeichnet werden. Stattdessen dürften im Prinzip nur rund 14.000 MW an Wasserkraft als sicher verfügbar einzustufen sein. Unter diesen Voraussetzungen betrüge die bis 2050 zu erwartende Deckungslücke in Wahrheit 56.600 MW.

Bei „Erneuerbaren" entsteht eine Kapazitätsblase...

Während sich bei der Verfügbarkeit konventioneller Kraftwerke demnach ein empfindliches Defizit ankündigt, wächst die nominelle Leistung der insgesamt in Deutschland installierten Kraftwerke seit Jahren erheblich schneller als der Stromverbrauch. Während die Bruttostromerzeugung nach Meinung zahlreicher Auftragsprognostiker nur vergleichsweise langsam ansteigen dürfte, wird die Leistung aller installierten Anlagen zur Stromerzeugung trotz der Schließung zahlreicher Kernkraftwerke im gleichen Zeit-

[73] Grafik: ebd.

raum um etwa 90 Prozent zunehmen. Diese weit überproportionale Steigerung der Erzeugungskapazität ist nahezu ausschließlich auf das Anwachsen der Kapazitäten der „erneuerbaren“ Energiequellen zurückzuführen. Aufgrund der geringen Nutzungsgrade und der Wetterabhängigkeit insbesondere von Wind- und Solarstrom entsteht so eine „Kapazitätsblase“, die aufgrund des minimalen Leistungskredits jedoch keinen nennenswerten Beitrag zur Versorgungssicherheit leistet.

Keine Hilfe aus dem Ausland

Dass die nach Stilllegung der letzten Kernkraftwerke fehlenden Strommengen beispielsweise durch Bezug aus den Nachbarländern beschafft werden könnten, ist eher zweifelhaft. Genau dann, wenn Strom bei uns knapp wird, brauchen ihn auch die Nachbarn selbst (Abb. 69). Und angesichts der Tatsache, dass die sinkenden Börsenstrompreise in Deutschland auch den Nachbarn das Geschäft mit Strom zunehmend verhageln, ist auch dort kaum mit entsprechender Investitionstätigkeit zu rechnen.

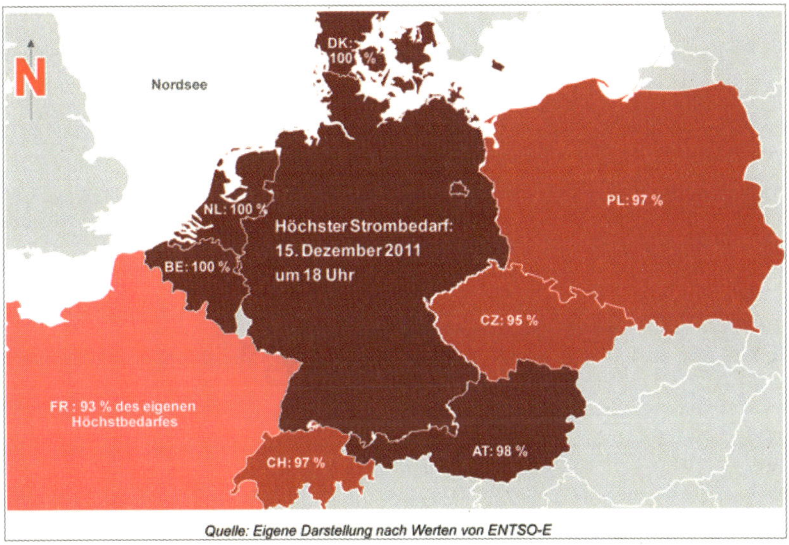

Abb. 69: Höchstlastsituation am 15. Dezember 2011 um 18 Uhr: Nicht nur in Deutschland, auch in allen Nachbarländern liefen die Kraftwerke zeitgleich nahezu auf Vollleistung (Grafik: Prognos[74]).

[74] ebd.

Investitionen in neue Kraftwerke?

Der durch das Erneuerbare-Energie-Gesetz ausgelöste Einbruch der Preise an den Strombörsen verhindert Neuinvestitionen in fossile Kraftwerke. Grund ist der Einspeisevorrang für den durch das EEG subventionierten Strom. Die Netzbetreiber sind gesetzlich verpflichtet, diesen Strom vorrangig abzunehmen und müssen die Betreiber konventioneller Kraftwerke anweisen, ihre Anlagen entsprechend zu drosseln. Da die durch das EEG privilegierten Betreiber ihre Kosten so oder so erstattet bekommen, können sie ihren Strom zu faktisch jedem Preis anbieten. Dies hat den Börsenpreis inzwischen auf knapp über 30 Euro/MWh gedrückt. Der Vergleich mit den Vollkosten des Betriebs von Steinkohlekraftwerken zeigt, dass sich deren Betrieb nicht mehr rechnet (Abb. 70). Damit dürfte kaum noch ein Unternehmen bereit sein, entsprechende Investitionen zu tätigen.

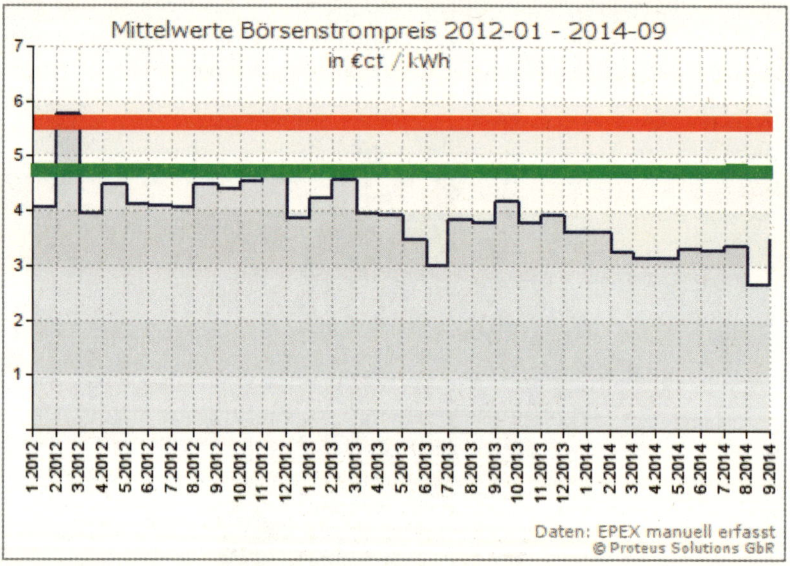

Abb. 70: Verlauf des Börsenstrompreises seit 2012 sowie Vollkosten der Stromerzeugung aus abgeschriebenen (grün) bzw. neu errichteten (rot) Steinkohlekraftwerken (Grafik: Proteus[75])

[75] Vgl. https://www.proteus-solutions.de/~Photovoltaik/Strompreis:tM.F06!sM.EX1.asp [Juni 2015].

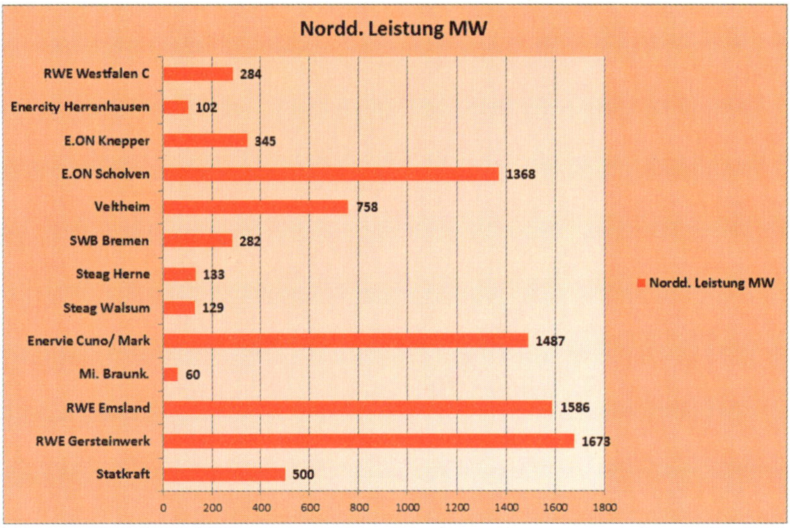

Abb. 71: In Norddeutschland sind mit Stand vom 18. August 2014 insgesamt rund 8.700 MW konventioneller Kraftwerkskapazität zur Stilllegung angemeldet (Daten: Bundesnetzagentur[76])

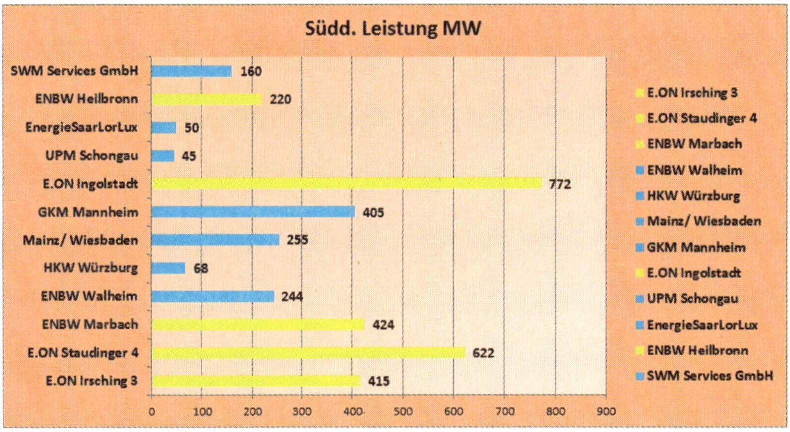

Abb. 72: In Süddeutschland wurden Kraftwerke mit einer Gesamtleistung von 3.680 MW zur Stilllegung angemeldet. Davon hat die Bundesnetzagentur 2.650 MW als systemrelevant eingestuft (Daten: Bundesnetzagentur)

[76] Kraftwerksstilllegungsanzeigenliste der Bundesnetzagentur, Stand vom 18. 8. 2014.

Als Folge hiervon werden kaum noch Investitionen in den Bau neuer fossiler Kraftwerke getätigt. Im Gegenteil: Immer mehr Betreiber melden ihre unwirtschaftlich gewordenen Anlagen bei der Bundesnetzagentur zur Stilllegung an (Abb. 71 und 72). Insgesamt sind inzwischen mehr als 12.000 MW an konventioneller Kraftwerkskapazität vorhanden, davon 3.700 MW in Süddeutschland. Von letzteren wurden 2.650 MW als „systemrelevant" eingestuft, was bedeutet, daß die Bundesnetzagentur ihre Stilllegung untersagte. Dies hat jedoch lediglich aufschiebende Wirkung, da dauerhaft unrentable Anlagen über kurz oder lang zum Konkurs und damit zur Stilllegung führen.

Zu diesen Zahlen kommen noch rund 10.700 MW an Kernkraft, die im Zeitraum bis 2022 stillgelegt werden sollen. Insgesamt stehen also in den nächsten acht Jahren bis zu 23.000 MW derzeit aktiver Kraftwerkskapazitäten zur Stilllegung an.

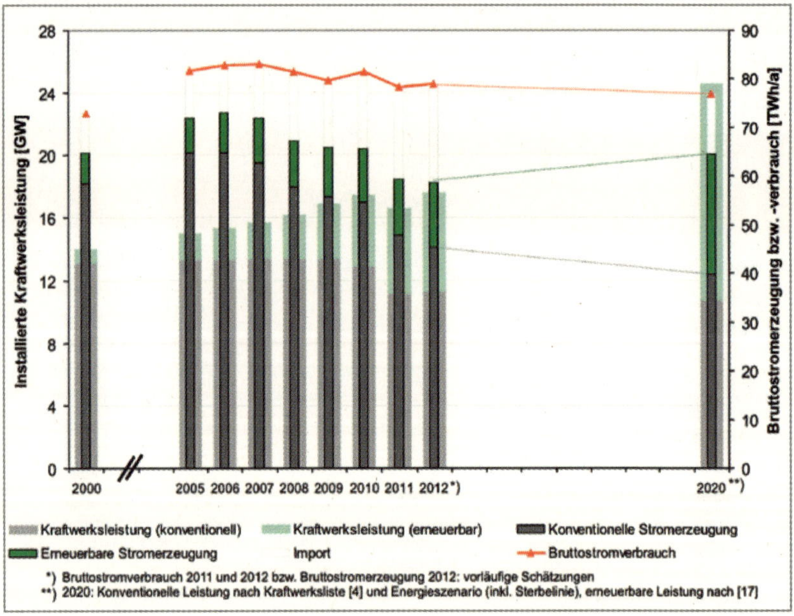

Abb. 73: Baden-Württemberg war schon bisher auf Stromimporte angewiesen. Mit der Stilllegung der restlichen Kernkraftwerke wird sich ab 2020 und insbesondere ab 2023 eine empfindliche Stromlücke auftun.[77]

[77] Grafik: ebd.

Stromlücke im Süden

Für den Süden Deutschlands und insbesondere für das Land Baden-Württemberg zeichnet sich dadurch eine deutliche Versorgungslücke ab. Schon vor den Stilllegungsbeschlüssen des Jahres 2011 war das Land bei seiner Stromversorgung auf Importe angewiesen (Abb. 73). Das Defizit lag bereits 2010 bei etwa 15.000 MW bzw. 18,5 Prozent und stieg 2012 infolge der Stilllegung von Kernkraftwerken auf 20.300 MW bzw. 25,5 Prozent an. Für die nächsten Jahre ist eine kontinuierliche Erweiterung dieses Defizits zu erwarten. Der Optimismus, mit dem das Ministerium für Umwelt, Klima und Energiewirtschaft Baden-Württemberg in einem Monitoringbericht davon ausgeht, dass diese Lücke bis 2020 durch „erneuerbare" Stromerzeugung geschlossen werden könnte (grüner Balken in Abb. 73), dürfte nur von wenigen Energiefachleuten geteilt werden.[78]

Für Baden-Württemberg (und auch für Bayern) zeichnet sich demnach bezüglich der künftigen Stromversorgung eine bedenkliche Defizitsituation ab. Die 2013 noch vorhandene konventionelle Kraftwerksleistung wird mit dem Jahr 2023 um fast 50 Prozent zusammenschmelzen. Und selbst wenn man die entsprechende Erzeugungskapazität aus norddeutschem Windstrom darstellen könnte, so gibt es gar nicht soviel Leitungskapazität in Nord-Süd-Richtung, wie für den Transport gebraucht würde. Auch die neu geplanten Trassen sind bei weitem nicht imstande, die benötigten Leistungen zu übertragen. Zudem darf bezweifelt werden, ob sie überhaupt rechtzeitig fertiggestellt werden könnten.

Auch ein Ausgleich durch Errichtung von Windkraftanlagen in Süddeutschland erscheint kaum durchführbar. Um auch nur die elektrische Leistung eines einzigen 900-MW-Steinkohlekraftwerks mit Windenergieanlagen darzustellen, müsste man rund 780 Windräder der 6-MW-Klasse errichten. Allein für ihre Aufstellung würde eine Fläche von etwa 500 Quadratkilometern benötigt.

[78] Vgl. Maike Schmidt, Tobias Kelm, Antje Vogel-Sperl im Auftrag des Ministeriums für Umwelt, Klima und Energiewirtschaft Baden-Württemberg, Monitoring der Energiewende in Baden-Württemberg, Schwerpunkt Versorgungssicherheit – Statusbericht 2013, 28. 10. 2013, www.zsw-bw.de/uploads/media/Monitoring_der_Energiewende.pdf [Juni 2015].

26] Wind und Solar – Ressourcenschutz sieht anders aus

Die Energiewende hat uns zigtausende gigantischer, bis 200 m hohe Windkraftwerke beschert. Manche dieser Monster wiegen bis zu 10.000 Tonnen. Angesichts dieses riesigen Materialeinsatzes sollte man sich die Frage stellen, ob dieser Aufwand auch tatsächlich Sinn macht. Schließlich muss für Herstellung, Errichtung und Betrieb solcher Anlagen Energie investiert werden. Die interessante Frage ist nun, ob eine solche Anlage im Laufe ihres Betriebes die darin investierte Energie auch wieder zurückliefert. Die klare Antwort lautet: Wind- und Solarkraftwerke sind Energiesenken, deren Bau und Betrieb mehr Ressourcen verzehrt, als sie jemals zurückliefern können.

In der Biologie gibt es schon lange den Begriff „Energieerntefaktor". Damit beschrieb der amerikanische Forscher Charles Hall das Verhältnis zwischen dem energetischen Aufwand, den ein Raubtier treiben muss, um seine Beute zu fangen und zu töten, und dem Nutzen in Form von Energie, die es aus dem Verzehr dieser Beute ziehen kann. Ist die Beute zu klein oder der Jagdaufwand zu groß, dann wird dieser Erntefaktor negativ, d.h. der Räuber muss bei dieser Aktion einen Teil seiner im Körper gespeicherten Energiereserven zuschießen und erleidet einen entsprechenden Verlust. Bei einem oder zwei Jagdversuchen mag das noch gut gehen. Doch wenn es nicht gelingt, im Durchschnitt aller Jagden mehr Energie zu „erbeuten" als verbraucht wurde, dann gehen die Reserven über kurz oder lang zu Ende und das Tier wird sterben. Für den Erntefaktor wird häufig auch der englische Fachbegriff EROEI (Energy Returned on Energy Invested) verwendet.

Seit Hall dieses Konzept erstmals auch für die Beurteilung von Kraftwerken verwendete, wird es inzwischen umfassend zur Charakterisierung der unterschiedlichsten Kraftwerkstypen angewandt.[79] Man bilanziert damit die in Bau, Betrieb und Rückbau sowie in die Beschaffung des Brenn-

[79] Vgl. Institut für Festkörper-Kernphysik: Der Erntefaktor, 1. 10. 2011, http://festkoerper-kernphysik.de, und John Morgan: Warum Windkraftwerke unwirtschaftlich sind, 27. 8. 2014, www.windland.ch [Juni 2015].

stoffs investierte Energiemenge einerseits und die in Form von Strom zur Verfügung gestellte Energiemenge andererseits (Abb. 74).

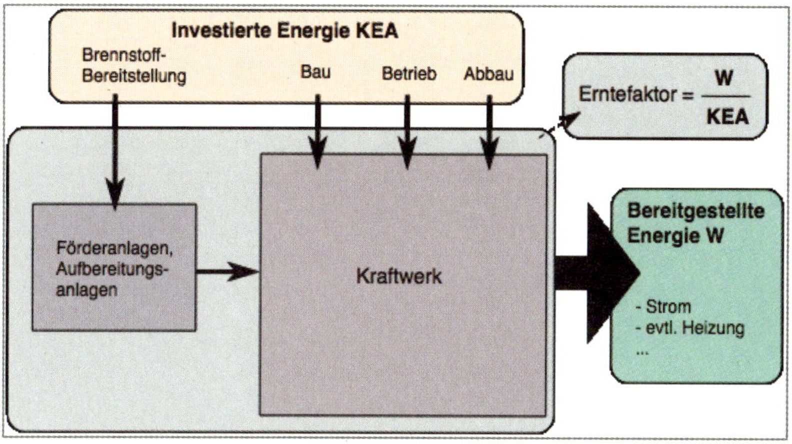

Abb. 74: Der Erntefaktor eines Kraftwerks. Die Brennstoffbereitstellung (Förderung, Aufbereitung, usw.) findet normalerweise außerhalb des eigentlichen Kraftwerks statt, wird aber fairerweise zur investierten Energie hinzugerechnet (Grafik: http://festkoerper-kernphysik.de/erntefaktor).

Konventionelle Kraftwerke im Plus

Die hier aus einer Publikation des Instituts für Festkörper-Kernphysik in Berlin übernommenen Daten basieren auf einer begutachteten internationalen Publikation von Weißbach et al. im Fachmagazin Energy.[80] Die Autoren fanden sowohl für fossile Kraftwerke als auch für Kernkraftwerke hohe positive Erntefaktoren zwischen 28 und 107 (Abb. 75). Die einzige Ausnahme betrifft den Einsatz von Biogas zum Betrieb eines Gas-und-Dampf-Kombikraftwerks. Hier wird aufgrund der hohen Aufwendungen zur Bereitstellung des Brennstoffs lediglich ein Erntefaktor von 3,9 erreicht. Obwohl dies vordergründig positiv erscheint, ist es dennoch bei weitem nicht ausreichend. Die Begründung hierfür findet sich weiter unten im Kapitel.

Kraftwerke mit Speicherbedarf

Kraftwerke, deren Leistungsabgabe nicht exakt dem jeweiligen Bedarf angepasst werden kann, gehören in eine gesonderte Gruppe, da ihre momentan nicht benötigte Produktion in irgendeiner Form gespeichert werden

[80] Daniel Weißbach et al.: Energy intensities, EROIs (energy returned on invested), and energy payback times of electricity generating power plants, Energy, Bd. 52, 1. 4. 2013, S. 210ff.

muss. Neben den „klassischen" EE-Kraftwerkstechnologien wie Wind- und Solarkraftwerke zählen hierzu auch Laufwasserkraftwerke, deren Produktion vom aktuellen Wasserangebot im Fluss abhängt und entsprechenden Schwankungen unterliegt. In jedem Fall müssen bei der Betrachtung des Erntefaktors der Aufwand für die Errichtung und den Betrieb der Speichereinrichtungen sowie die bei der Speicherung auftretenden Verluste mit berücksichtigt werden. Eine Aufstellung der Erntefaktoren bei Kraftwerkstypen, die Speicherung erfordern, zeigt Abb. 76.

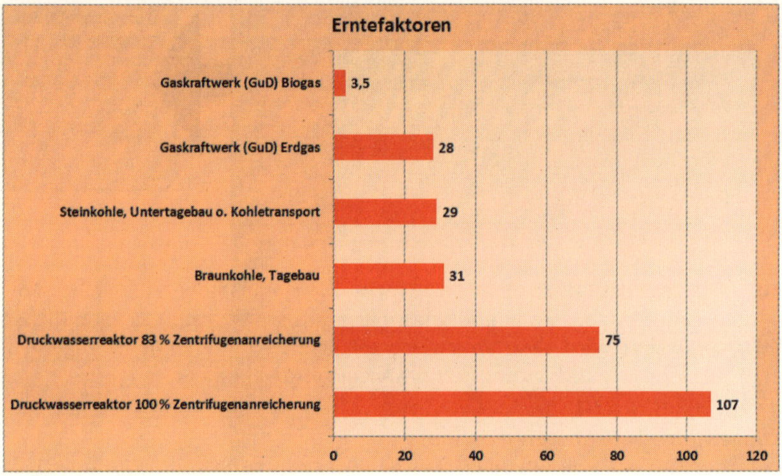

Abb. 75: Vergleich der Energieerntefaktoren verschiedener konventioneller Kraftwerke (Daten nach http://festkoerper-kernphysik.de/erntefaktor)

Bezüglich der durch die Speicherung zu überbrückenden Zeiträume unterscheidet man zwischen Speicherung über kurze Zeiträume – typischerweise im Tagesrhythmus wie beispielsweise bei Solarkraftwerken, die nachts keinen Strom liefern – und längerfristigem Speicherbedarf, wenn saisonale Schwankungen beispielsweise aufgrund unterschiedlicher Wasserzuflüsse z.B. im Hochgebirge berücksichtigt werden müssen. Letzteres ist fast nur beim Betrieb von Talsperren möglich, deren großes Volumen als Speicher genutzt werden kann.

Dieser Aufwand ist bereits in den Baukosten berücksichtigt. Eine saisonale Speicherung etwa der Solarenergie über Monate hinweg ist aufgrund des schwachen Aufkommens im Winter (s. Kapitel 19, Abb. 47) weder technisch noch ökonomisch realisierbar, nicht zuletzt auch deshalb, weil es weder in Deutschland noch in den unmittelbaren Nachbarländern die topologischen Voraussetzungen für die Errichtung solch riesiger Speichervolumen gibt. Für alle anderen von EE-Befürwortern häufig vorgeschlagenen Speichertechnologien wie Druckluftspeicherung, Wasserstoffproduktion bzw. Methangassynthese („Windgas") oder Batteriespeicherung gilt, dass sie aufgrund hoher Anlagenkosten sowie geringer Wirkungsgrade den Erntefaktor nochmals erheblich reduzieren.

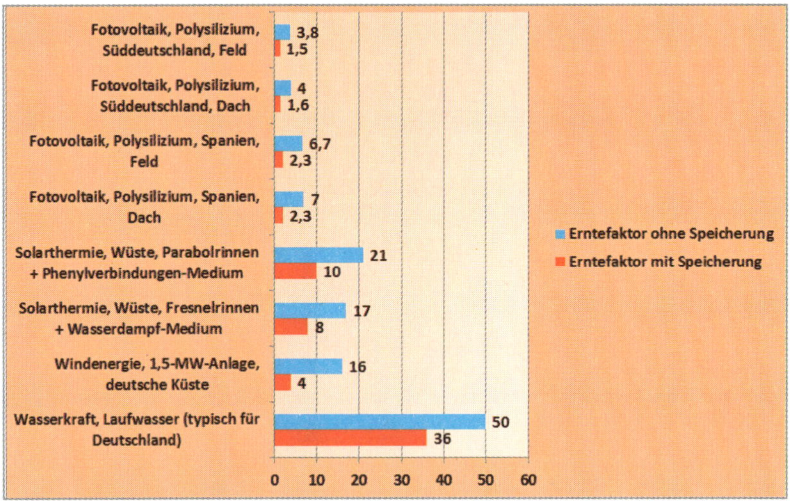

Abb. 76: Erntefaktoren verschiedener wetterabhängiger Kraftwerkstechnologien sowie die Auswirkungen einer Speicherung[81]

Erntefaktor 1: Dahinvegetieren am Existenzminimum

Bei der Betrachtung der hier ermittelten Zahlen für die verschiedenen Arten der Gewinnung „erneuerbarer" Energien entsteht vordergründig der Eindruck, dass die Ergebnisse zwar nicht berauschend, aber dennoch positiv sind und es demnach nur eine Frage der Installation genügend großer Kapazitäten ist, um letztlich den Energiebedarf unserer Gesellschaft mithilfe von z.B. Sonne- und Windkraftwerken zu decken. Dies ist jedoch ein Trugschluss, denn für einen tatsächlich positiven Beitrag zur Energiebilanz bedarf es in unserer modernen Gesellschaft eines sehr viel höheren Erntefaktors.

Warum das so ist, kann man leicht anhand des Raubtier-Beispiels nachvollziehen. Ein Erntefaktor von 1 würde bedeuten, dass dieses Tier ständig am Rande des Hungertodes entlang vegetiert und keine Möglichkeit hat, seine Reserven für Notzeiten aufzustocken. Für Tiere, die Winterschlaf hal-

[81] Daten nach http://festkoerper-kernphysik.de/erntefaktor [Juni 2015].

ten müssen, wäre dies das Todesurteil. Ein wesentlich höherer Erntefaktor als 1 wird auch benötigt, um Junge zeugen und aufziehen zu können. Ohne dies wäre die Art innerhalb kürzester Zeit zum Aussterben verurteilt.

Unsere Zivilisation erfordert Erntefaktoren von mindestens 14

Beim Menschen mit seiner komplexen und energieintensiven technischen Zivilisation sowie der außerordentlich hohen Aufwendungen, die wir beispielsweise in die Ausbildung unseres Nachwuchses investieren, sind entsprechend höhere Erntefaktoren zu berücksichtigen.[82]

Deshalb muss ein Energiesystem einen Überschuss erzeugen, der groß genug ist, um damit Nahrung sowie alle Dinge des täglichen Bedarfs produzieren zu können. Darüber hinaus müssen auch die Ressourcen für die Errichtung von Gebäuden und Infrastruktur sowie den Betrieb von Spitälern und Universitäten bereitgestellt werden, und letztlich ist auch noch der Aufwand für die kulturellen Bedürfnisse der Bevölkerung zu decken. Technologisch hochstehende Zivilisationen wie die in Europa, Japan oder in den USA erfordern einen minimalen Erntefaktor von 14 (vgl. Abb. 77 und Tabelle weiter unten).

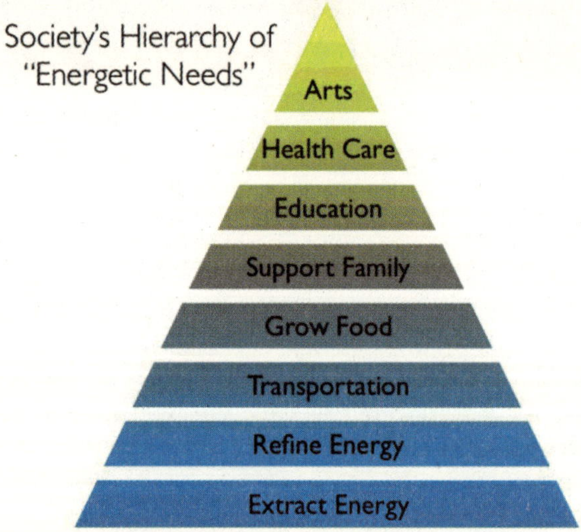

Abb. 77: Je komplexer und technologisch hochstehender eine Gesellschaft ist, desto höher muss der Erntefaktor EROEI der zur Energiegewinnung eingesetzten Technologien sein. Blaue Werte sind veröffentlicht, gelbe sind zunehmend spekulativ.[83]

[82] Morgan (2014), wie Fn. 79.
[83] Grafik: ebd.

Minimal erforderliche Erntefaktoren EROEI bei der Gewinnung von konventionellem „süßem" Rohöl zur Aufrechterhaltung bestimmter Zivilisationsstufen[84]

Aktivität	Minimaler EROEI
Förderung des Öls	1,1/1
Raffineriebetrieb	1,2/1
Transport	3/1
Nahrungsmittelproduktion	5/1
Unterhalt von Familien der Mitarbeiter	7-8/1
Ausbildung	9-10/1
Gesundheitswesen	12/1
Kulturangebot	14/1

[84] ebd.

27] Die häßliche Kehrseite „sauberen" Stroms

Der Begriff „Wind" wird geradezu als ein Synonym für frische Luft, für freies Atmen in gesunder Umgebung aufgefasst. Die Öko-Profiteure der Windenergiebranche nutzen diese Assoziation selbstverständlich nach Kräften, um ihrer Branche ein Saubermann-Image zu verschaffen, während man im Gegensatz dazu die Kohlekraftwerke als „Dreckschleudern" verunglimpft und die Kernkraft gleich ganz und gar verteufelt. Da letztere eine für große Industrieanlagen fast schon unglaublich gute Gesundheitsbilanz der Beschäftigten aufweist, wird nach dem Abklingen des Fukushima-Schocks aktuell wieder einmal mit besonderem Nachdruck versucht, den Bergbau zum generellen Sündenbock zu machen, indem man ihn wegen der damit verbundenen Eingriffe in die Natur an den Pranger stellt. Verschwiegen wird dabei, dass bei konsequenter Anwendung dieser Ideologie auch Wind- und Solarenergie mit zu den ganz großen Umweltsündern gehören.

Klimawandel, Klimakatastrophe – pausenlos und über sämtliche Kanäle moderner Informationsvermittlung wird mit aller Massivität die Botschaft transportiert, dass sich der Mensch durch seinen Energieverbrauch am Klima versündige. Besonders beliebtes Motiv ist der angeblich durch unsere Schuld verhungernde Eisbär, der auf einer schmelzenden Eisscholle verloren im Nordmeer treibt.

Doch gegen Zahlung eines Ablasses – in Form eines kleinen Aufschlags auf jede verbrauchte Kilowattstunde – können wir uns, so die Botschaft der Heilsbringer mit den grünen und gelben T-Shirts, von dieser Sünde loskaufen und mit reinem Umweltgewissen wieder beruhigt schlafen. Damit finanziert man dann die riesigen, bis zu 200 m hohen Rotoren, die uns mit angeblich sauberem, klimafreundlichem Strom versorgen und nach und nach vom Übel der Kohle- und Kernkraftwerke erlösen werden. Während sich etliche clevere Geschäftemacher an diesem Geschäft eine goldene Nase verdienen, trägt die Normalbevölkerung eine immer größere Last aus ständig steigenden Stromgebühren sowie Arbeitsplatzverlusten durch Abwanderung von Industriebetrieben ins Ausland.

Die Bewegung, die den deutschen Michel auf diese Art an der Nase herumführt und ihm das Geld aus der Tasche zieht, umfasst ein breites Spektrum grünlinker Ideologien, die teils sozialistisch, teils maschinenstürmerisch ausgerichtet sind. Vielfach sind es übersättigte städtische Intellektuelle, die den technischen Fortschritt mitsamt seinen Notwendigkeiten ablehnen und mehr oder weniger krude „zurück zum Faustkeil"-Ideologien vertreten. Besonders beliebt ist die Verteufelung des Bergbaus bzw. die Gewinnung anderer Rohstoffe wegen der damit verknüpften Umweltproblematiken. Sünden der Vergangenheit sowie Rückständigkeiten in sich entwickelnden Ländern, die noch nicht unser technisches Niveau erreicht haben, führen nicht etwa zum Ruf nach Verbesserung, sondern dienen ihnen als Vorwand zur generellen Verdammung aller bergbaulichen Aktivitäten.

Da sich jedoch die gleichen Leute oft mit bestem Gewissen cadmiumverseuchte Solarzellen auf das Dach setzen oder ihr Geld in Windparks anlegen, wird das von ihnen bevorzugte Instrumentarium hier einmal konsequent angewandt, um darzulegen, wie „sauber" denn beispielsweise die so gerne gepriesene Windenergie in Wirklichkeit ist.

Die schmutzige Seite der Seltenen Erden

Ein wichtiges Beispiel ist hierbei die Verwendung von Seltenerdmetallen wie Neodym. Windkraftanlagen gehören zu den größten Verbrauchern dieses Metalls, das sich besonders für die Herstellung starker Permanentmagnete eignet. Bis zu einer Tonne davon stecken in den Stromgeneratoren bestimmter Typen von Windenergieanlagen. Seltenerdmetalle bilden eine spezielle Gruppe von Elementen, die aufgrund ihrer besonderen Eigenschaften für zahlreiche industrielle Anwendungen insbesondere im Bereich der Elektronik, aber auch in der Metallurgie sowie in vielen „grünen" Produkten wie Elektroautos und Energiesparlampen zum Einsatz kommen. Die Erze dieser Elemente haben nur vergleichsweise geringe Konzentrationen und die begehrten SE-Metalle können daraus nur mit aufwendigen chemischen Verfahren herausgelöst werden. Dabei entstehen giftige Rückstände. Beim Abbau wurde vor allem in früheren Jahren wenig Rücksicht auf Belange des Natur- und Arbeitsschutzes genommen.

Umweltsünden beim Abbau

Mehr als 90 Prozent der Seltenerdmetalle werden derzeit in China abgebaut. Zu den dabei auftretenden Risiken schreibt das Freiburger Öko-Institut: „Beim Abbau von Seltenen Erden fallen im Bergbau sehr große Mengen an Rückständen an, die giftige Abfälle enthalten. Diese werden in künstlichen Teichen, umgeben von einem Damm, abgelagert."[85] Ein Dammbruch kann zu

[85] Öko-Institut e.V./ The Greens/ European Free Alliance (Hg.): Seltene Erden – Daten & Fakten, Hintergrundpapier, Stand: Januar 2011, http://www.oeko.de/seltene_erden/ [September 2015].

zerstörerischen Umweltauswirkungen mit spezifischen Emissionen von Thorium, Uran, Schwermetallen, Säuren und Fluoriden führen.

Drastische Worte hierzu finden sich u. a. in einem deutschsprachigen Blog: „Chinas Hauptstadt der Seltenen Erden, Baiyun Obo, wird derzeit vom Raubbau ‚fast überfallen'. Das Grundwasser wird erheblich verschmutzt, die Äcker veröden [Abb. 78], das Vieh verendet zum Großteil. In der Gegend um das Auffangbecken der Bao-Steel Group Weiterverarbeitungsanlage für Seltene Erden, welches nur 10 Kilometer vom Gelben Fluss entfernt ist, verschärft sich die Strahlenverseuchung täglich. Mit einer Geschwindigkeit von 300 Metern pro Jahr sickert das Wasser des Staubeckens Richtung Gelben Fluss durch. Experten meinen, dass ein Erdbeben oder heftige Niederschläge den Damm zum Zusammenbrechen bringen könnten und die Abwässer sich dann in den Gelben Fluss ergießen. Das wäre eine Umweltkatastrophe, die die Verschmutzung des Songhua-Flusses im Jahr 2005 noch in den Schatten stellen würde...

Eine weitere Folge der ungezügelten Erschließung von Seltenen Erden ist die Desertifizierung der mongolischen Steppen und die Zunahme von Sandstürmen. Diese bedrohen nicht nur Peking, der Sand weht bis nach Japan und Taiwan."[86]

Abb. 78: Toxischer Schlamm aus der Seltenerdmetall-Produktion in Bayan Obo (Foto: Chinhs News, Creative Commons)

[86] Jingjie Hou, Chinas Seltene Erden im Sonderangebot? 26. 11. 2010, www.stimmen-aus-china.de/2010/11/26/chinas-seltene-erden-im-sonderangebot/ [Juni 2015].

Radioaktive Hinterlassenschaften

Besonderes Augenmerk gilt hierbei natürlich den radioaktiven Rückständen. Erze der Seltenerdmetalle enthalten häufig radioaktive Elemente wie Uran oder Thorium. Deren Gewinnung lohnt sich jedoch in der Regel nicht, so dass sie im Abraum landen. Zu den hiermit verknüpften Umweltproblemen gibt es Berichte sowohl aus Bayan Obo in China als auch aus Bukit Merah in Malaysia. Aus China kommen Meldungen, dass das Thorium als Abfallprodukt im Auffangbecken landet und in dem nahegelegenen Dorf Dalahai eine hohe Zahl an Todesfällen durch Krebs aufgetreten sei.[87]

In Malaysia klagten bereits 1985 „acht Menschen im eigenen Namen und im Namen von 10.000 Bewohnern von Bukit Merah und anderen Gemeinden in Perak in Malaysia gegen das Unternehmen Asia Rare Earth (ARE). Sie forderten, die Anlage zur Erzeugung Seltener Erden in ihrem Dorf nahe Ipoh zu schließen, da radioaktiver Müll ihr Leben bedrohe. Als die Anlage, ein Gemeinschaftsunternehmen des japanischen Konzerns Mitsubishi und malaysischer Shareholder ihre Tätigkeit im Jahr 1982 aufnahm, klagten die Dorfbewohner bald über den stinkenden Rauch und den Gestank, wodurch die Menschen unter Augenschmerzen zu leiden hatten. Aber Schlimmeres sollte noch kommen. Es gab immer mehr Krankheitssymptome, nicht nur Husten und Atemprobleme, aber besonders einen starken Anstieg von Leukämie, Kinder-Tod, Missbildungen bei Neugeborenen und Bleivergiftung. Es war das erste Mal in Malaysias Geschichte, dass eine komplette Gemeinde gegen Umweltverstöße klagte, um ihre Gesundheit und ihre Umwelt vor radioaktiver Verseuchung zu schützen."[88] Nach langen Auseinandersetzungen wurde die Anlage schließlich stillgelegt.

Wie man sich reinwäscht

Für die Windenergiebranche sind solche Berichte natürlich unwillkommen, da sie am Image kratzen. Für die Abwehr entsprechender Anwürfe verfügt man dort jedoch über pralle Portemonnaies sowie eine ganze Phalanx kommerzieller Organisationen, die im Windschatten des Hypes um die „erneuerbaren Energien" mit allen möglichen Dienstleistungen gutes Geld verdienen. So beispielsweise auch die in Bonn ansässige Firma Murphy & Spitz (M&S), eine Art spezialisierter Ratingagentur, die Unternehmen aus dem Bereich des „nachhaltigen Investments" analysiert und bewertet. Dabei liegt der Fokus sowohl auf Finanz- und Wirtschaftskennzahlen als auch

---

[87] Roman Serdar Mendle: Selten Unnachhaltig – Seltene Erden und Umweltverschmutzung in China, 26. 4. 2011, www.stimmen-aus-china.de/2011/04/26/selten-unnachhaltig-seltene-erden-und-umweltverschmutzung-in-china/ [Juni 2015]. Bayan Obo ist eine andere Schreibweise für Baiyun Obo.

[88] Bukit Merah – Chronologie eines Dramas, in: Eintrag „Seltene Erden", Kap. „Seltene Erden – Fluch oder Segen?", www.mineralienatlas.de [Juni 2015].

auf der ethisch-ökologischen Ausrichtung der Unternehmen. Dort will man Windkrafthersteller, die Neodym-Magnete einsetzen, solange nicht als „stubenrein" einstufen, wie es „kein nachhaltig gewonnenes und aufbereitetes Neodym bzw. eine belastbare Prüfung durch die Windkrafthersteller gibt."[89] Betroffen ist jedoch nach Ansicht von M&S nur ein Sechstel aller neu installierten Windkraftanlagen.

Eine solche Aussage ist von Seiten einer Agentur, die davon lebt, „Öko"-Firmen die gewünschten Zertifikate auszustellen, nicht weiter überraschend. Als eher oberflächlich darf man jedoch bereits den Ansatz der Recherche kritisieren. Neben dem Generator gibt es nämlich in jeder Windkraftanlage noch weitere Komponenten, in denen Neodym-Magnete sowie andere Seltenerdmetalle enthalten sein dürften, so die diversen Servomotoren z.B. für die Blattanstellung und die Gondelausrichtung, aber auch Inhaltsstoffe in den diversen Schaltschränken und Leistungselektroniken sowie in den Schalkreisen für das Umrichten des elektrischen Stroms. Nicht zu vergessen das Seltenerdmetall Cer, das bei der Herstellung der tonnenschweren Gussteile von Nabe und Maschinenrahmen zum Einsatz kommt. Doch indem man die Frage nach der Verwendung von Seltenerdmetallen auf die im Hauptgenerator verwendeten Materialien begrenzte, hat man solche Klippen sauber umschifft. Ein wirklich sehr elegantes Manöver.

Das „vergessene" Aluminium

Ein weiterer Aspekt, der zeigt, dass man in linksgrünen Kreisen gerne austeilt, sich jedoch wenig Sorgen um mögliche Bumerangeffekte zu machen scheint, betrifft die Verwendung von Aluminium. Damit könnte auch ein Unternehmen wie Enercon in die Schusslinie geraten, obwohl sie geschickt genug waren, sich bezüglich der Neodymverwendung freizuhalten, indem beim Generator auf Elektromagnete statt auf Permanentmagnete gesetzt wurde. Anders sieht es dagegen beim Aluminium aus, das bei Enercon beispielsweise bei den Rotorblättern kleinerer Anlagen, aber auch bei der Gondel sowie bei den Blattspitzen der riesigen 7,5-MW-Anlage E126 zum Einsatz kommt. Dabei weiß man schon lange, welche Umweltrisiken mit der Aluminiumgewinnung verknüpft sind. Drastisch in Erinnerung gerufen wurden diese Risiken nach dem Bruch eines Rückhaltebeckens für sogenannten „Rotschlamm" in Kolontár (Ungarn) im Jahre 2010 mit 10 Toten und 150 Verletzten.

Rotschlamm ist äußerst gefährlich: „Die kurzfristige Gefährlichkeit des Rotschlammes beruht in erster Linie auf dem Gehalt an ätzender Natron-

[89] Murphy&Spitz Research (Hg.): Position zu Neodym und Windkraftanlagen, Stand Juni 2011, www.murphyandspitz.de [Juni 2015].

lauge. Eine langfristige Schädlichkeit ergibt sich aus dem Gehalt an giftigen Schwermetallen, abhängig von Herkunft und Art des Bauxits. Schwermetalloxide und Schwermetallhydroxide sind im basischen Milieu meist nur sehr schwer löslich. Deponierter Rotschlamm enthält etwa 1 Prozent an löslichen Schwermetallhydroxiden. Als Anionen vorliegende toxische Komponenten wie Fluoride, Arsenate, Chromate und Vanadate können jedoch auch im basischen Milieu aus dem Schlamm ausgewaschen werden. Wenn das Natriumhydroxid des Rotschlamms durch starke Verdünnung oder Zutritt von Säuren neutralisiert wird, kann es auch zur Bildung von löslichen Verbindungen anderer Schwermetalle und damit zu Umweltgefährdungen kommen."[90]

Abb. 79: Beim Bruch eines Rückhaltebeckens für giftigen Rotschlamm aus der Aluminiumproduktion in Kolontar (Ungarn) kamen 10 Menschen ums Leben (Foto: Kormányzati Kommunikációért Felelős Államtitkárság)

Wenig bekannt ist zudem, dass bei der Bauxitgewinnung auch radioaktive Abfälle freigesetzt werden können (Abb. 80). So enthalten die ungarischen Aluminiumerze die radioaktiven Elemente Actinium ^{228}Ac, Proactinium ^{234}Pa, Bismut ^{214}Bi sowie Kalium ^{40}K. Bei der Extraktion des Bauxits bleiben diese im Rotschlamm zurück und werden dort sogar leicht angereichert.

[90] Frank Muster: Rotschlamm. Reststoff aus der Aluminiumoxidproduktion – Ökologischer Rucksack oder Input für Produktionsprozesse? Kassel 2007, S. 15.

Rohstoffverschwendung im Bereich Windenergie

Da Wind nur eine geringe Energiedichte aufweist, braucht man für die Gewinnung nennenswerter Strommengen entsprechend viele und vor allem sehr große Anlagen. Hierfür werden enorme Ressourcen verbraucht, wie der Autor „Tritium" in einer Recherche anhand einer Vergleichsrechnung zwischen Windenergieanlagen des Typs Enercon E126 und einem Kohlekraftwerk mit 1.300 MW zeigt.[91]

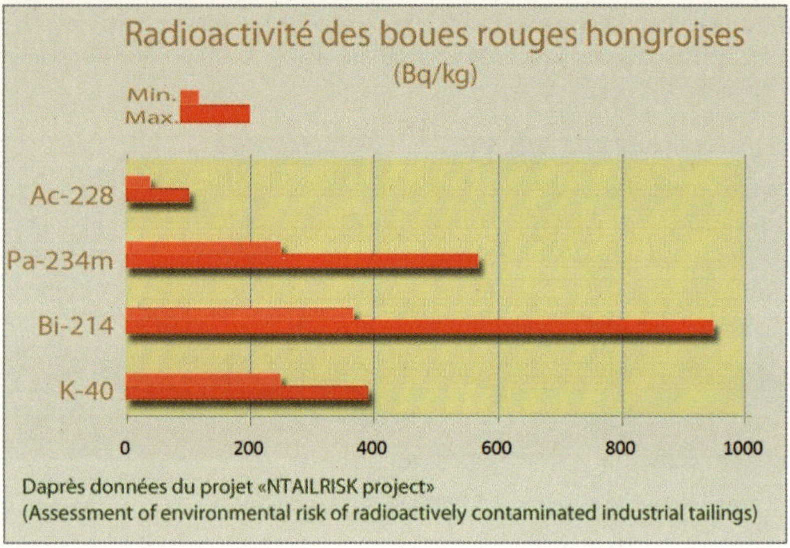

Abb. 80: Radioaktive Elemente im ungarischen Rotschlamm (Grafik: Lamiot, Creative Commons)

Allein in Fundament und Turm dieser 200 m hohen Riesenmaschine stecken 6.300 t Stahlbeton, die Maschinengondel bringt 340 t auf die Waage und die Nabe nebst Rotorflügeln nochmals 320 t. Erzeugt werden damit pro Jahr rund 15.000 MWh elektrische Energie. Ein einziges Kohlekraftwerk mit einer Leistung von 1.300 MW erzeugt dagegen aufgrund seines höheren Nutzungsgrades von rund 90 Prozent im gleichen Zeitraum 10.250.000 MWh. Das ist das 680fache. Um auch nur nominell die gleiche Energiemenge zu erzeugen wie das Kohlekraftwerk, bräuchte man also 680 dieser riesigen Windräder. Berücksichtigt man dazu noch die doppelte Lebensdauer des Kraftwerks, so käme man auf folgenden Ressourcenbedarf:

[91] Tritium (Pseud.): Nachhaltigkeit – was ist das? 28. 12. 2013, www.eike-klima-energie.eu [Juni 2015].

Material	Tonnen
Stahlbeton	8.570.000
Stahl	492.000
Maschinenhauswerkstoffe	164.000
Generator (Stahl, Kupfer)	300.000
Rotor (GFK-Kunststoffe, Stahl, Alumninium)	438.000
Gesamt	**9.964.000**

Alles in allem also rund 10 Millionen Tonnen Stahl, Metalle, Zement und Kunststoffe. Das ist rund das Zwanzigfache der Ressourcen, die für die Herstellung des Kraftwerks benötigt werden. Und fast all dies muss bergbaulich gewonnen werden. Ein schönes Beispiel dafür, wie gedankenlos verschwenderisch gerade diejenigen, die der Industrie ständig die Verschwendung von Ressourcen vorwerfen, bei der Vertretung ihrer eigenen Interessen mit natürlichen Ressourcen umgehen. Vom energetischen Einsatz – so ist beispielsweise die Herstellung von Zement ein extrem energieintensiver Prozess – einmal ganz zu schweigen.

Auch Solarzellen sind alles andere als „sauber"

Nicht zu vergessen ist bei derartigen Überlegungen auch die Solarenergie. In vermutlich 140.000 deutschen Solardächern mit sogenannten Dünnschichtsolarzellen ist das giftige Cadmiumtellurid enthalten, das diese Dächer zu Sondermüll macht, siehe Kapitel 28. Die in den Boomzeiten der Solarbranche vollmundig abgegebenen Entsorgungsversprechen dürften sich in den nächsten Jahren mit dem immer rasanteren Niedergang der Branche in Luft auflösen.

So mancher Hausbesitzer wird dann ernüchtert feststellen, dass sein Heim schwer verkäuflich ist, weil potenzielle Käufer unkalkulierbare Entsorgungsrisiken auf sich zukommen sehen. Die Wahrscheinlichkeit, demnächst in entlegenen Gebüschen über illegal entsorgte Solarpaneele zu stolpern, dürfte in den nächsten Jahren signifikant ansteigen.

Schon diese wenigen Beispiele untermauern eindrucksvoll die Tatsache, dass die bei Vertretern des grünen Lagers beliebte Disziplin des Eindreschens auf Bergbau und Rohstoffgewinnung durchaus auch auf sie selbst zurückfallen kann, wenn man sie nur konsequent auch auf die von den gleichen Herrschaften so hoch gelobten „grünen" Technologien anwendet.

28] Cadmium – das „gute" Gift

Wahrheit ist, was man sich dazu zurechtbiegt. Wenn die Guten dieser Welt nicht wollen, dass ein gefährliches Gift als solches wahrgenommen wird, weil man mit diesem Gift angeblich das Klima retten kann, dann werden die entsprechenden Fakten halt so hingetrimmt, dass die Gefährlichkeit verschleiert wird. So wie im Falle des Cadmiums, eines für seine Toxizität bekannten Elements.

Wer sich mit industriellen Produktionsprozessen, mit Umwelt- und Arbeitsschutz oder mit Recycling beschäftigt, stößt über kurz oder lang auf das Element Cadmium, ein gefährliches Gift, gegen dessen Verwendung in vielen Industrieprodukten von Farben und Kunststoffen über Metallbeschichtungen und Loten bis zu Nickel-Cadmium-Akkumulatoren schon seit Jahrzehnten immer neue und immer weiter gehende Verbote erlassen werden.[92]

Die Techniken der Verharmlosung

Umso mehr erstaunt es daher, wenn man in Blogs zum Thema Cadmiumverwendung für Solarzellen über Einträge stolpert, die diese wohlbekannten Fakten negieren. Dort findet man beispielsweise Aussagen wie die, es gebe doch gar keine jahrzehntelang bestehenden Verbote. Auf EU-Ebene gebe es ein Cadmiumverbot wohl erst seit Dezember 2011, und zwar lediglich für Schmuck, Legierungen zum Löten und beim Einsatz in PVC.

Das legt natürlich den Verdacht nahe, dass an wichtigen und von der Öffentlichkeit gern genutzten Informationsquellen „ein wenig" herummanipuliert wurde. So ist der entsprechende Eintrag bei Wikipedia zum Thema Cadmium ein Meisterstück dafür, wie man Tatsachen geschickt arrangieren kann, ohne dabei wirklich die Unwahrheit zu sagen. Der Trick besteht vor allem darin, Haupt- und Nebenaspekte der Fakten so anzuordnen, dass ein bestimmter Eindruck entsteht. Dabei wird der Umstand ge-

[92] Vgl. Richtlinie des Rates vom 18. Juni 1991 zur zehnten Änderung der Richtlinie 76/769/EWG zur Angleichung der Rechts- und Verwaltungsvorschriften der Mitgliedstaaten für Beschränkungen des Inverkehrbringens und der Verwendung gewisser gefährlicher Stoffe und Zubereitungen (91/338/EWG), http://eur-lex.europa.eu/LexUriServ/LexUriServ.do?uri=CELEX:31991L0338:DE:HTML [22. 6. 2013], und Cadmiumverbot und REACH-Strategie, 26. 5. 2011, www.compliancemagazin.de [Juni 2015].

nutzt, dass die meisten Leser längere Beiträge nicht von vorne bis hinten durchstudieren, sondern nach einer gewissen Zeit meinen, sie wüssten genug, und den Rest des Textes nur noch flüchtig oder gar nicht mehr lesen.

Geschick bei Wortwahl und Reihenfolge

Mit Blick auf die Giftigkeit von Cadmium wird bei Wikipedia eingangs zunächst nur eine einzige giftige Verbindung aufgeführt, die „früher" (1907) als „Mittel zur Behandlung von geschwollenen Gelenken..., skrofulösen Drüsen... und Frostbeulen" verzeichnet wurde. Also uninteressanter Historienkram ohne Bezug zur heutigen Zeit. Erst deutlich weiter unten kommt dann noch eine zweite giftige Verbindung ins Spiel, von der erwähnt wird, dass die USA im Zweiten Weltkrieg ihre Eignung als chemischen Kampfstoff geprüft hätten. Also auch Historienkram.

Erst im nächsten Kapitel kommt dann zur Sprache, dass die Bedeutung von Cadmium wegen seiner hohen Toxizität abnehme. Erwähnt wird aber nur ein einziges (!) Verbot, und zwar das der EU vom Dezember 2011 zum Thema Schmuck, Legierungen zum Löten und dem Einsatz in PVC – alles Dinge, die wenig bedrohlich klingen. Als nächstes folgt eine lange Liste mit mehr als 20 Positionen, in der zahlreiche industrielle und Hightech-Anwendungen des Cadmiums zu finden sind.

Interessant ist hierbei die Formulierung „Cadmium wird bzw. wurde eingesetzt", die ebenfalls keine Hinweise auf das tatsächliche Gefährdungspotenzial oder den Umfang von Verboten liefert. Nur bei zwei Positionen der Liste wird – eher beschwichtigend – von „möglicher Gesundheitsgefährdung, vor allem bei der Verbrennung entsprechender Artikel" bzw. von „geringer Praxisbedeutung wegen möglicher Gesundheitsgefährdungen" gesprochen.

Auf die in Wirklichkeit sehr hohe Giftigkeit des Elements sowie vieler seiner Verbindungen wird erst in der zweiten Hälfte des Artikels in den Unterkapiteln „Sicherheitshinweise" und „Toxikologie" näher eingegangen, auch die entsprechenden Symbole der EU-Gefahrstoffkennzeichnung sind erst in diesem Bereich zu finden.

Cadmium und Gesundheit: Die Fakten

In Wahrheit ist Cadmium jedoch ein hochgradig gefährliches Gift. Schaut man in entsprechende Fachliteratur[93], so finden sich eindeutige Formulierungen: Toxisch, krebserzeugend Kategorie 1, erbgutschädigend, chroni-

[93] Vgl. Datenblatt Cadmium, September 2006, in: Thomas Hillenbrand (Fraunhofer ISI) et al. im Auftrag des Bundesumweltamtes: Emissionsminderung für prioritäre und prioritäre gefährliche Stoffe der Wasserrahmenrichtlinie, Forschungsbericht 203 21 280, UBA-FB 001011, Texte 29/07, S. [90]ff.

sche Schädigungen von Niere, Leber, Knochenmark und Herz-Kreislauf-System sowie „prioritär gefährlich“ nach Wasserrahmenrichtlinie. Cadmiumverbindungen vergiften Gewässer, werden von Pflanzen aufgenommen und reichern sich in der Nahrungskette an. Zudem liegen die Cadmiumwerte in der Nierenrinde des durchschnittlichen Europäers mittleren Alters bereits knapp unterhalb des kritischen Bereichs, an dem Funktionsstörungen in der Niere auftreten können. Anders ausgedrückt: Jede weitere Belastung der Umwelt ist von Übel und sollte unbedingt vermieden werden.

Die „Cadmium-Wende“ der Grünen

Da Cadmium ungeachtet seiner Giftigkeit zahlreiche nützliche Eigenschaften aufweist und es oft schwierig und teuer war, dafür geeigneten Ersatz zu finden, wehrten sich die betroffenen Branchen gegen Einschränkungen und Verbote oft mit Händen und Füßen. Auf wissenschaftlichen Kongressen stritten Befürworter und Gegner mit entsprechend großer Erbitterung. Oft dauerte es Jahre, bis Verbote oder zumindest Einschränkungen des Cadmiumgebrauchs durchgesetzt werden konnten. Bei entsprechenden Gesetzesinitiativen taten sich in der Vergangenheit vor allem Personen und Gruppierungen hervor, die dem Lager der heutigen grün-linken Parteien nahestanden.

Segen durch Gift?

Heute scheint man das dort anders zu sehen. Schon vor Jahren haben die Grünen beim Cadmium eine erstaunliche Kehrtwende vollzogen. Grund ist die Tatsache, dass viele Dünnschicht-Solarzellen Cadmiumtellurid enthalten. Mit Entschiedenheit sprach sich Hans-Josef Fell, Sprecher für Energiepolitik der grünen Bundestagsfraktion, deshalb bereits 2010 gegen eine Ausweitung des Cadmiumverbots der Elektroschrott-Richtlinie der Europäischen Union (ROHS, Restrictions of the use of hazardous substances) auf solche Solarzellen aus.[94] Dabei hatten sich nicht nur namhafte Wissenschaftler, sondern sogar etliche Unternehmen der Solarbranche für ein entsprechendes Verbot stark gemacht.[95] Doch dagegen argumentierte Fell mit der Behauptung, dass von Cadmiumtellurid in den Solarzellen im Normalfall keine Umweltgefährdung ausgehe, weil das darin enthaltene Cadmium und Tellur eine metallurgisch sehr feste Verbindung eingingen.

---

[94] dts Nachrichtenagentur: Grüne gegen Cadmium-Verboto bei Solarzellen, 1. 6. 2010, www.finanznachrichten.de [Juni 2015].

[95] Vgl. C. Krannich: Cadmium Verbot – Wissenschaftler starten neuen Aufruf, 15. 9. 2010, www.solar-und-windenergie.de [September 2015].

Die Position der Solarlobby

Damit vertreten die Grünen die Ansichten des Bundesverbandes Solarwirtschaft.[96] Dort vertritt man die Meinung, das Cadmiumtellurid (CdTe) in Dünnschicht-Solarzellen sei in seiner physiologischen Wirkung auf Organismen in keiner Weise mit elementarem Cadmium vergleichbar. Aufgrund seiner physikalischen Eigenschaften – wie extrem niedriger Dampfdruck, hoher Siede- und Schmelzpunkt sowie Unlöslichkeit in Wasser und in nicht oxidierenden Säuren – werde das in CdTe gebundene Cadmium immobilisiert und seine Emission in die Umwelt unterbunden. Darüber hinaus sei die extrem dünne Schicht von CdTe in Solarmodulen zwischen zwei schützenden Glasplatten eingekapselt. Gesundheits- und Umweltrisiken im Fall von versehentlichem Bruchschaden oder Auswaschung könnten nach wissenschaftlichem Kenntnisstand nahezu ausgeschlossen werden.

Wirft man jedoch beispielsweise einen Blick in eine der zitierten Arbeiten, so findet sich dort die Aussage, dass im Wasser aus den untersuchten Verwitterungsproben von zerbrochenen Modulen – dem sogenannten Eluat – eine Cadmiumkonzentration von 1 mg/l gefunden wurde, 200 Mal höher als der für Trinkwasser geltende Grenzwert von 5 µg/l.[97]

Bei zerbrochenen, der Witterung ausgesetzten Solarmodulen kommt es also in erheblichem Umfang zur Freisetzung von Cadmium. Dieses gelangt dann ins Grundwasser und damit in die Natur. Die Untersuchung kommt daher auch zu dem – sehr vorsichtig formulierten – Schluss, dass einer Entsorgung in Deponien Grenzen gesetzt seien und das Recycling von CdTe-haltigen Modulen bei höheren Produktionsvolumina ein „wichtiger Gesichtspunkt“ sei.

Die Wikipedia-Begleitmusik

Schaut man sich ergänzend die Charakterisierung der Toxizität von Cadmiumtellurid bei Wikipedia an, so findet sich dort lediglich ein Hinweis auf Gesundheitsschädlichkeit sowie – wenn man sich gezielt auch noch die Symbole der EU-Gefahrstoffkennzeichnung neben dem Text ansieht – auf seine Umweltgefährlichkeit. Die größte Gefahr bestehe – mit bis zu 90 Prozent Resorptionsrate – bei der Aufnahme von Feinstaub über die Atemwege. Die Aufnahmerate über den Magen-Darm-Trakt liege dagegen bei nur etwa fünf Prozent. Und das war es laut Wikipedia-Eintrag schon.

---

[96] Bundesverband Solarwirtschaft e.V. (Hg.): Cadmium-Tellurid (CdTe) Photovoltaiktechnologie, März 2009, www.solarwirtschaft.de [Juni 2015].

[97] Hartmut Steinberger: Health, Safety and Environmental Risks from the Operation of CdTe and CIS Thin-film Modules, in: Progress in photovoltaics: Research and applications, vol. 6, issue 2, S. 99–103, March/April 1998.

Wer die ganze Wahrheit wissen will, muss auch in diesem Fall an anderen Stellen suchen.[98] Dort steht dann klar und eindeutig zu lesen:

- „Kann Krebs erzeugen...
- gesundheitsschädlich beim Einatmen, Verschlucken und Berührung mit der Haut...
- sehr giftig für Wasserorganismen, kann in Gewässern längerfristig schädliche Wirkungen haben...
- Exposition vermeiden – vor Gebrauch besondere Anweisungen einholen...
- Staub nicht einatmen...
- Freisetzung in die Umwelt vermeiden...
- besondere Anweisungen einholen/Sicherheitsdatenblatt zu Rate ziehen...
- dieses Produkt und sein Behälter sind als gefährlicher Abfall zu entsorgen..."

Die entsprechenden Schlüsse möge der Leser selbst ziehen.

Langfristiges Gefahrpotenzial

Als Ergebnis der massiven Förderung der Solartechnik haben wir mittlerweile ein zusätzliches Umweltproblem, über dessen Umfang und Auswirkungen man sich bis jetzt anscheinend noch kaum Gedanken gemacht hat. Schätzungen zufolge waren in Deutschland im Jahre 2014 rund 1,4 Millionen Fotovoltaikanlagen installiert. Davon dürften schätzungsweise 10 Prozent Dünnschicht-Solarzellen mit Cadmiumtellurid aufweisen.

Insgesamt sind dies bis zu 140.000 Anlagen mit gefährlichem Inhalt. Spätestens in etwa 10 bis 15 Jahren wird sich die Frage stellen, wie man mit diesen tausenden Tonnen giftigen Sondermülls fertigwerden will. Eine Deponierung ist nicht ratsam. Ob die von der Solarindustrie versprochenen Recyclingpfade dann wirklich verfügbar und vor allem auch finanzierbar sein werden, darf angesichts der desolaten Situation der Branche bezweifelt werden. Wenn die Hausbesitzer dann auf dem Problem sitzenbleiben, ist mit einer Zunahme illegaler „Entsorgungsaktionen" zu rechnen.

Ein weiteres Problem ist die Feuergefahr. Starke elektrische Ströme, ständig wechselnde Temperaturen sowie Witterungseinflüsse führen zur Gefahr von Bränden in Fotovoltaikanlagen. Immer wieder weigern sich Feuerwehren wegen der Gefahr elektrischer Schläge, Brände an Häusern

[98] Cadmiumtellurid Produkt Beschreibung, www.chemicalbook.com [Juni 2015].

mit Solardächern zu löschen. Sind auf dem Dach CdTe-Solarzellen verbaut, so entstehen Gesundheitsgefahren für Nachbarn sowie Entsorgungsprobleme bezüglich des verseuchten Brandschutts, der auf Sondermülldeponien entsorgt werden sollte. Wer wird für die Kosten aufkommen?

Ein letzter Punkt in diesem Zusammenhang betrifft die Behauptung, das Cadmiumtellurid werde im Brandfall zwischen den schmelzenden Glasplatten der Module eingekapselt und damit geschützt. Dies ist jedoch Augenwischerei. Bei einem Feuer wird ein Großteil der Glasbestandteile zerspringen und mit den sonstigen Dachbestandteilen ins Innere des Gebäudes stürzen, lange bevor die für ein „Einschmelzen" erforderlichen Temperaturen erreicht sind. Dieser toxische Müll wird nach dem Brand zusammen mit dem sonstigen Brandschutt auf normale Deponien gelangen, von wo das Cadmium im Laufe der Zeit ins Grundwasser sickern wird.

29] Solardachbetrug und Bürgerwindpleite

In Deutschland läuft eine Geldbeschaffungsmasche von epochalem Ausmaß. Ziel sind die Spargroschen vieler gutgläubiger Bürger. Man lockt sie mit Versprechungen von sicheren Geldanlagen, mit denen gleichzeitig ein Beitrag zum Umwelt- und Klimaschutz geleistet werde. Landauf, landab bemühen sich zahllose große und kleine Firmen und Vertretungen darum, Solarplantagen oder Bürgerwindparks an den Mann zu bringen. Neueste Masche sind seit kurzem sogenannte „Bürgerleitungsprojekte". Doch Vorsicht: In dieser Billionen-Euro-Branche haben sich längst mafiöse Strukturen herausgebildet, sind Lug und Betrug gang und gäbe geworden.

Zunächst einmal: Mit Hilfe des Erneuerbare-Energien-Gesetzes (EEG) kann man tatsächlich reich werden, sehr reich sogar. Einige Spitzenvertreter der Branche sind inzwischen im exklusiven Klub der deutschen Milliardäre zu finden. Manch ein Windbauer oder Solarplantagenbesitzer hat es zu durchaus respektablem Reichtum in mehrstelliger Millionenhöhe gebracht. Doch neben diesen Vorzeige-Profiteuren gibt es auch Verlierer, die sich von angeblich sicheren Gewinnen verlocken ließen, ihre oft mühsam erarbeiteten Lebensersparnisse in solche Projekte zu investieren, um hinterher festzustellen, dass die tatsächlichen Erträge nicht dem entsprachen, was ursprünglich versprochen wurde.[99]

Jüngste warnende Beispiele sind Firmen wie Windreich, Prokon und Juwi, aber das sind nur die Spitzen des Eisbergs. Zunehmend finden sich auch Berichte über Fälle, wo die Anleger hinterher sogar draufzahlen müssen. Davon liest man natürlich nichts in den bunten Prospekten oder den professoral klingenden Gutachten, mit denen gutgläubige Bürger dazu verleitet werden sollen, ihre Ersparnisse zur Verfügung zu stellen. Und in der einschlägigen Fachpresse sowie den zahllosen Internetportalen, die von den Anzeigen der entsprechenden Industrie leben, sucht man entsprechende Negativmeldungen natürlich vergeblich.

[99] Siehe etwa das Schicksal der seit 2012 insolventen RALOS New Energies AG als ein abschreckendes Beispiel. Vgl. dazu Joachim Röderer: Windräder liegen weiter unter Plan. Schwache Windjahre drücken auf Ergebnis der Regiowind GmbH, 18. 9. 2012, www.badische-zeitung.de [Juni 2015].

Die Gewinner stehen schon vorher fest

Jeder gutgläubige Anleger sei gewarnt, dass die Risiken bei solchen Anlagemodellen in den meisten Fällen im Interesse bestimmter Akteure ungleich verteilt sind. So sind beispielsweise die wirklich guten Windstandorte zumeist schon längst vergeben. Gewinner sind bei neuen Projekten meist diejenigen, die bereits bei Inbetriebnahme ihren Reibach gemacht haben: Die Hersteller der Anlage, die Projektgesellschaft, die das Ganze errichtet, die Gutachter und Beratungsbüros sowie die Besitzer des Grundstücks, die aus „Opas saurer Wiese" jetzt üppige, über 20 Jahre garantierte Pachterträge ziehen können.

Das Risiko liegt dagegen bei den Betreibern, die nicht nur die anfänglichen Investitionskosten zu tragen haben, sondern auch alle mit dem Projekt verbundenen Unwägbarkeiten. Wer ein wenig sucht, findet im Internet immer wieder Warnungen vor Fallen und unseriösen Praktiken. Die wichtigsten Risiken sind das Ertragsrisiko, das Betriebsrisiko, das Recyclingrisiko – und in den nächsten Jahren zunehmend auch das politische Risiko.[100]

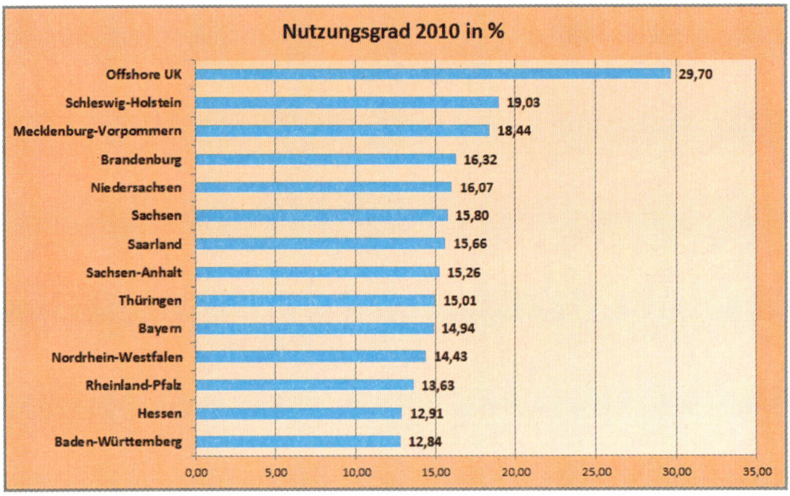

Abb. 81: Im Jahr 2010 ermittelte Nutzungsgrade der Windkraft in Abhängigkeit vom gewählten Standort (Daten: BDEW)

[100] Vgl. Arbeitskreis Alternative Energien Odenwald (Hg.): Bewertung von Windkraft-Beteiligungsangeboten, Email: ak-altenerg@gmx.de, http://de.scribd.com/doc/126560132/Bewertung-von-Windkraft- Beteiligungsangeboten, sowie Markus Estermeier: Investitionsrisiko Solarstrom, 6. 12. 2011, www.eike-klima-energie.eu [Juni 2015].

Ertragsrisiken – Wind

Wer sich mit Prospekten über Windkraftprojekte beschäftigt, wundert sich häufig über erstaunlich optimistische Angaben über die bei diesen Vorhaben zu erwartenden Stromerträge. Da Laien keine Möglichkeit haben, Windverhältnisse für einen Standort zu ermitteln, werden hierfür Expertisen eingeholt. Diese verwenden wiederum häufig Computermodelle, die zuverlässig sein können – oder eben auch nicht, wie ja auch die Erfahrung mit Wetterberichten immer wieder zeigt.

So kann man beispielsweise für deutsche Offshore-Windparks in der Nordsee Prognosen finden, die von 40 bis 46 Prozent Nutzungsgrad im Jahr ausgehen.[101] Das sind fantastische Werte – so sie denn stimmen sollten. Da es für dieses Seegebiet bisher kaum Langzeit-Erfahrungen gibt, empfiehlt sich ein Blick auf reale Betriebswerte beispielsweise in Großbritannien. Dort hat man im Offshorebereich schon seit langem umfassende Erfahrungen mit zahlreichen Windfarmen gesammelt – und geht von lediglich 29,7 Prozent Nutzungsgrad aus.[102]

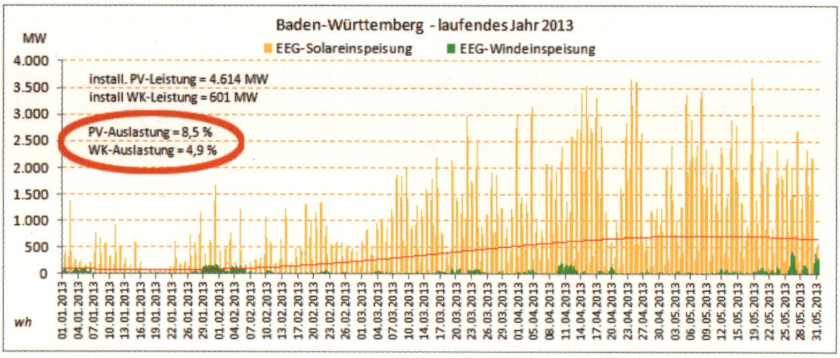

Abb. 82: In den ersten fünf Monaten des Jahres 2013 verzeichneten die Betreiber von Fotovoltaik-(PV) und Windkraft(WK)-Anlagen in Baden-Württemberg eine sehr schlechte Auslastung (Grafik: http://wilfriedheck.tripod.com/)

Auch bei landgestützten Anlagen ist anzuraten, sich die in Prospekten präsentierten Zahlen kritisch anzusehen. So gibt es Meldungen, dass Banken bei Finanzierungen davon ausgehen, dass die Angaben von Windgutachten systematisch um 17,5 Prozent zu hoch liegen. Tatsächlich sind Nutzungsgrade oberhalb von 20 Prozent nur an wenigen Standorten zu erwarten. Der langzeitige Mittelwert für Deutschland liegt bei lediglich 17,4 Prozent.

---

[101] Daten und Fakten, Fakten Windpark Borkum, www.trianel-borkum.de [Juni 2015].

[102] Siehe UKWED (UK Wind Energy Database), http://www.renewableuk.com [Juni 2015].

Die geographische Lage hat dabei entscheidenden Einfluss, wie die Aufstellung der Nutzungsgrade nach Bundesländern für das Jahr 2010 zeigt.

Schlusslicht ist Baden-Württemberg. Dort waren die Windertäge in den ersten Monaten des Jahres 2013 bei einem Anlagennutzungsgrad von lediglich 4,9 Prozent geradezu katastrophal schlecht.[103] In einer kürzlich erstellten Studie über die Wirtschaftlichkeit von Windparks findet sich folgender Satz: „Rund die Hälfte aller kommerziellen Onshore-Windparks laufen so schlecht, dass deren Anleger froh sein können, wenn sie nach 20 Jahren ihr Kommanditkapital zurückbekommen haben."[104]

Ertragsrisiken – Fotovoltaik

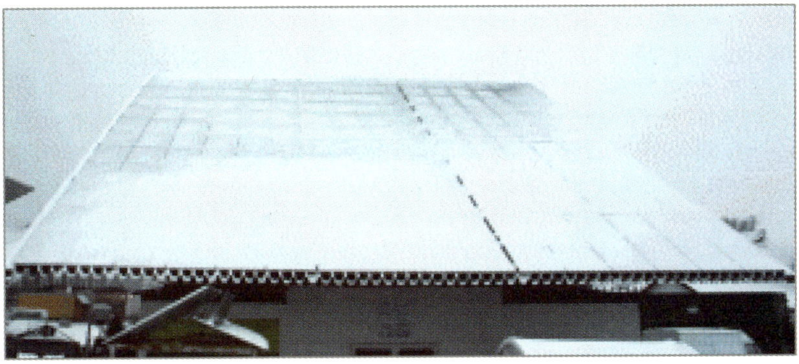

Abb. 83: Eine solche Bedeckung durch Schnee und Eis – hier in Bayern im Frühjahr 2013 – drückt den Ertrag der Fotovoltaikanlage auf nahezu Null.

Auch bei Fotovoltaikanlagen ist nicht alles Gold, was glänzt. Was zählt, sind Südlagen mit viel Sonnenschein bei klarem Himmel. Aussagen wie die, Solarzellen würden auch bei bedecktem Himmel noch Strom liefern, sind bestenfalls akademischer Schnickschnack. Wohnt man in einem Talkessel mit Abschattung oder häufiger Inversionswetterlage, so sitzt man schon auf der Verliererseite. Falsche Dachneigung, unzureichende Südorientierung oder Schatten von Nachbars Baum können die Erträge dramatisch mindern. Was viele nicht wissen: Selbst Teilabschattungen können den Ertrag eines betroffenen Paneelstrangs deutlich verringern.

Weitere Faktoren, die sich nachteilig auf den Ertrag auswirken, sind Verschmutzung durch Staub sowie Abschattung durch Pflanzenwuchs bei

---

[103] Wilfried Heck: Blog-Eintrag vom 6. 6. 2013, http://nature2010.tripod.com/wkr184.htm [Juni 2015].

[104] Werner Daldorf [Bundesverband Windenergie]: Praxiserfahrungen mit der Wirtschaftlichkeit von Bürgerwindparks in Deutschland, Präsentation (2013), www.energieagentur-goettingen.de [Juni 2015].

niedrig aufgeständerten Plantagen oder – im Winter 2012/2013 häufiger zu beobachten – durch Schnee und Eis. Für Deutschland ist von einem durchschnittlichen Langzeit-Nutzungsgrad von etwa 8,3 Prozent auszugehen. Bei Angaben, die wesentlich darüber liegen, sollte man Vorsicht walten lassen. Eine sehr ausführliche Dokumentation von Konrad Fischer listet zahllose Beispiele für Pfusch, Brandrisiken und Gesundheitsrisiken von Solaranlagen auf.[105]

Betriebs- und Lebensdauerrisiken – Wind

Windenergieanlagen sind hochkomplexe technische Produkte und unterliegen enormen Beanspruchungen, zudem sind sie der Witterung ausgesetzt. Deshalb sind Schäden früher oder später unausweichlich. Reparaturen in Höhen von 100 m oder darüber sind teuer, vor allem, wenn beim Austausch großer Teile ein Kran eingesetzt werden muss.

Die Schummeleien bezüglich der Verfügbarkeiten von WKA beginnen schon bei den Angaben zur Lebensdauer, die vielfach mit 25 Jahren angegeben wird.[106] Interessanterweise gibt der weltgrößte Hersteller Vestas in eigenen Lebensdaueranalysen Auslegungslebensdauern von lediglich 20 Jahren an.[107] Zu den von anderen Herstellern angegebenen 25 Jahren ist das immerhin ein Unterschied von 25 Prozent.

Zu den Schwachpunkten von Windenergieanlagen gehören insbesondere auch die Getriebe, deren Ersatz äußerst aufwendig ist. Hier rechnet die erwähnte Analyse damit, dass innerhalb der Lebensdauer der Anlage einmal ein Austausch fällig werden dürfte. Ein ebenfalls sehr aufschlussreicher Bericht über die Lager als entscheidende Schwachstelle von Windturbinen findet sich bei EIKE.[108]

Nachdenklich stimmen sollte insbesondere das Ergebnis detaillierter Untersuchungen der britischen Renewable Energy Foundation über die Entwicklung der Produktivität von Windenergieanlagen in Großbritannien und Dänemark. In dieser Langzeitstudie wurde festgestellt, dass die Nutzungsgrade britischer Windfarmen von ursprünglich etwa 24 Prozent innerhalb von 10 Jahren auf 15 Prozent abfallen und nach 15 Jahren lediglich noch 11 Prozent erreichen. Der Bericht kommt zu dem Schluss, dass wenige Windkraftanlagen länger als 12 bis 15 Jahre arbeiten werden.[109]

---

[105] Konrad Fischer: Brandchronik Solarbrand, www.konrad-fischer-info.de [Juni 2015].

[106] Daten und Fakten, Fakten Windpark Borkum, www.trianel-borkum.de [Juni 2015].

[107] Barbara Batumbya Nalukowe et al. (Group 7): Life Cycle Assessment of a Wind Turbine, Life Cycle Assessment 1N1800, Vestas, 22 5. 2006, www.grandeolico.it [Juni 2015].

[108] Eric Worrall: Lager: Die Achillesferse von Windturbinen, 17. 8. 2014, www.eike-klima-energie.eu [Mai 2015].

[109] Gordon Hughes: The Performance of Wind Farms in the United Kingdom and Denmark, Renewable Energy Foundation, 2012, www.ref.org [Juni 2015].

Ein in Zukunft vermutlich wachsendes Risiko könnte auf Landbesitzer zukommen, die ihre Grundstücke an Windenergieanlagenbetreiber verpachtet haben. Sollten diese Betreiber pleitegehen, so liegt die Verantwortung für den umweltgerechten Rückbau der Windenergieanlage beim Grundstückseigentümer. Die entsprechenden Kosten können in die hunderttausende Euro pro Anlage gehen.

Betriebs- und Lebensdauerrisiken – Solar

Da die meisten Fotovoltaikanlagen aus Elektronikkomponenten ohne bewegliche Teile aufgebaut sind, wird häufig angenommen, sie hätten eine sehr hohe Lebensdauer. Oft wird behauptet, sie würden zwar im Laufe der Zeit allmählich etwas nachlassen, lieferten aber auch nach 25 Jahren noch 75 Prozent ihrer ursprünglichen Leistung und seien auch danach noch für viele weitere Jahre verwendbar. Wer jedoch die Wahrheit wissen will, sollte nicht in Prospekten der Hersteller oder auf den Webseiten der vielen Lobbygruppen nachsehen, sondern bei Internet-Suchmaschinen Begriffe wie z.B. „Solaranlage defekt“ eingeben.

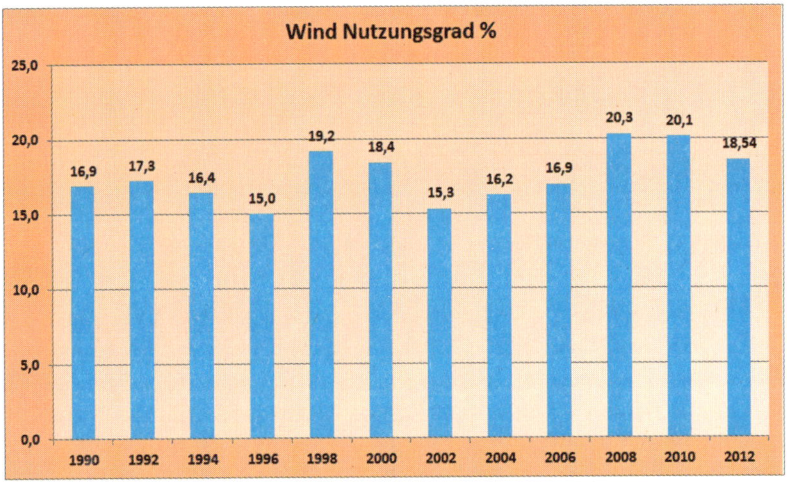

Abb. 84: Die Nutzungsgrade der in Deutschland installierten Windkraftanlagen unterliegen jährlichen Schwankungen. Der langjährige Mittelwert beträgt 17,4 Prozent.

Das sich hieraus ergebende Bild weicht ganz erheblich von der heilen Welt der Anbieterprospekte ab. Es ist erstaunlich, wieviele Firmen und Ingenieurbüros offensichtlich gut davon leben, dass sie sich um die Funktions-

und Leistungsdefizite von Solaranlagen kümmern.[110] Auf manchen Websites finden sich Aussagen über bis zu zweistellige Prozentsätze von Zellen, die entweder nicht die volle Leistung bringen oder gar ganz defekt sind. Auch in den Blogs von Heimwerker- und Selbsthilfeportalen finden sich zahlreiche Leidensgeschichten als Hinweis darauf, dass es offensichtlich nicht immer damit getan ist, sich eine Anlage aufs Dach zu schrauben, um dann jahrzehntelang bequem Geld einnehmen zu können.[111] Hinzu kommt eine nicht zu unterschätzende Feuergefahr: Feuerwehren fürchten das Risiko von elektrischen Stromschlägen durch Löschwasser, wenn Häuser mit Solaranlagen brennen. Dringend gewarnt wird auch vor dem Feuerrisiko durch Speicherbatterien für Solaranlagen.[112]

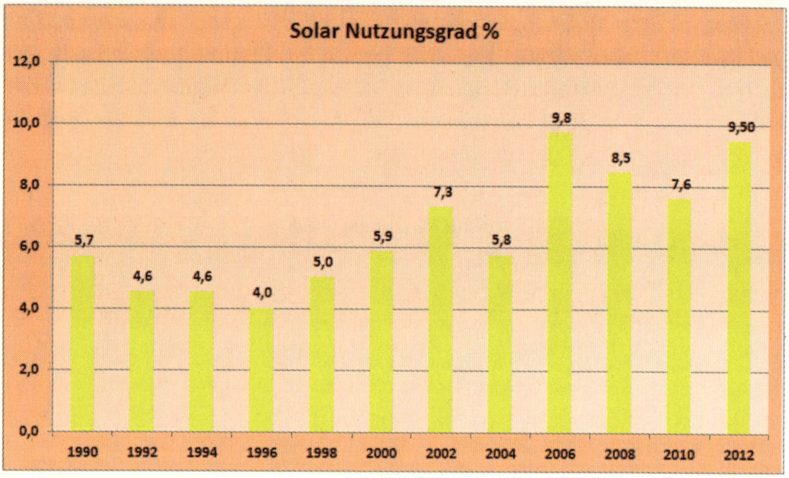

Abb. 85: Der Nutzungsgrad von in Deutschland installierten Fotovoltaikanlagen schwankt teils erheblich. Der langjährige Mittelwert (wegen technischer Fortschritte gerechnet ab 2004) liegt bei rund 8,3 Prozent

Fotovoltaik: Wohin mit dem Sondermüll?

Sowohl für Windenergie- als auch für Fotovoltaikanlagen besteht ein Recyclingrisiko, das meist völlig unterschätzt wird. Sie alle müssen nämlich nach Ablauf der 20jährigen Betriebsdauer umweltverträglich demontiert und entsorgt werden. Bei Windkraftanlagen können allein für Abriss und

---

[110] Burkhard Straßmann: Das falsche Versprechen – Solaranlagen halten ewig? Irrtum! Viele sind schon bei der Montage defekt. Die Garantien der Hersteller sind oft wertlos, 2. 5. 2013, www.zeit.de [Mai 2015].

[111] Vgl. dazu etwa die Debatte unter http://cr4.globalspec.com/thread/25552/Service-life-of-solar-panels, sowie Konrad Fischers PV-Brand-Chronik unter www.konrad-fischer-info.de [Juni 2015].

[112] NAEB (Hg.): Stromspeicher für Solarstromsind teuer und gefährlich, 13. 5. 2013, http://naeb-eeg.de (Mai 2015].

Abtransport sechsstellige Beträge fällig werden. Und der Aussage, dass man auf den alten Mast einfach wieder eine neue Anlage setzen könne, sollte man mit Skepsis begegnen: Mast und Gondel bilden ein aufeinander abgestimmtes System, und auch für den Mast gilt die Auslegungsberechnung nur für eine Betriebsperiode. Wenn danach etwas passieren sollte, dürften interessante juristische Auseinandersetzungen mit der Versicherung zu erwarten sein.

Auch bezüglich der Entsorgung von Fotovoltaikanlagen können auf den Eigner erhebliche Kosten zukommen, da es sich bei vielen Technologien um Sondermüll handelt, der giftige Schwermetalle wie Blei, Cadmium und Tellur enthält.[113] Die sachgerechte Entsorgung dieses Materials erfordert hoch spezialisierte Anlagen und ist entsprechend teuer. Zwar geben manche Hersteller deshalb für die von ihnen gelieferten Module eine Entsorgungszusicherung, jedoch ist angesichts der desolaten Lage der meisten dieser Firmen kaum davon auszugehen, dass nach Ablauf der Betriebsdauer noch irgendjemand da sein wird, der diese Versprechungen auch einlösen wird.

Politische Risiken

Kaum bewusst ist den Betreibern von EE-Anlagen zumeist, dass für ihre Investition auch politische Risiken bestehen. Eine der entscheidenden Säulen der Energiewende ist das Erneuerbare-Energien-Gesetz (EEG), das dem Investor, der Geld in Anlagen zur Erzeugung von Strom aus „erneuerbarer" Energie steckt, eine zwanzigjährige Abnahmegarantie für den erzeugten Strom zu festgelegten Preisen zusichert. Zu zahlen hat dafür der Stromverbraucher im Wege des EEG-Zuschlags auf seine Stromrechnung. Von der Einhaltung dieser Zusage hängt die Wirtschaftlichkeit der Investition ab, denn die garantierten Preise liegen weit über den Kosten von 2,4 bis 4,9 ct/kWh, zu denen konventionelle Kraftwerke Strom produzieren können. Wird diese Garantie zurückgezogen, so bricht die gesamte Kostenkalkulation in sich zusammen und eine Pleite ist vorprogrammiert.

Daher stellt sich die Frage, wie glaubwürdig die staatlichen Garantien des EEG sind. Die Antwort ist einfach: Ungefähr so glaubwürdig wie deutsche Rentenversprechungen oder so sicher wie zyprische Bankguthaben. Wenn es der Politik opportun erscheint, wird sie auch bezüglich des EEG den Stöpsel ziehen, wie sich an der Diskussion über die von Bundesumweltminister Altmeier ins Spiel gebrachte Strompreisbremse zeigte. Wenn genügend Wählerstimmen winken, wird die Politik jedes Versprechen brechen.

---

[113] Sascha Rentzing: Recycling von Modulen: Solar-Konzerne kämpfen um ihr grünes Image, 25. 4. 2010, www.spiegel.de [Juni 2015].

Erinnern wir uns an die Situation bei den Kernkraftwerken: Man hatte ihnen gerade Zusagen bezüglich längerer Laufzeiten gemacht und sie gleichzeitig via Brennelementsteuer kräftig zur Kasse gebeten. Als dann Fukushima die politische Stimmung kippen ließ, waren die Laufzeitzusagen plötzlich wertlos, die bereits gezahlte Brennelementesteuer wollte der Staat aber trotzdem behalten. Es wäre naiv zu glauben, dass man Windmüller und Solarplantagenbesitzer anders behandeln wird, wenn es erst einmal so weit kommt, dass explodierende Strompreise das Volk auf die Straße treiben. Aus Ländern wie Spanien hört man inzwischen bereits Meldungen, dass EE-Anlagenbetreiber vor der Pleite stehen, weil der Staat seine Zusagen nicht mehr einhalten kann.

Politik: Winkeladvokaten-Tricks

Schon die Grundlage des ganzen Geschäfts mit den „erneuerbaren" Energien beruht auf Betrug der Politik am Bürger. So versprach das Bundesumweltministerium unter Jürgen Trittin im Jahre 2005, dass der Anstieg der EEG-Umlage in Zukunft abnehmen und einen Durchschnittshaushalt selbst bei sehr dynamischem Ausbau nicht mehr als drei Euro pro Monat kosten werde.[114] Erst kürzlich im Jahr 2013 musste dann sein Nachfolger Altmeier zugeben, dass die Kostenbelastungen aus dem EEG die Billion Euro überschreiten dürften – mit dem interessanten Kniff, dass er vom Ende der 2030er Jahre statt von 2050 sprach.[115]

Anders ausgedrückt: Da für die Energiewende von 2040 bis 2050 weitere 15 Prozent „Erneuerbare" zur Erreichung des Ziels von 80 Prozent draufgesattelt werden müssen, dürfte die Realität nochmals um einen ordentlichen Batzen über jener Billion liegen. Von einer Politik, die dem Bürger mit solchen Winkeladvokaten-Tricks kommt, haben betrogene Sparer hinterher höchstens salbungsvolle Sprüche zu erwarten.

---

[114] Bundesministerium für Umwelt, Naturschutz und Reaktorsicherheit (BMU), Referat Öffentlichkeitsarbeit: Was Strom aus erneuerbaren Energien wirklich kostet. Juni 2005. Vgl. BMU (Hg.): Was Strom aus erneuerbaren Energien wirklich kostet, Presseerklärung Nr. 191/05, Berlin, 14. 7. 2005.

[115] Umweltminister Altmaier: „Energiewende könnte bis zu einer Billion Euro kosten" [Interview], 19. 2. 2013, www.faz.net [Juni 2015].

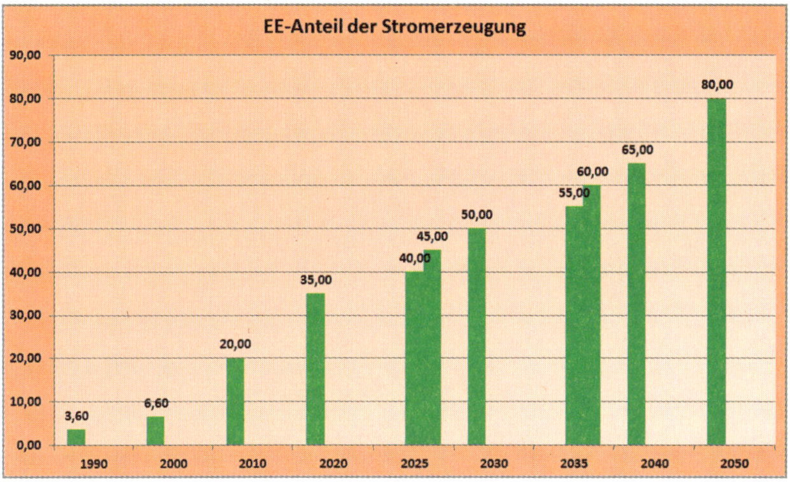

Abb. 86: Deutschland hat sich mit der „Energiewende" äußerst ehrgeizige Ziele bei der Einführung sogenannter erneuerbarer Energien gesetzt (Daten: Eigene Recherchen, BMWi[116])

[116] Bundesministerium für Wirtschaft und Energie (Hg.): EEG-Reform, www.erneuerbare-energien.de [Mai 2015].

30] SüdLink – noch mehr Milliarden für Unfug

In Sachen Energiewende drückt Minister Gabriel in forscher Manier aufs Tempo. Dem immer deutlicher kränkelnden Projekt der Energiewende soll durch massive Investitionen in die Leitungsnetze auf die Sprünge geholfen werden. Den Anfang will man mit SüdLink machen, einer 800 km langen Stromleitung, die Windstrom von den Küstenregionen in die südlichen Bundesländer transportieren soll. Derzeitige Schätzungen beziffern die Kosten auf 6 bis 10 Milliarden Euro[117]*, doch ist kaum davon auszugehen, dass dieser Rahmen eingehalten wird.*

Mit Superlativen und bombastischen Worten wurde bei der Vorstellung dieses Projekts nicht gespart: Von einer „Stromschlagader", gar von einem „Rückgrat, einem wesentlichen Kernstück der Energiewende" schwärmten Politik und Netzbetreiber bei der Vorstellung des Projekts für diese neue Nord-Süd-Stromverbindung. Damit soll die wegen angeblich fehlender Netzkapazitäten gefährdete Energiewende wieder auf Kurs gebracht werden. Mit SüdLink soll Deutschland innerhalb von etwa acht Jahren eine Hochleistungs-Stromverbindung in Nord-Süd-Richtung bekommen, um den im Norden erzeugten Windstrom dem Süden der Bundesrepublik zukommen zu lassen, der nach Abschaltung diverser Kern- und Kohlekraftwerke zuwenig eigene Erzeugungskapazität haben wird, siehe Kapitel 25.

Nach dem derzeit kommunizierten Planungsstand soll eine Hochspannungs-Gleichstromleitung mit einer Gesamtübertragungskapazität von 4.000 MW von Wilster in Schleswig-Holstein aus bis nach Grafenrheinfeld in Bayern führen. Über die genaue Planung und Trassenführung wird man erst nach und nach Näheres erfahren. Eines steht jedoch bereits jetzt fest: Widerstand der Bürger will man mit allen Mitteln verhindern, der Staat hat dem Projekt Priorität eingeräumt und wird den Gegnern juristisch keine Chance lassen.[118]

---

[117] Ludwig Lindner: Nord-Süd-Strom-Autobahnen: ein Schildbürgerstreich, 14. 2. 2014, www.eike-klima-energie.eu [September 2015].
[118] Michael Gassmann: Gegner der Stromtrasse haben keine Chance, 9. 2. 2014, www.welt.de [Mai 2015].

Was ist der Zweck von SüdLink?

Der Zweck des Projekts ist im Prinzip so einfach zu begreifen, dass man darüber eigentlich kaum viele Worte verlieren müsste. Es geht darum, sehr viel Geld auszugeben, um in den südlichen Bundesländern eine hervorragend funktionierende, äußert zuverlässige und zudem preisgünstige Stromversorgung durch eine gänzlich ungeeignete, falsch dimensionierte und unzuverlässige Energieversorgung zu ersetzen. Gebraucht würden eigentlich nur ein paar weitere konventionelle oder Kernkraftwerke als Ergänzung des etwas zu knappen Bestandes.

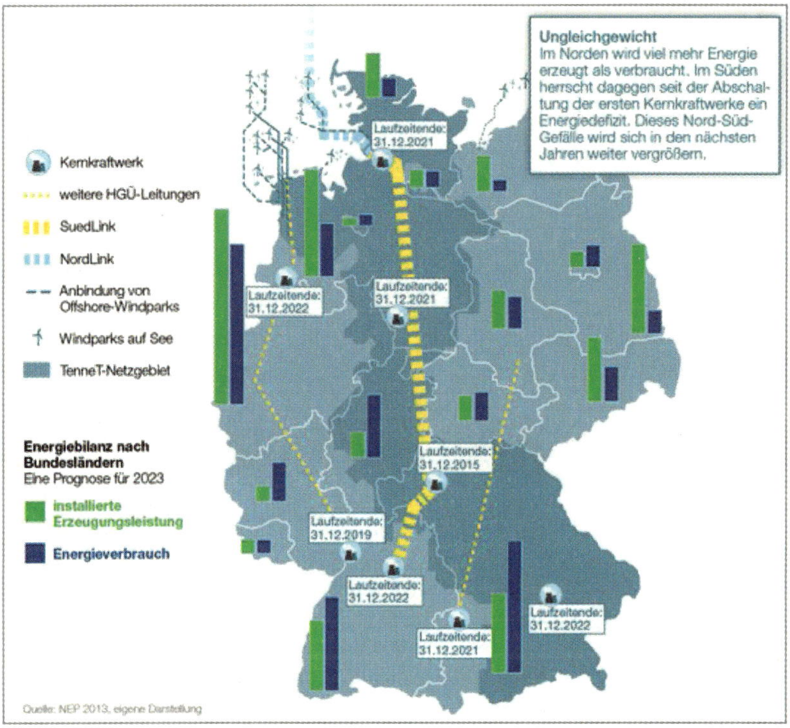

Abb. 87: Trassenführung der geplanten SüdLink-Verbindung (Grafik: TenneT[119])

Bis zur Abschaltung diverser Kernkraftwerke im Jahre 2011 hatten Bayern und Baden-Württemberg eine gut ausgebaute Energie-Infrastruktur. Allerdings stehen inzwischen etliche konventionelle Kraftwerke, die als Folge

[119] Warum SuedLink für die Energiewende von entscheidender Bedeutung ist, http://suedlink.tennet.eu/suedlink.html [Mai 2015].

der „Energiewende“ nicht mehr rentabel arbeiten können, zur Stilllegung an, und auch die sechs noch vorhandenen Kernkraftwerke sollen nach dem Willen der Politik bis 2022 abgeschaltet werden. Als Ersatz soll SüdLink Windstrom aus der Küstenregion nach Süden transportieren. Von der südlichen Empfangsstation beim derzeit noch laufenden Kernkraftwerk Grafenrheinfeld aus soll dieser Strom dann nach Rückumwandlung von Gleich- in Wechselstrom im süddeutschen Raum verteilt werden.

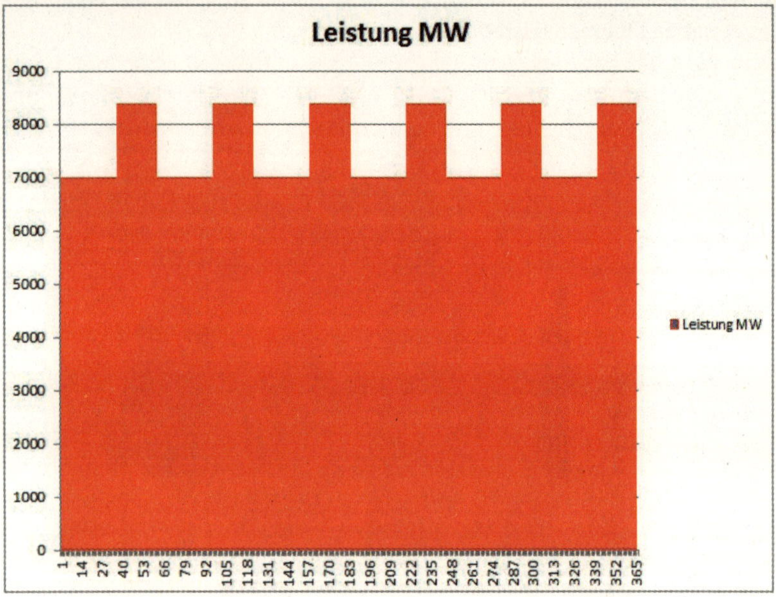

Abb. 88: Hypothetische Leistungsverfügbarkeit der süddeutschen Kernkraftwerke unter Berücksichtigung periodischer Stilllegungen für Wartungszwecke in MW.

Wie gut ist die aktuelle Stromversorgung in Süddeutschland?

Auch nach der Abschaltung einer Reihe von Kernkraftwerken werden die hoch industrialisierten südlichen Bundesländer von zurzeit noch sechs solcher Anlagen mit einer Gesamtkapazität von 8300 MW mit Strom versorgt. Hinzu kommen noch konventionelle Kraftwerke, Wasserkraft, etwas Wind und vergleichsweise viel Fotovoltaik. Die Kernkraftwerke bilden jedoch das Rückgrat der Versorgung, nicht zuletzt auch aufgrund ihrer hohen Verfügbarkeit von > 90 Prozent. Trägt man diese Versorgung mit Kernkraftstrom grafisch auf, so zeigt sich, dass man in Bayern und Baden-Württemberg zurzeit auf eine stabile, ganzjährig ohne Unterbrechungen verfügbare Versorgungskapazität von mindestens 7000 MW und zeitweilig sogar mehr als 8300 MW aus Kernkraft zählen kann (Abb. 88).

Wie zuverlässig ist Windstrom?
Ganz anders sieht die Versorgungssicherheit dagegen bei der Windenergie aus. Im Rahmen einer gut dokumentierten Untersuchung hat Detlef Ahlborn die typische Verfügbarkeit von Windenergie in Deutschland über den Zeitraum eines Jahres statistisch untersucht.[120] Grundlage ist eine Aufzeichnung der Jahresproduktion im Viertelstundentakt. Die entsprechende Grafik zeigt die Abbildung 89. Trotz der Größe der Fläche, über welche die Anlagen verteilt sind, kommt es nicht zu einer Vergleichmäßigung des Stromangebots durch Ausgleich der Erträge aus windstarken und windschwachen Standorten.

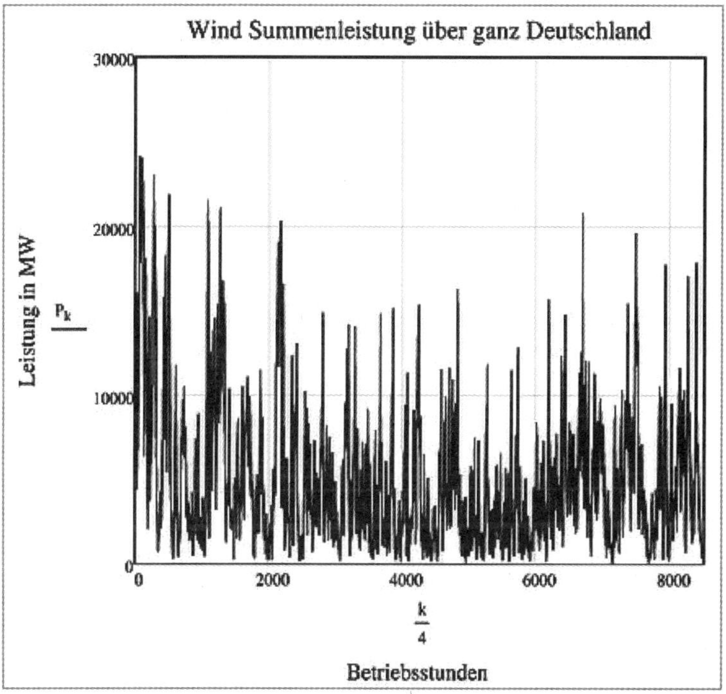

Abb. 89: Aufzeichnung der Windsummenleistung über ganz Deutschland im Jahr 2012 bei einer installierten Gesamtkapazität von 31.000 MW[121]

---

[120] Vgl. Detlef Ahlborn: Statistik und Verfügbarkeit von Wind- und Solarenergie in Deutschland (mit weiteren Quellenangaben), 10. 2. 2014, www.eike-klima-energie.eu [Juni 2015].
[121] Grafik: ebd.

Der Minimalwert der Einspeisung lag 2012 bei lediglich 170 MW, gerade einmal 0,5 Prozent der gesamten installierten Kapazität. Damit ist eine gesicherte Verfügbarkeit der Versorgung undenkbar. Schon ein oberflächlicher Vergleich mit der Verfügbarkeit der Kernkraftwerke zeigt, dass Windstrom vom Funktionsprinzip her nicht imstande ist, die Bedürfnisse einer modernen Industriegesellschaft zu erfüllen. Heutige Arbeitsplätze ebenso wie der typische Privathaushalt brauchen Strom dann, wenn das Produktionsgeschehen und der Tagesablauf es erfordern und nicht dann, wenn es dem Wetter so gefällt. Nur so lassen sich Werte schaffen.

Wo nichts ist...

Das Problem mit der Windenergie ist der geringe Nutzungsgrad von knapp über 20 Prozent selbst an den „guten" Standorten in küstennahen Regionen. Zudem unterliegt das Angebot selbst in windstarken Zeiten noch kurzzeitig extremen Schwankungen. Eine Leitung wie SüdLink, die mehr oder weniger ausschließlich Windstrom nach Süden transportieren soll, leidet damit zwangsläufig unter der gleichen „Erbkrankheit": Ihre Auslastung dürfte ebenfalls bei nur 20 Prozent liegen, was hohe spezifische Kosten bedingt, und sie kann nur dann Strom transportieren, wenn dieser auch tatsächlich vorhanden ist. In den USA gibt es für ein solches Dilemma den drastischen, aber zutreffenden Begriff „Shit in, Shit out", womit alles gesagt ist.

Einen grafischen Vergleich des Unterschiedes zur Kernkraft liefert die Abbildung 90. Dabei wurden die Daten der Abbildungen 88 und 89 zusammengeführt. Die blauen Bereiche unterhalb der „Zappellinie" des Windstroms kennzeichnen die Windstrom-Verfügbarkeit via SüdLink. Man erkennt sofort, dass diese Leitung weder von der Menge noch von der zeitlichen Verfügbarkeit her imstande sein kann, Kernkraft zu ersetzen.

Diese prinzipbedingte Unfähigkeit ließe sich auch nicht durch Verdopplung oder Verdreifachung der installierten Erzeugungs- und Übertragungskapazität beheben: Wenn bei BMW, Daimler oder Audi die Schicht anläuft, muss Strom zur Verfügung stehen, Punkt. Da reichen weder 170 MW noch 340 MW und auch keine 510 MW. Vervielfacht würden ausschließlich die Kosten. Betrachtet man zudem die wegfallende Kernkraft-Kapazität von bis zu 8.300 MW sowie die zusätzlich zur Stilllegung anstehenden 3.680 MW konventioneller Kraftwerkskapazität (Kapitel 25), dann erscheint die Frage schon gerechtfertigt, wie man fast 12.000 stabil verfügbarer Leistung mit einer 4.000-MW-Leitung ersetzen soll. Vor allem, wenn von diesen 4.000 MW meist nur Bruchteile tatsächlich zur Verfügung stehen dürften.

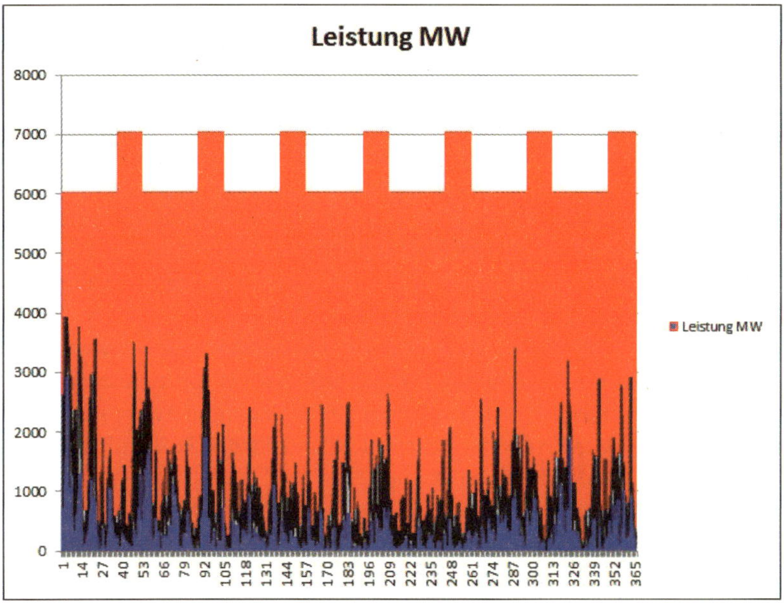

Abb. 90: Maßstabsgerechter Vergleich der Verfügbarkeit von Strom aus 8300 MW installierter Kernkraftwerks-Kapazität (rot) und 4000 MW installierter Leitungskapazität mit Strom aus norddeutscher Windkraft via SüdLink

Politische Manöver

Interessant sind vor diesem Hintergrund die politischen Manöver von Bayerns Ministerpräsident Horst Seehofer, der sich für ein Moratorium des Ausbaus von SüdLink aussprach und dafür prompt heftig attackiert wurde. Seehofer ist beileibe kein Gegner der desaströsen Energiewendepolitik in Deutschland. Doch Bayern ist Sitz von BMW und Audi, zwei der größten Automobilhersteller Deutschlands.

Deren Vorstände müssen immer mal wieder über Investitionen mit Reichweiten von teilweise mehr als 10 Jahren entscheiden. Möglicherweise hat man dort auf den einen oder anderen Energiefachmann gehört, der sich fragt, wie man bei unsicherer Stromversorgung eine sichere Autoproduktion aufrechterhalten will, und dies dem Landesvater ins Ohr geflüstert. Es dürfte noch spannend werden...

Ein Milliardengrab ohne jeden Nutzen

SüdLink ist nichts weiter als ein Milliardengrab für öffentliche Gelder. Die Leitung ist völlig außerstande, die Stromnöte im Süden Deutschlands zu lindern. Der einzige Nutzen liegt darin, den Wind-Oligarchen im Norden zusätzliche Profite zu verschaffen. Um das zu dokumentieren, braucht man sich nur die Kosten-Nutzen-Relation im Vergleich zur ortsnahen Errichtung eines modernen Steinkohlekraftwerks anzusehen. SüdLink hat eine maximale Übertragungskapazität von 4.000 MW. Für die Windenergieproduktion kann bei einem angenommenen Mix von Onshore- und Offshoreproduktion ein Nutzungsgrad von vielleicht 20 Prozent angenommen werden. Effektiv wird die Leitung daher lediglich das Äquivalent eines 800-MW-Kohlekraftwerks nach Süden transportieren.

SüdLink soll bis zu 10 Milliarden Euro kosten, ein modernes Kohlekraftwerk dieser Leistung dagegen nur etwa eine Milliarde Euro. Das ist ein Verhältnis von 1:10 zu Ungunsten des Leitungsprojekts. Selbst wenn man unterstellt, dass die 4.000 MW an Transportkapazität voll genutzt würden, entspräche dies nur der Leistung von etwa fünf Kohlekraftwerken. Für deren Errichtung wären jedoch lediglich rund 5 Milliarden Euro aufzubringen, halb soviel, wie SüdLink kosten dürfte.

Wie bereits eingangs gesagt: SüdLink ist wirtschaftlicher Unfug und leistet der Vernichtung von Infrastruktur und Arbeitsplätzen in Süddeutschland Vorschub. Dazu werden nicht nur riesige Summen verschleudert, sondern auch Bürgerrechte in erheblichem Umfang eingeschränkt. Die gleichen Windstrom-Oligarchen, deren NGO-Hilfstruppen im Bereich der sogenannten Naturschutzorganisationen ungestraft jedes konventionelle Energieprojekt nach Belieben be- und verhindern durften, werden hier vom Staat gegen berechtigte Bürgerproteste unterstützt. Was sich hier abzeichnet, sollte mehr als bedenklich stimmen.

31] Die biologisch-geologische CO_2-Sackgasse

Ideologische Grundlage der sogenannten Energiewende sind zwei Gedankengebäude, die beide darauf abzielen, dem Normalbürger Angst einzujagen: Angst vor einem katastrophalen Klimawandel durch das „Treibhausgas" CO_2 und Angst vor Radioaktivität, die nicht nur uns selbst, sondern auch die Zukunft unserer Kinder sowie zahlloser künftiger Generationen bedrohen soll. Mit beiden Ängsten sind entsprechende politische Kräfte imstande, die Öffentlichkeit zu manipulieren und dazu zu bringen, Beträge in einer Größenordnung von Billionen Euro in den sogenannten Klimaschutz sowie in die Zerstörung unserer Energie-Infrastruktur zu stecken. Während die Gesellschaft als Ganzes dabei verliert, konnten einige Öko-Oligarchen gigantische Vermögen zusammenraffen. Wenn Wissenschaftler – wie es bei beiden Themen der Fall ist – den Laien belügen und in die Irre führen, ist es hilfreich, wenn man auf seinen gesunden Menschenverstand vertraut – und einige grundlegende Zusammenhänge kennt. In diesem Kapitel werden deshalb einige einfach fassliche, aber wesentliche Fakten rund um das Thema CO_2 aufgezeigt.

Wissenschaftler beschäftigen sich meist mit komplizierten Zusammenhängen, von denen der Normalbürger so gut wie nichts versteht. Bei kontroversen Diskussionen ist der Forscher dem Laien daher haushoch überlegen. Wenn beispielsweise ein Meteorologe komplizierte Gleichungssysteme erstellt und in Hochleistungscomputer füttert, hat man als Otto Normalo so gut wie keine Chance, ihm auf seinem Spezialgebiet auf gleicher Ebene Paroli zu bieten. Doch das heißt noch lange nicht, dass man widerspruchslos alles akzeptieren muss, was er behauptet. Wenn ein Patient stirbt, eine Brücke einstürzt oder eine Konjunktur anders eintritt als vorhergesagt, lagen die Fachleute trotz all ihrer Expertise falsch. Um das erkennen zu können, braucht man nicht selbst fachkundig zu sein, dazu genügen die Anschauung der Fakten und der gesunde Menschenverstand. Wenn die Meteorologie nicht imstande ist, das Wetter auf mehr als ein paar Tage im Voraus einigermassen zutreffend vorherzusagen, dann hat man auch als Laie jedes Recht, Vertretern dieser Zunft zu misstrauen, wenn sie behaupten zu wissen, wie sich das Klima in den nächsten 100 Jahren entwickelt. Da das Thema so umfassend ist, dass eine erschöpfende Behandlung den Rahmen dieses Buches sprengen würde, sollen hier nur ein paar grundlegende Fakten zur CO_2-Problematik kurz dargelegt werden.

Abb. 91: In den Kalksteinklippen des Schweizer Jura stecken viele Milliarden Tonnen gebundenes CO_2.

CO_2 als Klima-Bösewicht?

Die Wissenschaft, so behaupten es die meisten Medien, sei sich in der Frage des Klimawandels weitgehend einig: Der Mensch sei dabei, das Klima in katastrophaler Weise zu destabilisieren. Die Anhänger der Theorie vom menschengemachten Klimawandel (AGW, Antrophogenic Global Warming) sehen als Hauptursache hierfür die Verbrennung fossiler Rohstoffe, die das als Treibhausgas bezeichnete CO_2 freisetzt. Dadurch werde der eigentlich stabile CO_2-Kreislauf unseres Planeten in fast schon irreparabler Weise gestört (siehe Abb. 92).

Die AGW-These besagt im Wesentlichen, dass sich die Freisetzung von CO_2 aus organischer Materie und seine erneute Bindung durch Fotosynthese seit hunderttausenden von Jahren mehr oder weniger im Gleichgewicht befanden. Diese Balance werde erst jetzt durch den vom Menschen verursachten CO_2-Anstieg gefährdet: „Die CO_2-Konzentration in der Atmosphäre war jahrtausendelang praktisch konstant und steigt erst an, seit wir dem System riesige Mengen an zusätzlichem Kohlenstoff aus fossilen Lagerstätten zuführen", erklärte hierzu der als Warner vor der sogenannten Klimakatastrophe zu Prominenz gekommene Prof. Stefan Rahmstorf vom Potsdam-Institut für Klimafolgenforschung in einem Focus-Artikel.[122]

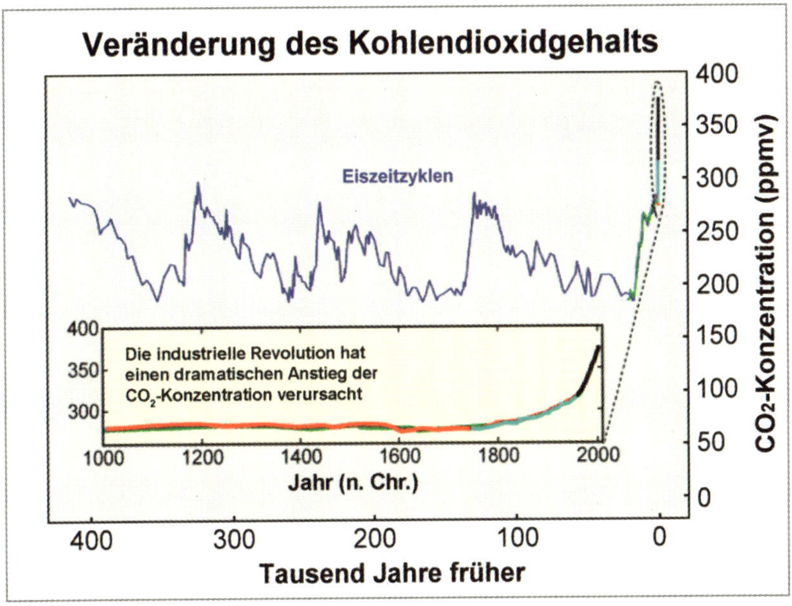

Abb. 92: Nach Auffassung der AGW-Anhänger hat erst die industrielle Revolution einen dramatischen Anstieg der CO_2-Konzentration in der Atmosphäre verursacht (Grafik: Global Warming Art, Creative Commons)

Ähnliche Auffassungen vertreten auch zahlreiche weitere Klimaforscher, so auch die Autoren der inzwischen kontrovers diskutierten „Hockeystick-Kurve" (Abb. 93) des bekannten AGW-Apologeten Michael E. Mann.[123]

Am drastischsten aber formulierte es der US-Politiker Al Gore anlässlich der Auszeichnung mit dem Nobelpreis: „Wir Menschen haben es mit einem globalen Notfall zu tun. Die Erde hat jetzt Fieber. Und das Fieber steigt."[124]

---

[122] Christina Steinlein: So leugnen Klimaskeptiker den Klimawandel, 7. Nur 3 Prozent des CO_2-Ausstoßes sind menschengemacht, Focus, 21. 4. 2013, http://www.focus.de [September 2015].

[123] IPCC (Hg.): Third Assessment Report, Working Group I: The Scientific Basis, figure 2.20, www.ipcc.ch/ipccreports/tar/wg1/fig2-20.htm [Mai 2015].

[124] Zitat: Die Erde hat Fieber, 10. 12. 2007, www.focus.de/ [Juni 2015].

Am Rande sei übrigens vermerkt, dass Gore bei seinen diesbezüglichen Aktivitäten ganz nebenbei ein riesiges Vermögen ansammeln konnte.

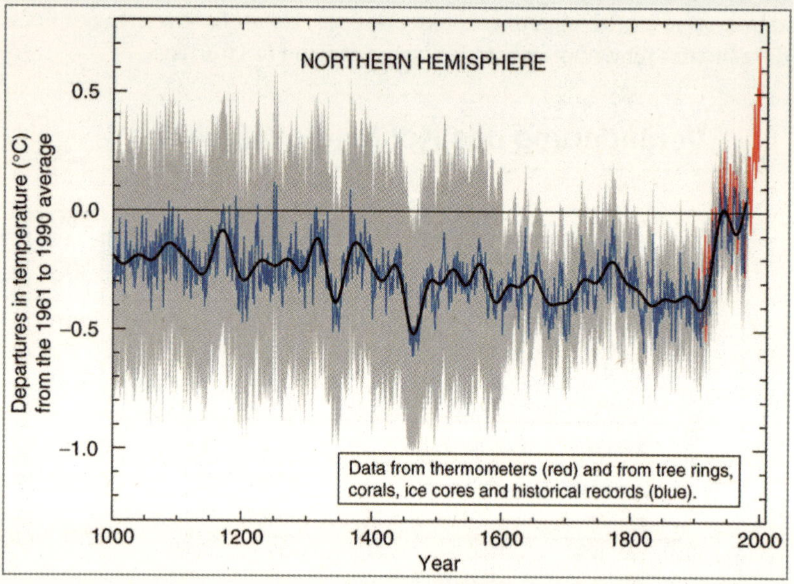

Abb. 93: Die „Hockeyschläger-Kurve“: Rekonstruierte Temperatur (blau) und Thermometerdaten (rot), die Fehlergrenzen sind in grau gezeigt (Grafik: Michael E. Mann, Raymond S. Bradley und Malcolm K. Hughes, IPCC/ Wikimedia Creative Commons)

Die Realität: CO_2-Rückgang seit 600 Millionen Jahren

Ein völlig anderes Bild zeichnet dagegen Prof. Wolfgang H. Berger von der University of California San Diego in einem auf der Homepage der Universität angebotenen Online-Kurs (Abb. 4).[125] Demnach lag der CO_2-Gehalt der Erdatmosphäre vor etwa 500-600 Millionen Jahren bis zu 20mal höher als in den letzten paar Jahrhunderten vor der industriellen Revolution.

Im Laufe der Zeit gab es dabei auch teils erhebliche Schwankungen. So begann der CO_2-Gehalt vor etwa 450 Millionen Jahren erheblich abzusinken, bevor er vor rund 250 Millionen Jahren erneut auf etwa den fünffachen heutigen Wert anstieg. Seither nimmt er – wenn auch mit einer Reihe von Schwankungen – im Prinzip kontinuierlich ab.

[125] Carbon Dioxide through Geologic Time [Vorlesungsskript der University of California in San Diego], http://earthguide.ucsd.edu/virtualmuseum/climatechange2/07_1.shtml [Mai 2015].

Heute haben wir die seit 500 bis 600 Millionen Jahren nahezu niedrigsten CO_2-Konzentrationen in der Atmosphäre. Würde man der obigen „Fieber"-Argumentation folgen, dann hätte das Leben auf der Erde vor Jahrmillionen wegen zu hoher Temperaturen regelrecht kollabieren müssen. So sprach der Schweizer Professor und Chef des IPCC-Sachstandsberichtes Thomas Stocker in einem Interview mit der Weltwoche am 11. April 2013 von einem Temperaturanstieg von 2 bis 4,5 °C bei Verdopplung des vorindustriellen CO_2-Gehalts von 280 ppm.[126] Zahllose Fossilien belegen jedoch, dass sich die Tier- und Pflanzenwelt früherer Zeiten trotz eines um bis zu 2.000 Prozent höheren CO_2-Gehalts im Großen und Ganzen bester Lebensbedingungen erfreute.

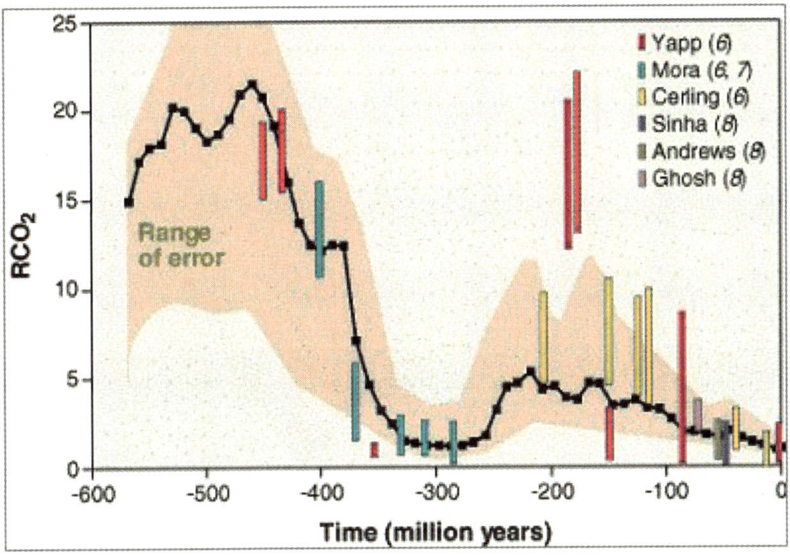

Abb. 94: Entwicklung des CO_2-Gehalts der Atmosphäre in den letzten etwa 570 Millionen Jahren. Der Parameter RCO_2 bezeichnet das Verhältnis des Massenanteils an CO_2 in der Atmosphäre des jeweiligen Zeitpunkts im Vergleich zum vorindustriellen Wert von etwa 300 ppm (Grafik: W. H. Berger).

Versauerung der Ozeane durch CO_2?

Aus dem gleichen Grund stellt sich auch die Frage, wie ernst man Warnungen vor einer „Versauerung" der Ozeane durch ansteigende CO_2-Gehalte nehmen sollte. Gestützt auf diese Alarmrufe werden zurzeit große Sum-

---

[126] IPCC-Berichts-Chef Thomas Stocker zeigt im Weltwoche-Interview unerklärliche Gedächtnislücken: Die Gesprächsanalyse von Vahrenholt und Lüning, 30. 4. 2013, www.eike-klima-energie.eu [Juni 2015].

men an Forschungsgeldern ausgelobt, um die vorgeblich nachteiligen Auswirkungen des CO_2-Anstiegs auf maritime Lebensformen zu untersuchen. Besonders im Visier sind dabei Korallen und sonstige Lebewesen, die Kalkskelette oder Kalkschalen ausbilden. Ihnen soll der eher bescheidene Anstieg des CO_2-Gehalts in der Atmosphäre von den vorindustriellen knapp 300 ppm auf heute etwa 400 ppm Schäden zufügen, die sich erschwerend auf die Fähigkeit zur Kalkabscheidung auswirken.

Nun, vor rund 500 Millionen Jahren hatten wir bis zu 6.000 ppm CO_2 in der Atmosphäre. Dennoch wimmelten die Ozeane vor Leben. Offensichtlich hatte man schlicht vergessen, den damaligen Meereslebewesen mitzuteilen, dass CO_2 ihrer Gesundheit abträglich sei.

Aufgrund dieser Unkenntnis haben sich diese vom Kambrium bis zur Kreidezeit – rund 540 bis etwa 65 Millionen Jahre vor unserer Zeit – trotz des bis zu 20fach höheren CO_2-Gehalts bester Gesundheit erfreut. Überall auf der Erde beweisen zahllose, teils hunderte von Metern dicke Kalk- und Kreideschichten, dass die damaligen Meereslebewesen imstande waren, gesunde und vollständige Kalkskelette auszubilden (Abb. 95).

Abb. 95: Im Kalk der schwedischen Insel Gotland eingebettetes Fossil

Angesichts dieser Tatsachen fällt es schwer zu verstehen, wieso überhaupt Gelder für Forschungsprojekte zu den angeblich negativen Auswirkungen der „Meeresversauerung" ausgegeben werden. Schließlich hält die Geologie doch alle dazu nur wünschbaren Gegenbeweise in Form gut erhaltener Kalkfossilien in nahezu unendlichen Stückzahlen bereit – man muss nur hinsehen und Eins und Eins zusammenzählen.

Wohin ist das CO_2 verschwunden?

Da Atome unter den auf unserer Erde geltenden Bedingungen bekanntlich nicht verschwinden, stellt sich angesichts der heutigen niedrigen CO_2-Werte die Frage, wo all das „Treibhausgas" gelandet ist, das vor Urzeiten in unserer Atmosphäre und unseren Ozeanen so viel reichlicher vorhanden war als heute. Die Antwort ist leicht zu finden: Es steckt im Erdboden. Und interessanterweise ist das Leben selbst die primäre Ursache für diese Migration. Die überwiegende Menge des vor Jahrmillionen vorhandenen CO_2 wurde zunächst von Lebewesen aufgenommen und mit anderen Elementen und Molekülen zu nichtflüchtigen körpereigenen Molekülen verbunden. Zu den wichtigsten der dabei gebildeten Substanzen gehört der bereits erwähnte Kalk (Calciumcarbonat, $CaCO_3$), das Material, das auch das harte Gerüst unseres Knochengewebes bildet. Im Laufe von Äonen haben sich in den Ozeanen daraus mächtige Sedimentschichten gebildet.[127]

Rund 80 Prozent der gesamten Kohlenstoffvorräte der oberflächennahen Zonen der Erde sind heutzutage in Form von Kalkstein und Dolomit fest gebunden (Abb. 96). Man muss sich vergegenwärtigen, dass das gesamte darin gebundene CO_2 ursprünglich aus der Atmosphäre bzw. den Ozeanen stammt, weil seine Bindung im Kalk überwiegend durch lebende Organismen erfolgte, die es sich vorher per Fotosynthese und Nahrungskette einverleibt hatten.[128]

Durch diesen dauerhaften Einschluss im Kalk wurde Kohlenstoff, die Grundlage allen Lebens, nach und nach aus den natürlichen Kreisläufen entfernt. Weitere CO_2-Senken der Erde sind neben den Kalkgesteinen noch die sogenannten Kerogene, das sind organische Bestandteile in alten Meeressedimenten, die durch Druck und Hitze umgewandelt wurden[129], sowie als geradezu winzige Fraktion die Lagerstätten von Kohle, Erdöl und Erdgas.

---

[127] Natürlich gibt es auch zahlreiche und vielfältige sekundäre Kalksteinformationen, die nicht direkt durch Bindung von gasförmigem CO_2 entstanden sind. Diese können jedoch für die hier angestellten Betrachtungen vernachlässigt werden, da solche sekundären Gesteine aus primären Ablagerungen hervorgegangen sind, auf welche das Hauptargument des Artikels wiederum zutrifft. Ähnliches gilt auch für den Dolomit ($CaMg[CO_3]_2$), der vor allem durch Wechselwirkung von magnesiumhaltigen Lösungen mit Calcit-Sedimenten wie Riffkalkstein entstanden ist.

[128] Vgl. Kalk – ein Rohstoff aus Schalen und Knochen, www.kalk.de/index.php?id=35 [Mai 2015].

[129] Zu Kerogen vgl. www.geodz.com/deu/d/Kerogen [Juni 2015].

Was hatten wir, wieviel wurde entfernt?
Schon der erste Blick auf die Abbildung 96 zeigt, dass von den Mengen an Kohlenstoff bzw. gasförmigem CO_2, die es einst in Atmosphäre und Ozeanen gab, nur noch klägliche Reste übrig sind. Atmosphäre und Ozeane, Erdböden (Pedosphäre)[130] sowie alle zurzeit lebenden Tiere und Pflanzen enthalten gerade noch 0,05 Prozent (0,5 Promille) dessen, was früheren Vertretern des Lebens auf unserem Planten insgesamt zur Verfügung stand. Im Vergleich zu den in Kalkstein und Kerogen gebundenen Mengen sind die uns bekannten Vorräte an fossilen Brennstoffen – Kohle, Erdöl und Erdgas – mit nur etwa fünf Millionstel der Gesamtmenge geradezu lächerlich gering.

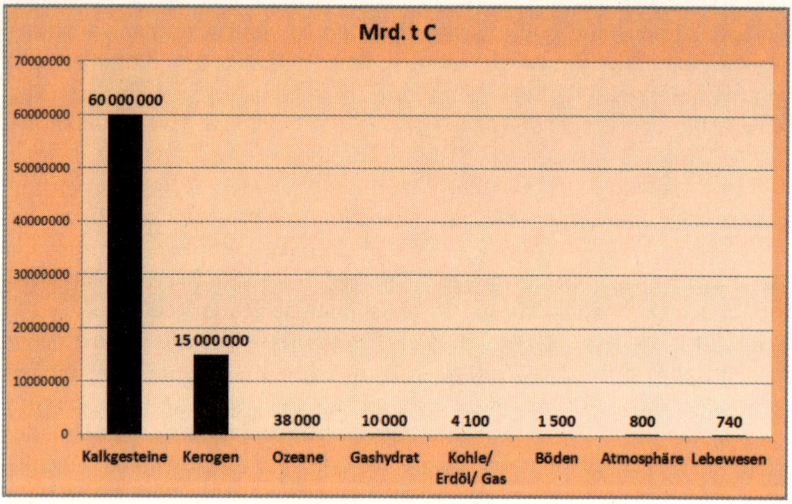

Abb. 96: Überblick über die aktuellen Mengen an Kohlenstoff in und auf der Erdkruste sowie in Atmosphäre und Ozeanen (Gashydrat ≅ Tiefsee-Methanhydrat, Böden ≅ Pedosphäre, Lebewesen ≅ Biomasse)

Interessant ist die Frage, wie sich die früher einmal verfügbaren CO_2-Mengen im Verhältnis zur gesamten Erdatmosphäre darstellen. Wenn man einmal ausrechnet, wieviel CO_2 im Verlauf der Äonen in Gestein, Kerogen usw. umgewandelt wurde, so landet man bei etwa 275 Billiarden (275×10^{15}) Tonnen – mehr als 50 Mal die Masse der gesamten heutigen Erdatmosphäre. Dies legt den Schluss nahe, dass es auf der Erde Kohlenstoffquellen gibt bzw. gegeben hat, die einen mehr oder weniger kontinuierli-

[130] Als Pedosphäre wird die sogenannte „Bodenhülle" mit Humus, Torf, Sedimenten und Mineralien bezeichnet. Die Pedosphäre markiert damit den Grenzbereich der Erdoberfläche, in dem sich die Lithosphäre, die Hydrosphäre, die Atmosphäre und die Biosphäre überschneiden. Die Masse des darin enthaltenen Kohlenstoffs wird mit rund 1.500 Mrd. t angegeben.

chen Zustrom an CO_2 in die Atmosphäre bewirkt haben. Denn nach dem bereits erwähnten aktuellen Stand der Wissenschaft wies die Atmosphäre zumindest in den letzten etwa 600 Millionen Jahren zu keiner Zeit ständige CO_2-Gehalte von mehr als einem Prozent auf. Als wahrscheinlichste CO_2-Quellen können Vulkanismus sowie in gewissem Umfang die Verwitterung von Gesteinen angenommen werden.[131]

Abb. 97: Fossile Muscheln mit weitgehend erhaltener Kalkschale

Gefahr durch fossile Brennstoffe?

Eine der wichtigsten Erkenntnisse aus der Betrachtung der vorliegenden Zahlen ist, dass die heutige „Klimawissenschaft" im Prinzip auf äußerst dünnem Eis agiert. Zumindest bis vor 40 Jahren galt es an naturwissenschaftlichen Fakultäten noch als selbstverständlich, dass man eine Aufgabenstellung erst einmal von allen Seiten und unter allen Aspekten zu betrachten und auf Plausibilität abzuprüfen hatte, bevor man anfing, Hypo-

[131] Karl-Friedrich Ewert: Die Fallgruben der Klimawandler – eine Dokumentation der wichtigsten Fakten für eilige Leser, Teil 1, 31. 7. 2012, www.eike-klima-energie.eu [Juni 2015].

thesen aufzustellen und Beweisführungen aufzubauen. Dazu gehört bei langfristigen Entwicklungen untrennbar auch die historische Perspektive, und zwar über ausreichend lange Zeiträume, um systematische Einflüsse von zufällig bedingten Schwankungen unterscheiden zu können.

Hält man sich an diese Regel, so fällt es schwer zu glauben, dass die jährliche Verbrennung von wenigen Promille eines Anteils von lediglich fünf Millionstel (5 ppm) des ursprünglich vorhandenen Kohlenstoffvorrats in und auf der Erdkruste bei unserem Planeten Fieberschauer auslösen und sein Klima irreparabel destabilisieren soll. Den AGW-Anhängern muss man vorhalten, sich bei ihrem Alarmismus wegen des angeblich stabil in der Atmosphäre verbleibenden CO_2 nicht ausreichend um die Frage gekümmert zu haben, welche CO_2-Kreisläufe es denn in der Natur gibt und wie sie wirken. Im Übrigen sollte man nicht vergessen, dass eisfreie Polkappen erdgeschichtlich den Normalzustand darstellten und etwa 80 bis 90 Prozent der Erdgeschichte ausmachen, während Zeiten mit vereisten Polkappen als Ausnahme gelten.

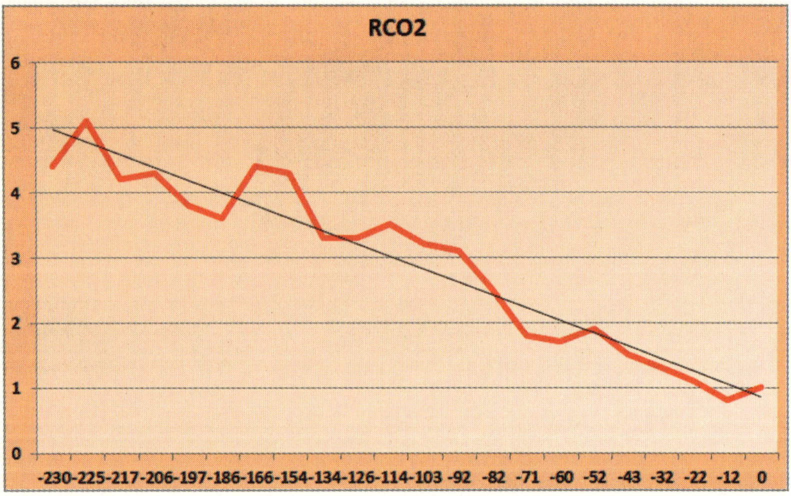

Abb. 98. Die Grafik zeigt den seit rund 230 Millionen Jahren angenähert linear verlaufenden Abwärtstrend des CO_2-Gehalts der Atmosphäre. In dieser Zeit ist die Konzentration um 80 Prozent gesunken.

Der Trick, mit dem die Vertreter der AGW-Hypothese arbeiten, besteht schlicht darin, die historische Achse so zu verkürzen, bis der von ihnen gewünschte Effekt „bewiesen" zu sein scheint.

Die hier dargelegten Fakten legen hingegen zwei ganz andere „unbequeme“ Hypothesen nahe: Erstens scheint die Klimawirksamkeit des CO_2 sehr viel geringer zu sein als von den AGW-Vertretern behauptet. Zweitens hat das verfügbare CO_2 vor allem in den letzten 230 Millionen Jahren recht stetig abgenommen (vgl. Abb. 98). Es ist sogar nicht auszuschließen, dass der Planet inzwischen diesbezüglich soweit verarmt ist, dass eine neue „Eis-Erde“ (Snowball Earth) viel eher drohen könnte als eine katastrophale Erwärmung.[132]

[132] Vgl. When did the snowball earths occur? http://snowballearth.org/when.html [September 2015].

32] Die Psychologie der Kernkraftphobie

Deutschland leidet unter einer für Naturwissenschaftler schwer nachvollziehbaren Phobie: Grüne Anti-Atom-Dauerpropaganda, gebetsmühlenartig von der Mehrzahl der Medienvertreter in allen möglichen Varianten wiederholt, hat selbst bei so manchem Ingenieur dazu geführt, dass schon bei der Erwähnung des Themas Abwehrreflexe einsetzen, denen man kaum mit rationalen Argumenten begegnen kann. Dabei kochen oft Emotionen hoch, während der Verstand wie ausgeschaltet scheint. Aus dem abgeklärten Homo Sapiens wird unversehens ein Wesen, das seinen Urängsten freien Lauf lässt und sich von ihnen beherrschen lässt. Doch die dabei vorgebrachten Argumente sind meist sehr dürftig und halten einer wissenschaftlichen Diskussion nicht stand. Dabei wird niemand bestreiten, ob die Kernkraft Risiken birgt. Die eigentliche Frage ist jedoch, wie sich diese im Vergleich mit den tatsächlichen Risiken anderer moderner Technologien darstellen.

Die alles entscheidende Errungenschaft der Menschwerdung verdanken wir der Überwindung tief in unserer Psyche verwurzelter Urängste. Nur dadurch gelang es unseren Vorfahren, sich eine Kraft zunutze zu machen, die sonst kein anderes Lebewesen zu beherrschen imstande ist, nämlich die des Feuers. Nicht der Werkzeug- oder der Waffengebrauch unterscheidet uns von allen Tieren, sondern die Zähmung des Feuers. Den Gebrauch von Werkzeugen kann man bei Säugetieren wie Affen oder Seeottern und auch bei mehreren Vogelarten beobachten. Tiere sind darüber hinaus sogar imstande, Werkzeug gezielt herzustellen. Von Schimpansen ist zudem bekannt, dass sie Knüppel auch als Waffen verwenden.

Der Gebrauch des Feuers ist dagegen einzigartig. Für Landsäugetiere ist Feuer eine elementare Gefahr, vor der sie sich instinktiv fürchten, weil sie Schmerzen und Tod bedeutet. Auch der Mensch hat es erst spät in seiner Entwicklungsgeschichte – vor vermutlich 1,5 bis 2 Millionen Jahren – geschafft, diese Furcht zu überwinden und das Feuer zu nutzen. Dies ermöglichte Verbesserungen bei der Nahrungsmittelzubereitung sowie Schutz vor Dunkelheit, Kälte und Raubtieren. Später lernte man, es für die Herstellung von Keramiken und schließlich Metallen dienstbar zu machen. Bis zum nächsten entscheidenden Schritt der Menschheit auf dem Weg zu unserer heutigen Hochzivilisation sollten allerdings nochmals etliche Jahrtausende vergehen: Erst vor rund 300 Jahren gelang es, die mithilfe des Feuers freigesetzte thermische Energie durch die Dampfmaschine auf industriellem Niveau nutzbar zu machen. Dampf und später Benzin, Diesel sowie Elektrizität ermöglichten es uns, die Beschränkung auf die eigene Muskelkraft sowie auf die Leistung von Zugtieren zu überwinden.

Abwägung von Risiko und Nutzen

Zugleich musste der Mensch jedoch auch lernen, die mit dem Feuer verknüpften Risiken einzuschätzen und damit umzugehen. Der Umgang mit Feuer birgt unvermeidlicherweise erhebliche Gefahren. Archäologen finden im Untergrund von so gut wie jeder länger besiedelten Stadt Brandschichten, Zeugnisse von oft verheerenden Feuersbrünsten, die in den meist dicht besiedelten Städten zahlreiche Opfer forderten. Verlässliche Zahlen werden sich wohl nie ermitteln lassen. Man kann jedoch mit einer gewissen Berechtigung annehmen, dass die Zahl der Menschen, die im Laufe der Geschichte durch Feuer ums Leben kamen, im mehrstelligen Millionenbereich angesiedelt sein dürfte.

Dennoch hat sich unsere Spezies von solchen Ereignissen nicht abschrecken lassen, sondern gelernt, Risiko und Nutzen beim Gebrauch des Feuers einzuschätzen und damit umzugehen. Vor- und Nachteile wurden nüchtern und ohne Panik gegeneinander abgewogen und der Schluss gezogen, dass die Vorteile des Gebrauchs von Feuer so groß waren, dass man bereit war, die damit einhergehenden Risiken einschließlich teils sehr herber Verluste an Gütern und Menschenleben in Kauf zu nehmen.

Über all die Jahrtausende menschlicher Zivilisation hinweg wurden neue Gebäude auch nach den verheerendsten Feuersbrünsten sofort wieder mit Feuerstelle, Kamin oder Herd ausgestattet. Zahllose Redewendungen belegen, dass Begriffe wie „Heim" und „Herd" in unserer Vorstellung oft eine Einheit bilden.

Kein Fortschritt ohne Risiko

Jede unserer Errungenschaften birgt sowohl Nutzen als auch Risiken. Dieser elementare Zusammenhang der Zivilisation gilt für so gut wie jede unserer Aktivitäten, seien es Bergbau, Medizin, Seefahrt, Luftfahrt oder auch das Auto, das weltweit ebenfalls millionenfach Opfer forderte und immer noch fordert (Abb. 99). Es ist ein Kennzeichen des modernen Menschen, dass er imstande ist, im Umgang mit solchen Technologien emotional begründete Ängste zu überwinden und beide Aspekte mit wissenschaftlicher Nüchternheit zu beurteilen. Wer das nicht tut, sondern eine Technologie aufgrund emotionaler Vorurteile pauschal ablehnt, reagiert im Prinzip nicht viel anders als ein Affe, der kreischend vor einem Feuer Reißaus nimmt.

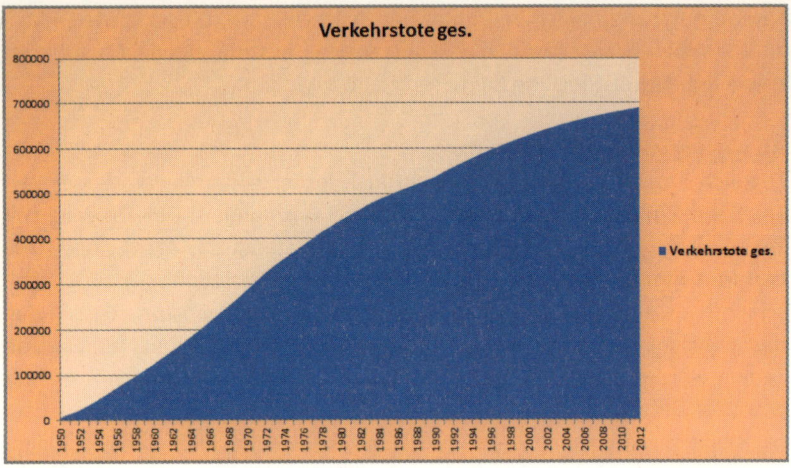

Abb. 99: Seit 1950 hat der Straßenverkehr allein in Deutschland mehr als 670.000 Menschenleben gefordert. Dennoch benutzen wir täglich das Auto.

Das Beispiel der Stauseen

Zum Umgang mit den Risiken der modernen Zivilisation gehört, dass sie im Alltag kaum noch wahrgenommen werden. Man setzt sich ins Auto oder ins Flugzeug, besteigt ein Fahrrad, ein Schiff oder einen Lift und verschwendet im Normalfall gar keinen Gedanken an die Gefahren, denen man sich damit aussetzt. Das damit verbundene allgemeine Lebensrisiko bzw. das Berufsrisiko wird mit größter Selbstverständlichkeit akzeptiert und spielt in den Gedanken keine wesentliche Rolle, selbst wenn man Tag für Tag mit dem Auto an Unfällen vorbeifährt.

Ein Beispiel für Risiken, die faktisch überhaupt nicht mehr als solche wahrgenommen werden, sind Talsperren. In Deutschland hat es in diesem Bereich seit Jahrzehnten keine Katastrophen mehr gegeben. Da das menschliche Gedächtnis kurz ist, wie die Neubesiedlung von Vulkanflanken schon bald nach dem Ende von Ausbrüchen zeigt, spazieren und wandern Tag für Tag zahllose Zeitgenossen um Talsperren, über ihre Krone hinweg und auch in den unterhalb gelegenen Tälern, ohne sich im geringsten bewusst zu machen, welch ungeheure zerstörerische Energie in den aufgestauten Wassermassen über ihren Köpfen schlummert.

Stauseeunglücke haben mindestens 70.000 Menschenleben gefordert

Die älteste bekannte Staudammkatastrophe ereignete sich vermutlich bereits vor rund 4.500 Jahren in Ägypten. Der Staudamm Sadd-el-Kafara hatte beachtliche Ausmaße: 113 m Kronenlänge, 14 m Höhe und ein Fassungsvermögen von 465.000 m^3. Er wurde noch während der Bauzeit von einer unerwarteten Flut zerstört. Über die Zahl der Opfer ist nichts bekannt. Doch war die Katastrophe offensichtlich so verheerend, dass in Ägypten danach rund 800 Jahre lang niemand mehr ein solches Vorhaben in Angriff nahm. Die nächste geschichtlich überlieferte Staudammkatastrophe, zu der Opferzahlen erwähnt werden, ereignete sich erst rund 3.000 Jahre später in China und forderte mindestens 10.000 Tote.

Einer bei Wikipedia einsehbaren Auflistung zufolge („Liste von Stauanlagenunfällen") und je nach Zählweise ergeben sich jeweils Opferzahlen zwischen 70.000 und weit über 100.000. Zwar ereigneten sich die meisten und die folgenschwersten dieser Unglücke im 20. Jahrhundert, doch gibt es immerhin 23 Vorfälle aus dem 21. Jahrhundert, davon sechs in hoch entwickelten Ländern bzw. Regionen: USA, Europäische Union, Japan. Staudämme wie die von Speicherwasserkraftwerken bergen auch heute noch erhebliche Risiken.

Im Bewusstsein der Bevölkerung werden diese jedoch verdrängt. Und das ungeachtet der Tatsache, dass beispielsweise die Bewohner des Zillertals in Österreich unterhalb von drei Staumauern leben. Der Bruch auch nur einer Mauer – beispielsweise durch einen Terrorakt oder ein Erdbeben – würde vermutlich zehntausende Menschenleben kosten. Stauseen sind noch gefährlicher als die Stromerzeugung aus Kohlekraftwerken.[133]

Auch Windanlagen sind Todesfallen

Besonders wirksam ist offensichtlich der ideologische Schleier, den die Windkraft-Lobby mit tatkräftiger Mithilfe ihrer zahlreichen Sympathisanten in den Medien über die in Wahrheit gar nicht so unerheblichen Gefahren der Windenergie für Leib und Leben geworfen hat. Zwar gibt es immer mal wieder Meldungen über Feuer oder den Absturz eines Rotorblatts, doch werden selbst schwere Personenschäden oder gar Todesfälle so selbstverständlich hingenommen, dass darüber meist nur auf lokaler Ebene berichtet wird.[134] Insgesamt hat sich daher in der Öffentlichkeit der Eindruck

---

[133] Kai Kupferschmidt: Opfer der Energie, 25.03.2011, www.tagesspiegel.de [Juni 2015].

134 Vgl. Wind Turbine Fires in Germany, 19. 4. 2012, www.wind-watch.org/video-germanfire.php; Lethal wind turbine accident in the Netherlands, A Vestas turbine catches fire: two workers killed, 29. 10. 2013, www.epaw.org; Unterschätzte Gefahr: Jeden Monat geraten zehn Windturbinen in Brand, 25. 7. 2014, www.ingenieur.de [alle September 2015].

etabliert, als sei die Windkraftbranche auch diesbezüglich besonders „menschenfreundlich".

Auch eine Internet-Schnellsuche mit Begriffen wie „Wind-Unfall" fördert vordergründig zumeist lediglich Einzelmeldungen zutage, wobei nur selten Todesfälle gemeldet werden. Eine deutsche Website, die sich explizit des Themas Windrad-Unfälle annimmt, ist lediglich ein Torso ohne großen Nutzen, weil sie offensichtlich schon kurz nach dem Beginn der Recherche nicht mehr weitergeführt wurde.[135] Auch bei Wikipedia findet man – kaum verwunderlich angesichts der bekannten Dominanz grüner Ideologen in diesem Medium – in einer bekannten „Liste von Unfällen an Windkraftanlagen in Deutschland und Österreich" nur eine sehr unvollständige Auflistung ohne Erwähnung von Todesfällen.

Dagegen finden sich im englischsprachigen Netz realistischere Informationen. Eine Website, die sich auf dieses Thema spezialisiert hat, ist turbinesonfire.org. Einer Meldung des „Daily Telegraph" vom 11. Dezember 2011 zufolge bestätigte „Renewable UK" 1500 Vorfälle und Unfälle mit Windturbinen zwischen 2006 und 2011 allein in Großbritannien.[136] Hervorzuheben ist eine sehr ausführliche Dokumentation, die für den Zeitraum von 1975 bis zum 30. September 2009 insgesamt 674 Einzelereignisse auflistet, die sehr sorgfältig nach Merkmalen zugeordnet, beschrieben und mit Quellenangaben dokumentiert sind.[137] Leider befindet sich das Material hinter einer Bezahlschranke, zudem wurde die Auflistung ab Oktober 2009 nicht mehr fortgeführt. Für den Berichtszeitraum sind jedoch immerhin 60 Todesfälle im Zusammenhang mit Windenergieanlagen dokumentiert. Vergleicht man dies mit anderen Zahlenangaben – z.B. den 1.500 Unfällen innerhalb von fünf Jahren allein in Großbritannien –, so erscheint es gerechtfertigt, die Zahl der weltweit seit 1975 aufgetretenen Todesfälle mit einem Faktor von mindestens 5, eher jedoch 10 anzusetzen.

So sind aus China, dem Land mit der weltweit höchsten Zahl installierter Windenergieanlagen, keine Zahlenwerke über Unfälle oder Todesfälle bekannt.[138] Und dass dort nichts passiert wäre, erscheint kaum glaubhaft. Es darf daher angenommen werden, dass die Windenergie im Zeitraum von 1975 bis heute mindestens 300 und möglicherweise sogar bereits über 600 Menschenleben gefordert hat. Das Saubermann-Image der Branche

---

[135] Werner Eisenkopf: Bundesweite Dastenbank der Windrad-Unfälle mitsamt Bränden, Eiswürfen und sonstigen Störfällen, http://docs.wind-watch.org/unfalldatei_2006.html [Juni 2015].

[136] Edward Malnick, Robert Mendick: 1,500 accidents and incidents on UK wind farms, Daily Telegraph, 11. 12. 2011, http://www.telegraph.co.uk [Juni 2015]. Vgl. auch James Conca: Forget Eagle Deaths, Wind Turbines Kill Humans, www.forbes.com, 29. 9. 2013 [September 2015].

[137] Wind Turbine Accidents, http://de.scribd.com/doc/23856814/Wind-Turbine-Accidents [Juni 2015].

[138] Mario Brück: „China ist neuer Windenergieweltmeister", 14. 4. 2011, www.wiwo.de [Mai 2015].

bricht damit in sich zusammen und erweist sich als nichts anderes denn als geschickt angelegtes Täuschungsmanöver.

Und die Risiken der Kernkraft?

Im Unterschied zu so gut wie allen anderen vom Menschen eingesetzten Technologien empfindet die Mehrzahl unserer Bevölkerung Kernenergie als Bedrohung von nahezu apokalyptischen Ausmaßen. Man fürchtet sich vor Strahlung, Verseuchung der Landschaft sowie Abfällen, welche angeblich die Zukunft unserer Nachfahren noch in Millionen von Jahren bedrohen. Dabei werden die Realitäten schlicht nicht mehr wahrgenommen, denn zivil genutzte Kernenergie ist mit weitem Abstand die sicherste heute genutzte Großtechnologie.

Bei der Beurteilung von Kernkraftrisiken muss zwischen ziviler und militärischer Technologie unterschieden werden. Insbesondere in den Anfangsjahren gab es bei militärisch ausgerichteten Anlagen sowie in kerntechnischen Laboren mehrfache Unfälle mit Todesfolge, teilweise auch infolge der Einwirkung von Strahlung in hohen Dosen. Anders sieht es dagegen bei zivilen Kernkraftwerken westlicher Bauart aus: In diesen gab es bis heute keine durch Radioaktivität verursachten Todesfälle.[139]

Bei der Nutzung der Kernenergie gab es bisher weltweit drei große Vorkommnisse, die in die Kategorie Größter Anzunehmender Unfall (GAU) eingestuft werden: Three Mile Island (Harrisburg, USA) im Jahre 1979, Tschernobyl (damalige UdSSR) im Jahre 1986 und Fukushima (Japan) 2011. Direkte Todesfälle durch Verstrahlung gab es lediglich beim grob fahrlässig herbeigeführten Unfall in Tschernobyl, wo rund 60 Todesopfer zu beklagen waren.[140] Ein Bericht des Wissenschaftlichen Komitees der Vereinten Nationen über die Auswirkungen radioaktiver Strahlung (United Nations Scientific Committee on the Effects of Atomic Radiation, UNSCEAR) aus dem Jahr 2008 kommt sogar auf lediglich 50 Tote aufgrund direkter Strahlungseinwirkung.[141] Kontrovers diskutiert werden deshalb vor allem die Langzeitfolgen, zu denen man in den Medien teils sehr hohe Zahlen finden, in der Regel als Ergebnis theoretischer Berechnungen zu den Folgen des Entweichens von Strahlung in die Umgebung.

Diesen Angaben sollte man jedoch aus mehreren Gründen mit einem gewissen Misstrauen begegnen: Die für solche Analysen meist verwendete

---

[139] Lutz Niemann: Wie viele Menschenleben kostet erneuerbare Energie? 28. 1. 2009, www.buerger-fuer-technik.de/body_wie_viele_menschenleben____.html [Juni 2015].

[140] ebd.

[141] Ein Überblick über die z. T. abweichenden Opferzahlen findet sich bei Phil Simmons [School of Business, Economics and Public Policy, Faculty of the Professions, University of New England]: The 25th Anniversary of the Chernobyl Accident, Business, Economics and Public Policy Working Papers (1) 2012, S. 11.

und seit langem umstrittene LNT-Methode (Linear No Threshhold) ist nämlich falsch.[142] Würde man sie akzeptieren, dann müsste man auch die Risiken anderer Technologien wie dem Fliegen, dem Umgang mit Kaliumsalzen oder Phosphatdünger[143] wie auch der Arbeit in sogenannten Radon-Heilbädern völlig neu bewerten. Schon das Fliegen würde bei Anwendung dieser Theorie jährlich 100 Deutschen den Krebstod bescheren.[144] Allein für die letzten 40 Jahre käme man damit auf 4.000 zusätzliche Tote als Folge einer Aktivität, die aus unserem alltäglichen Leben nicht mehr wegzudenken wäre. Man vergleiche dies mit bisher Null Strahlenopfern in westlichen Kernkraftwerken.

Das Märchen von der nuklearen Langzeitverseuchung

Eine der besonders wirksamen Lügen der EE-Lobbyisten ist die von der angeblich Millionen Jahre dauernden Umweltverseuchung, die wir nach dem Betrieb von Kernkraftwerken unseren Nachkommen hinterlassen würden. Zugleich wird jedoch alles getan, um die Errichtung eines Endlagers zu hintertreiben, indem man jeden praxistauglichen Schritt in diese Richtung durch Großdemonstrationen verhindert und zugleich in der Politik sowie in den staatlichen Gremien, in denen grüne Karrieristen inzwischen gut dotierte Pöstchen haben, jede sinnvolle Entwicklung blockiert. Der Grund für diese Panikmache ist klar, denn ein funktionierendes Endlager würde die Daseinsberechtigung dieser Gremien in Frage stellen. Und das wird man zu verhindern wissen!

Besonders interessant ist in diesem Zusammenhang, dass es die deutschen „Qualitätsmedien" bisher geschafft haben, der Öffentlichkeit vorzuenthalten, dass es bestens durchdachte Endlagerkonzepte bereits bei zwei europäischen Nachbarländern gibt, und zwar in Schweden (Abb. 100, siehe auch Kapitel 34) sowie in Finnland.[145] Obwohl die dortigen Kommunikationsabteilungen sehr auskunftsfreudig sind und gerne alles zeigen und erklären, scheinen es deutsche Fernsehteams bisher kaum für nötig gefunden zu haben, dort unvoreingenommen vorbeizuschauen. Diesbezüglich vernimmt man von den Medien meist lediglich dröhnendes Schweigen.

---

[142] So Brant A. Ulsh: The New Radiobiology: Returning to Our Roots, Dose Response (International Journal), Dezember 2012, S. 593–609 (Published online 2012 Jul 15. doi: 10.2203/dose-response.12-021.Ulsh).

[143] Lutz Niemann: Mögen Sie Äpfel mit erhöhter Radioaktivität? 10. 11. 2011, www.eike-klima-energie.eu (Mai 2015).

[144] Niemann, wie Fn. 139.

[145] Fred F. Mueller: Wenn Blinde nicht sehen wollen... Ausgereifte Nuklear-Endlagerung – direkt beim Nachbarn, 25. 4. 2013, www.eike-klima-energie.eu (Mai 2015).

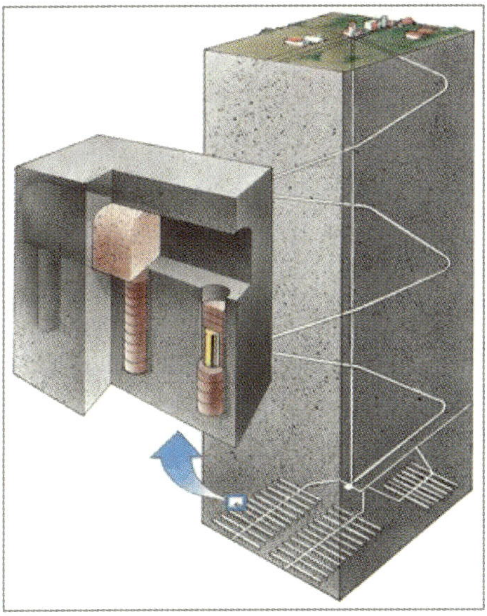

Abb. 100: Das im schwedischen Forsmark geplante Endlager für hoch radioaktive Brennelemente (Grafik: SKB)

Diese seit Jahrzehnten fast flächendeckend betriebene grüne Propaganda hat dazu geführt, dass in unserer Bevölkerung schon bei der Erwähnung des Themas „Kernenergie" meist panikartige Abwehrreaktionen einsetzen. Deutschland scheint bereit, aus Angst vor einem fiktiven Strahlentod in den energetischen Selbstmord namens „Energiewende" zu marschieren. Manchmal kann man sich des Eindrucks nicht erwehren, dass man bei uns den Homo Sapiens in Käfige gesteckt hat, während die Affen frei herumlaufen. Es ist dringend Zeit, zu dem ruhigen Abwägen von Vorteil und Risiko zurückzufinden, der das eigentliche Kennzeichen unserer Zivilisation ist.

33] Die LNT-Theorie – Panikmache als Wissenschaft

Zu den entscheidenden Ängsten, welche die Atomkraftgegner in der Bevölkerung ständig schüren, gehören die Furcht vor Krebs sowie vor Erbschäden beim Nachwuchs. Beim Reizthema Radioaktivität wird vor allem damit argumentiert, dass jede Form und jede Dosis radioaktiver Strahlung grundsätzlich schädlich sei. Dies gelte selbst bei allerkleinsten Dosen. Einziger Schutz gegen die mit jeglicher Strahlungsexposition verbundenen Krebsrisiken sei die Vermeidung jeder noch so minimalen Bestrahlung. Deshalb wird alles, was mit Radioaktivität zu tun hat, mit Vehemenz abgelehnt.

Diese Angst vor Krebsrisiken hat auch damit zu tun, dass Infektionskrankheiten heute ihren Schrecken weitgehend verloren haben. Sie sind einerseits meist recht gut heilbar und man kann Ansteckungsgefahren durch Hygiene, gesunde Lebensweise und die Vermeidung bestimmter Risiken deutlich verringern. Für Krebs trifft dies jedoch nur eingeschränkt zu. Krebs ist ein heimtückisches und oft tödliches Leiden, das meist ohne Vorwarnung zuschlägt und oft nicht oder nur mit begrenztem Erfolg behandelbar ist. Indem die Gegner der Kernkraft Radioaktivität zur wesentlichen Krebsursache hochstilisieren, haben sie bei der Bevölkerung leichtes Spiel damit, die so ausgelösten Urängste für ihre Zwecke zu instrumentalisieren.

Dazu trägt auch bei, dass die meisten Menschen die entsprechenden Zusammenhänge nur unvollständig kennen. Zumeist ist lediglich bekannt, dass Krebs durch eine genetische Entartung körpereigenen Gewebes entsteht, die ihre Ursache in einer Schädigung des Erbguts einer vorher gesunden Körperzelle hat. Da radioaktive Strahlen solche Schäden herbeiführen können und – rein vom Prinzip her – schon ein einziges Strahlungsquant ausreichen kann, um Krebs auszulösen, ist die Meinung weit verbreitet, dass man Krebsrisiken am besten dadurch minimiert, indem man das Auftreten von radioaktiver Strahlung im eigenen Umfeld möglichst auf null reduziert. Demnach brauche man nur alles, was Kernkraft, Endlager etc.

angeht, weit genug aus der eigenen Umgebung zu verbannen, um beruhigt und sicher leben zu können.

Eine der größten radioaktiven Gefahren sind wir selbst

Dabei ist dies ein Trugschluss, denn eine der gefährlichsten Strahlungsquellen, der wir ständig ausgesetzt sind und der wir gar nicht entrinnen können, ist unser eigener Körper. Niemand kann uns vor den rund 7.000 bis über 9.000 Becquerel schützen, mit denen der durchschnittliche Europäer belastet ist. Anders ausgedrückt stecken in unserem eigenen Körper so viele radioaktive Elemente, dass in jeder Sekunde bis zu 9.000 Atomkerne zerfallen und dabei radioaktive Strahlung freisetzen. Noch dazu hat gerade diese Strahlung das höchste Gefährdungspotenzial, weil sie innerhalb unserer Körperzellen und damit unmittelbar am genetischen Material wirkt. Hier verursacht selbst die außerhalb des Körpers eher harmlose Alpha- und Beta-Strahlung unweigerlich massive Schäden.

Dieses ständige Bombardement unserer Zellen lässt sich weder verhindern noch wesentlich verringern, weil wir die entsprechenden Elemente über unsere Nahrung zwangsläufig Tag für Tag aufnehmen.[146] Selbst Babys werden mit radioaktiven Elementen im Körper geboren und erhalten bereits mit der Muttermilch sowie über Babynahrung ihre tägliche Dosis Radioaktivität.[147] Unsere ganze Umgebung, Erde, Steine und sogar die Luft strahlen und versorgen uns ständig mit radioaktiven Elementen, die unser Körper als natürliche Bestandteile des Nahrungskreislaufs einstuft und in die Zellen einbaut.

Das reicht vom Kalium ^{40}K über das radioaktive Kohlenstoffisotop ^{14}C, das wir mit jedem Bissen Nahrung zu uns nehmen, über Uran und Thorium bis zum Edelgas Radon, das vom Erdboden aus ständig in unsere Gebäude einsickert und eingeatmet wird. In manchen Regionen Deutschlands liegt die natürliche Radioaktivität der Umgebung sogar viermal höher als der zulässige Grenzwert für Mitarbeiter in kerntechnischen Anlagen.[148]

In anderen Weltgegenden ist die Belastung sogar noch viel höher, so in der iranischen Stadt Ramsar, wo bis zu 260 mSv/Jahr erreicht werden, 13 Mal soviel (!) wie die zulässige Höchstdosis für Mitarbeiter kerntechnischer Einrichtungen in Deutschland. Weitere Strahlungsquellen sind das Hautkrebs auslösende UV-Licht der Sonne sowie kosmische Strahlung aus dem Weltall.

---

[146] Niemann, wie Fn. 143.

[147] Vgl. Greenpeace (Hg.): Radioaktive Verstrahlung von Lebensmitteln, Greenpeace informiert über die Hintergründe, 29. 3. 2011, http://marktcheck.greenpeace.at/9008.html [erreichbar über archive.org]; Manfred Hummel: Bayerische Behörde bestätigt: Mineralwasser radioaktiv belastet, 19. 5. 2010, www.sueddeutsche.de [September 2015].

[148] Hermann Hinsch: Zu Radioaktivität und Strahlen – einige Fakten! 21. 7. 2011, www.eike-klima-energie.eu [Mai 2015].

Unser Erbgut ist durchaus wehrhaft

Die Vorstellung, dass die Chromosomen in unseren Zellen weitgehend vor Beschädigungen geschützt seien und höchstens ab und zu mal durch einen verirrten Strahlungsimpuls beschädigt würden, ist ebenso verbreitet wie falsch. Unser Erbgut – die DNA-Doppelspiralen, welche die Baupläne unseres Körpers enthalten – liegt nicht etwa gut geschützt in einer Art Tresor, sondern muss einen ununterbrochenen Dauerkrieg um seine Erhaltung führen. In unseren Zellen werden die DNA-Stränge ständig aufgespalten, in Teilbereichen kopiert und wieder zusammengefügt, da sie die Baupläne und Betriebsanleitungen für nahezu alle in der Zelle ablaufenden Vorgänge enthalten. Was da abläuft, gleicht einer Hochleistungs-Chemiefabrik in aggressiver Umgebung. Auch die Schädigungsrate durch die natürliche Hintergrundstrahlung kann man heute recht genau bestimmen. Sie liegt bei ungefähr 0,005 DNA-Fehlern pro Zelle und Tag.

Andersherum ausgedrückt wird jede einzelne Zelle unseres Körpers alle 200 Tage durch die natürliche Radioaktivität nachhaltig geschädigt. Dabei ist Radioaktivität nur ein Randaspekt verglichen mit anderen, viel größeren Gefahren, denen die Chromosomen ständig ausgesetzt sind. Eine wichtige Rolle spielen kleinere oder größere Fehlfunktionen in den unglaublich komplexen chemischen Reaktionen, die in der Zelle ständig ablaufen.

Hinzu kommen Attacken durch Viren, Bakterien, Gifte, Alkohol, Zigaretten oder auch Temperatureinflüsse. Die Zahl der Chromosomenfehler, die hierbei täglich auftreten, geht in die zigtausende.[149] Wenn also schon ein einzelner Fehler unausweichlich Krebs auslösen würde, wäre längst jedes Leben ausgestorben. Von Anbeginn seiner Entwicklung an musste sich das Leben diesen Bedingungen stellen und ist deshalb durchaus imstande, sich seiner Haut zu wehren. Die Zellen aller Lebewesen verfügen über ausgeklügelte Anpassungs- sowie Reparaturmechanismen.

Selbst große Schäden wie DNA-Doppelbrüche sind nur in einem von 500 Fällen nicht reparierbar, und auch für solche Vorkommnisse hält die Natur Notbremsen wie das Eiweiß p53 bereit. Seine primäre Aufgabe ist die Hilfe bei der Reparatur defekter Zellen. Ist der Schaden jedoch zu groß, schickt p53 die betroffene Zelle ohne Umschweife in den Tod.[150] Über 99 Prozent der irreparabel mutierten Zellen sterben daher durch Selbstvernichtung ab und werden durch gesunde Nachbarzellen ersetzt. Vor diesem Hintergrund ist es leicht einzusehen, warum die Frage, ob ein einzelnes Strahlungsquant aus einer externen Quelle in einer Zelle einen Treffer er-

[149] Klaus Dieter Humpich: Strahlungswirkung: Eine falsche Theorie bestimmt die Atom-Politik, 12. 7. 2013, www.eike-klima-energie.eu [September 2015].

[150] Nicola Kuhrt: Krebstherapie: Forscher wollen Zell-Wächter wieder aktivieren, 15. 8. 2013, www.spiegel.de [Mai 2015].

zielt hat oder nicht, für die realistische Beurteilung von Krebsgefahren kaum von Bedeutung ist.

Das Wechselspiel von Schädigung durch radioaktive Strahlung und den Selbstheilungskräften der Biologie erklärt auch, warum eine einmalige Exposition mit einer extremen Überdosis zum Tode führt: Die in kurzer Zeit auftretenden Schäden sind so massiv, dass die Selbstheilungskräfte überfordert sind und das Gewebe abstirbt. Darunter gibt es einen Dosisbereich, in dem der Organismus zwar überlebt, der Umfang schwerer Chromosomenschäden jedoch immer noch so hoch liegt, dass auch hier die Selbstheilung nur teilweise funktioniert. Deshalb erkrankt ein bestimmter Prozentsatz dieser Überlebenden später an Krebs. Diese Zusammenhänge wurden nach Hiroshima umfassend untersucht und können als gesicherter Stand der Wissenschaft eingestuft werden.

LNT – unnötige Angst vor kleinsten Strahlungsmengen

Bei der LNT-Theorie geht man davon aus, dass die Wirkung radioaktiver Strahlung exakt linear mit der Strahlungsdosis zusammenhängt und es nach unten keinen Geringfügigkeits-Grenzwert gibt (englisch **L**inear **N**o **T**hreshold). Vom Prinzip her kann man die sogenannte LNT-Theorie daher mit Gedankenmodellen vergleichen, wie sie etwa in der Homöopathie Anwendung finden. Ausgangspunkt sind in beiden Fällen nachgewiesene Zusammenhänge bei hohen Dosierungen.

Beide Lehren gehen von der Annahme aus, dass diese Zusammenhänge linear bis herab zu kleinsten Mengen herunter gelten würden. Die Homöopathie betreibt die als „Potenzierung" bezeichnete Verdünnung der Wirkstoffe so extrem, dass die Ausgangsstoffe im Heilmittel selbst mit modernster Labortechnik nicht mehr nachweisbar sind. Bei der LNT-Methode wird unterstellt, dass die von hohen Strahlungsdosen her bekannten Zusammenhänge selbst dann gelten, wenn die Menge der radioaktiven Substanz so gering ist, dass ihr Strahlungsanteil von der natürlichen Strahlung nicht mehr abgegrenzt werden kann.

Die Nuklearmedizin hat jedoch bereits in zahlreichen Untersuchungen bewiesen, dass diese Annahme nicht stimmt (Abb. 101). Wenn der Körper in gewissen Abständen vergleichsweise geringen Mengen radioaktiver Bestrahlung ausgesetzt ist, dann kann die Natur damit umgehen. Eingehende Untersuchungen zeigen sogar, dass solche geringen Bestrahlungen eine Art Abhärtungseffekt bewirken, der Hormesis genannt wird, was sogar der entsprechende Wikipedia-Eintrag bestätigt. Das ist die Erklärung für die im statistischen Vergleich geringere Krebsrate unter Menschen mit wiederkehrenden geringen Strahlungsexpositionen – z.B. bei Mitarbeitern kerntechnischer Anlagen.

Somit steht die LNT-Methode klar im Widerspruch zu den Erkenntnissen der modernen Nuklearmedizin. Diese Zusammenhänge wurden durch umfassende Studien bestätigt.[151] Die LNT-Anhänger schätzen diese Theorie jedoch gerade deshalb, weil man damit so schön einfach rechnen kann. Vor allem jedoch eignet sie sich hervorragend dafür, Strahlung selbst bei geringsten Dosen als gefährlich darzustellen und somit Ängste zu schüren. Deshalb gehört diese Methode zum bevorzugten Rüstzeug von Kernkraftgegnern, Öko-Instituten und auch mancher öffentlicher Stellen, um unter dem Vorwand des Strahlenschutzes immer mehr und immer teurere Schutzmaßnahmen oder auch gleich ein komplettes Verbot der Kernenergie zu fordern.

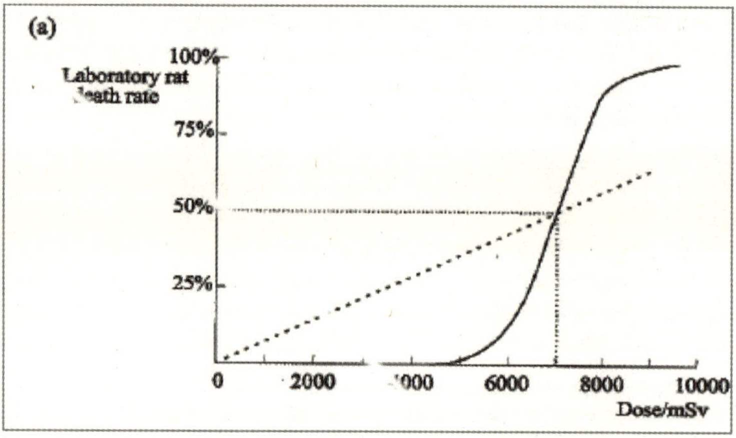

Abb. 101: Experimente an Laborratten zeigten, dass die Sterberaten bei Bestrahlung mit geringeren Dosen wesentlich schneller zurückgingen als nach der LNT-Hypothese (gestrichelte Linie) zu erwarten.[152]

Deutschlands Entscheidung fördert die Kohle

Obwohl sich die radioaktive Strahlung von Kernbrennstoffen auf äußerst einfache Weise sehr effizient abschirmen läßt (Abb. 102), hat sich Deutschland nach den Fukushima-Ereignissen in einer Art kopfloser Panikattacke zum vollständigen Ausstieg aus einer risikoarmen und kostengünstigen

[151] Vgl. Ulsh, wie Fn. 142; Maurice Tublana et al.: The Linear No-Threshold Relationship Is Inconsistent with Radiation Biologic and Experimental Data, Radiology (Zeitschrift), vol. 251, issue 1, April 2009, S. 13-21.
[152] Vgl. Hinsch, wie Fn. 148.

Technologie zur Stromerzeugung hinreißen lassen. Für diese Entscheidung wird das Land in Zukunft noch einen hohen Preis bezahlen müssen.

Die sogenannte Energiewende ist bereits jetzt gescheitert. Man manövriert sich gerade mit erheblichem Schwung in eine Energiesackgasse. Grund ist die Untauglichkeit von Solar- und Windenergie zur zuverlässigen Bereitstellung des von einer modernen Industrienation benötigten Stroms. Mit dem Zusammenbrechen des Energiewende-Experiments wird man feststellen, dass aufgrund der jahrelang vernachlässigten Planung neuer Kraftwerke die Energieversorgung auf sehr wackligen Füßen steht.

Mit dem Abschalten der letzten Kernkraftwerke bis 2022 fallen weitere entscheidende Kapazitäten weg, für die in der Kürze der Zeit wohl kaum rechtzeitig ausreichender Ersatz bereitgestellt werden kann, denn Kraftwerke sind komplexe Großprojekte, für deren Realisierung Zeiträume von 10-15 Jahren anzusetzen sind. Von dem angeblichen Ziel der Energiewende – einer signifikanten Verringerung der CO2-Emissionen durch Verringerung des Einsatzes von Kohle zur Stromerzeugung – wird in einigen Jahren niemand mehr reden wollen, am wenigsten die Verantwortlichen für das Chaos, das man bei uns zurzeit im Energiesektor anrichtet.

Abb. 102: In dieser Station für das Umladen von „heißen" Reaktor-Brennelementen genügen wenige Meter Wasser, um die radioaktive Strahlung effektiv abzuschirmen.

34] Ausgereifte Nuklear-Endlagerung – fast in Sichtweite

In einer Art Konsens der Ahnungslosen hat die deutsche Politik beschlossen, ein seit Jahrzehnten mit hohen Kosten nahezu bis zur Einsatzreife vorangetriebenes Endlagerprojekt ruhen zu lassen und für ungezählte weitere Milliarden Euro die „ergebnisoffene" Endlagersuche neu zu beginnen. Wer das bisherige Gezerre in dieser Frage verfolgt hat, dem ist klar, dass man hier lediglich das Problem mit enormen Kosten erneut auf die lange Bank schiebt. Bezahlen sollen dies die angeblich Schuldigen, nämlich die KKW-Betreiber. In Wirklichkeit landet die Rechnung jedoch ausschließlich beim Bürger, weil diese Kosten über den Strompreis weitergegeben werden. Dabei gibt es fertig ausgereifte und sehr überzeugende Endlagerkonzepte schon seit langem sozusagen direkt vor unserer Tür – in Schweden und Finnland. In Finnland ist man bereits so weit, dass mit ersten Einlagerungen möglicherweise schon 2022 begonnen werden könnte.

Während im deutschen Sprachraum Vertreter der Öko-Oligarchie und ihre Lobbyisten mit erstaunlicher Unverfrorenheit behaupten, es gebe nirgendwo auf der Welt ausgereifte Endlagerkonzepte, ist man nur wenige 100 Kilometer weiter nördlich bereits tatkräftig dabei, die letzten Schritte für die Realisierung eines seit Jahrzehnten sorgfältig ausgetesteten und wissenschaftlich abgesicherten Endlagerkonzepts für hoch radioaktive Abfälle zu vollziehen.[153] In enger Kooperation haben Schwedens Svensk Kärnbränslehantering AB (SKB) und Finnlands Posiva Oy inzwischen ihr Konzept (Abb. 103) soweit ausentwickelt, dass bereits konkrete Zeitvorstellungen für die Realisierung ins Auge gefasst werden. In Finnland könnte man bereits in acht Jahren erste Abfälle einlagern, und in Schweden ist das Projekt inzwischen in der Genehmigungsphase.

---

[153] Vgl. Svensk Kärnbrennslehantering AB (Hg.): Our generation must take care of the Swedish nuclear waste, www.skb.se [September 2015].

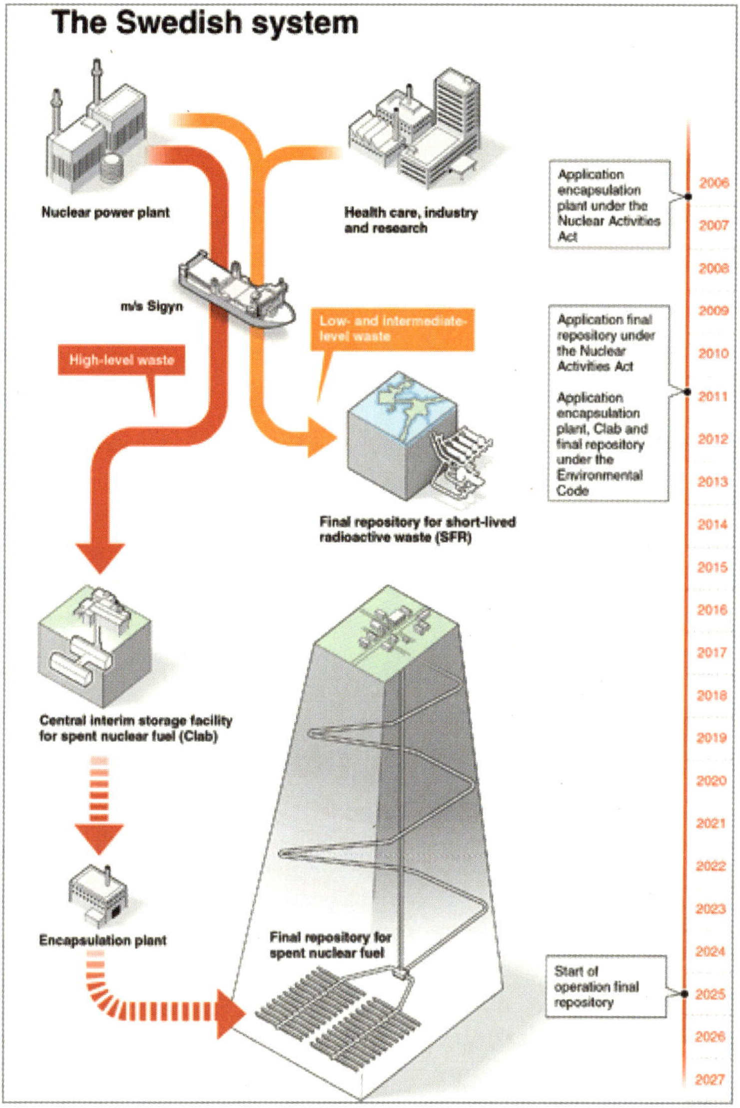

Abb. 103: Das in Schweden entwickelte Endlagerkonzept für nukleare Abfälle (Grafik: SKB/ Mats Jerndahl)

Konsens statt Konfrontation

Weder den Schweden noch den Finnen kann man vorwerfen, dass ihre Regierungen ihre Verantwortung gegenüber Bevölkerung und Umwelt auf die leichte Schulter nehmen würden. Der hoch entwickelte Industriestaat Schweden mit seinen rund 9 Millionen Einwohnern betreibt zehn Kernreaktoren, deren Anteil an der Stromerzeugung zwischen 35 und 40 Prozent liegt. Von diesem Nuklearpotenzial profitiert auch Norwegen, das gerne auf diese sicheren Reserven zurückgreift, wenn den dortigen Wasserkraftwerken im Winter die Zuflüsse einfrieren.

In Schweden haben Staat, Industrie und Parteien ein umfangreiches, langfristig angelegtes Forschungsprogramm für die Entwicklung eines konsensfähigen Endlagerkonzepts für ausgebrannte Kernbrennelemente aufgelegt. Die Verantwortung hierfür obliegt der Firma SKB, einer gemeinsamen Tochtergesellschaft der schwedischen Erzeuger von Kernenergie. Finanziert werden die Aktivitäten durch eine Abgabe in Höhe von 0,01 Schwedische Kronen (1 Öre) auf jede nuklear erzeugte Kilowattstunde.

Bemerkenswert ist die große Offenheit der Schweden und Finnen, die sehr darauf achten, dass die Bevölkerung zu allen mit der Lagerung von radioaktivem Material verknüpften Informationen Zugang hat und Bedenken bezüglich möglicher Probleme sehr sorgfältig nachgegangen wird. „Lohn" dieser Mühe ist der bereits erwähnte außergewöhnlich hohe Grad an gesellschaftlichem Konsens.

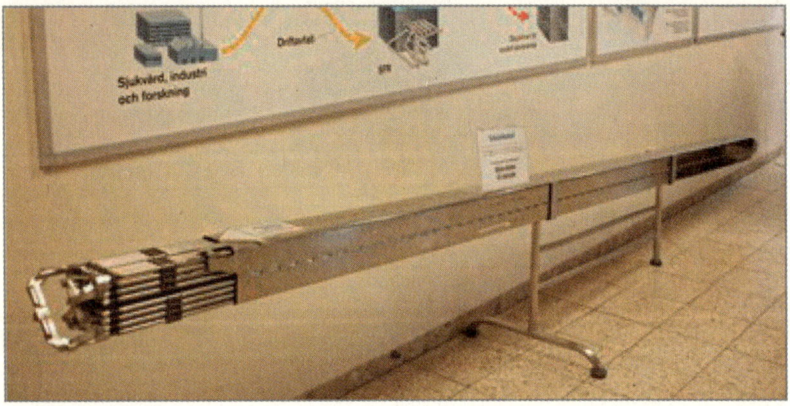

Abb. 104: Dieses rund 4 Meter lange Brennelement für einen Kernreaktor besteht aus einem Bündel dünner Rohre, in denen sich tausende kleiner Urantabletten befinden.

Eine Aufgabe...

Ausgelegt ist das Endlager primär für ausgebrannte Kernbrennelemente (Abb. 104). Dies sind schlanke, rechteckige Rohrbündel von etwa vier Metern Länge, die viele Tausend einzelne Urantabletten enthalten. Nach Ende des aktiven Einsatzes sind diese Elemente „heiß“, weil in ihnen zahlreiche Zerfallsreaktionen der im Kernkraftwerk gebildeten Spaltprodukte ablaufen. Sie wandern daher zunächst für mehrere Jahrzehnte in Abklingbecken, bis die kurzlebigeren Isotope zerfallen sind und Radioaktivität sowie Temperatur auf ein vertretbares Maß gesunken sind. Erst dann ist ein Verkapseln und Endlagern möglich. In Schweden erfolgt die Aufbewahrung in zwei riesigen Kavernen, die rund 40 Meter tief ins Grundgestein getrieben wurden. In tiefen Wasserbecken lagern hier mehr als 10.000 ausgebrannte Brennelemente (Abb. 105).

Abb. 105: Eines der beiden riesigen Abklingbecken, in denen abgebrannte Brennelemente gelagert werden

...für die „Ewigkeit“

Während in Deutschland, Österreich und der Schweiz grüne Ideologen dem Volk einreden, bei der Endlagerung gehe es um Jahrmillionen, hat man in Skandinavien lieber Wissenschaftler gefragt und rechnet daher mit 100.000 Jahren. Auch das ist noch eine ungeheure Zeitspanne, denn der sichere Einschluss soll selbst dann gewährleistet sein, wenn eine neue Eiszeit die Lagerstätte unter einem Eispanzer von drei Kilometern Dicke begraben sollte.

Um die tatsächliche Größenordnung der Aufgabe zu verstehen, muss man sich vergegenwärtigen, dass es bisher keine vom Menschen errichteten Bauwerke oder Technologien gibt, die mehr als ein paar tausend Jahre überdauert haben. Zudem zeigt die Erfahrung, dass moderne Konstruktionen in aller Regel sogar noch viel kurzlebiger ausgelegt sind als antike Bauwerke wie etwa die Pyramiden.

Kupfer, Granit und Bentonit

Deshalb dachte man gar nicht erst über oberirdische Bauwerke nach, sondern konzentrierte sich vor allem darauf, natürliche Materialien und Strukturen zu finden, die ihre Fähigkeit zum sicheren langzeitigen Einschluss von Substanzen auch unter rauesten Umgebungsbedingungen schon unter Beweis gestellt hatten. Die letztlich gewählte Lösung beruht auf der Kombination von drei Materialien, von denen jedes für sich schon für die Erfüllung der Aufgabenstellung geeignet wäre. Entworfen wurde ein dreifacher Einschluss: Tief in massives Granitgestein getriebene Bohrungen umschließen und schützen dicht verschweißte Kupferzylinder, die ihrerseits von einer dicken Packung wasserdichten Bentonits – einem speziellen Lehm – umgeben sind (Abb. 106).

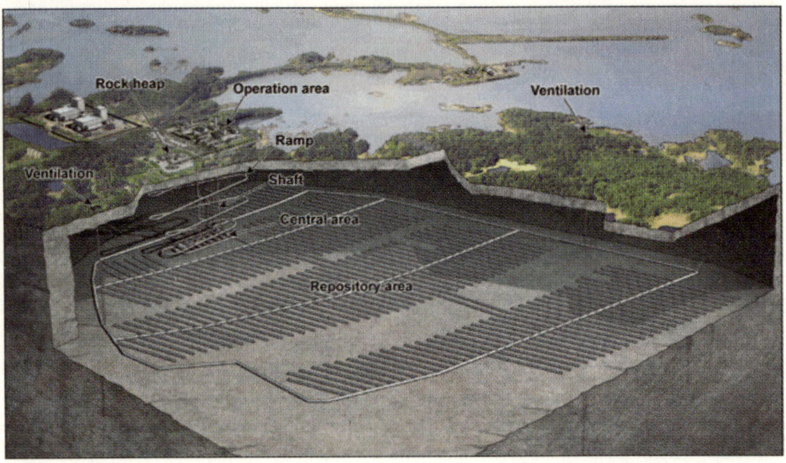

Abb. 106: Die abgebrannten Elemente werden in dickwandigen Kupferzylindern versiegelt und in einer isolierenden Bentonitpackung in großer Tiefe in Granitkavernen eingelagert (Grafik: SKB/ LAJ illustration).

Das für die Anlage des Endlagers ins Auge gefasste Grundgestein, eine Granitformation mit der Bezeichnung „Äspödiorit", liegt seit 1,8 Milliarden Jahren unverändert an Ort und Stelle und gehört damit zu den ältesten geologischen Formationen auf unserem Kontinent (Abb. 107). Solches Grundgestein hat, wie Wissenschaftler aus Funden in Afrika ermittelten, die

Überreste „natürlicher“ Kernreaktoren, die dort vor rund zwei Milliarden Jahren existierten, mit großer Effizienz eingeschlossen. Selbst Plutonium wurde ausgefiltert und an Mineralkörner in Gesteinsritzen gebunden.

Der Bentonitlehm, der die Kupferbehälter in ihren Gesteinsnischen umhüllen und unter anderem vor Beschädigung durch Gesteinstrümmer schützen soll, ist wasserdicht und hat darüber hinaus hervorragende Absorptionseigenschaften. Im Äspö-Hartgesteinslabor in Oskarshamn wird ein Stück Holz ausgestellt, das nach zwei Millionen Jahre Einschluss in Bentonit noch perfekt erhalten ist. Was das Kupfer angeht, so handelt es sich um ein sogenanntes halbedles Metall.

Die Korrosionsbeständigkeit der metallischen Hülle der Behälter ist unter den vorgesehenen Umgebungsbedingungen so gut, dass die Dichtheit der Behälter für weit mehr als die vorgesehene Zeitdauer gewährleistet sein dürfte.

Abb. 107: Blick in einen der Tunnel, die viele hundert Meter tief in das uralte Grundgestein aus hartem Granit getrieben wurden.

Behälter: Aufbau und Verschluss

Der Kupferbehälter dient im Prinzip als gasdichte, korrosionsbeständige Kapsel, die das Entweichen von Inhaltsstoffen in die umliegenden Schichten verhindert. Die Wanddicke liegt bei 50 mm. Den Innenraum füllt ein massiver Kern aus duktilem Gusseisen mit einer Anzahl wabenartiger Aussparungen für die Aufnahme der einzelnen Brennstäbe (Abb. 108).

Dieser Kern soll zum einen die einzelnen Brennstäbe sicher in ihren Positionen fixieren. Darüber hinaus verhindert seine hohe Festigkeit ein Zerdrücken des Behälters selbst bei extremem Gesteinsdruck. Vor dem Einsatz wird jeder einzelne Behälter einer gründlichen Qualitätskontrolle unterzogen. Beladen werden sie in einer speziell hierfür vorgesehenen Anlage direkt am Zwischenlager. Nach der Beladung wird ein 50 Millimeter dicker Deckel aufgesetzt und dicht verschweißt.

Die Arbeiten werden – unter Beachtung aller für den Umgang mit radioaktivem Material geltenden Vorschriften – mannlos von hoch automatisierten, ferngesteuerten Anlagen durchgeführt. Anschließend werden die fertigen Behälter zum Endlager in 500 bis 700 Metern Tiefe verbracht und in vorbereitete Aussparungen eingesetzt. Der Zwischenraum zwischen Behälter und Wand wird mit Bentonit aufgefüllt. Wenn alle Nischen eines Tunnels belegt sind, wird er mit einer Mischung aus Gesteinstrümmern und Bentonit verfüllt und durch einen massiven Betonpfropfen versiegelt.

Abb. 108: Im Inneren des Kupferzylinders befindet sich ein stabiler Gusskörper, in dessen Aussparungen dann die Brennelemente geschoben werden.

Alles in allem präsentiert sich das schwedisch-finnische Endlagerkonzept als ausgereiftes, am aktuellen Stand der Wissenschaft orientiertes Projekt, das zudem die besonderen geologischen Gegebenheiten des Landes optimal berücksichtigt. Am bemerkenswertesten ist jedoch die Konsensfähigkeit, mit der sich die maßgeblichen gesellschaftlichen Kräfte des Landes hinter diese gemeinsame Aufgabe gestellt haben.

35] Geothermie und Subventionsgier

Ein charakteristisches Kennzeichen „grüner" Industriepolitik ist der Drang, Projekte und Technologien mit umso höheren Summen zu fördern, je fraglicher die Aussichten einer erfolgreichen Umsetzung in die Praxis sind. So wurden in Spanien und den USA sinnfreie Solar-Großkraftwerke wie das Ivanpah-Projekt (Kalifornien, USA) in die Wüste geklotzt.[154] *Zu diesen Lieblingskindern der Öko-Bewegung gehört auch die Geothermie. Diese kann zwar in Regionen mit hoher vulkanischer Aktivität wie Island sehr sinnvoll eingesetzt werden. Sobald sich jedoch grüne Vordenker über solche Themen hermachen, werden entsprechende Projekte auch dort forciert, wo ihr Einsatz nicht nur wenig Aussicht auf Erfolg hat, sondern die Bevölkerung auch in erheblichem Maße gefährden kann.*

Am 8. Dezember 2006 ereignete sich in der Region Basel ein Erdbeben der Stärke 3,4. Dieses richete zwar keine größeren Schäden an, war aber dennoch deutlich zu spüren und löste in der Bevölkerung Unruhe aus. Die Versicherungen mussten 9 Millionen CHF für Gebäudeschäden erstatten. Und am 20. Juli 2013 kam es in St. Gallen zu einem Erdbeben der Stärke 3,5. In dessen Folge wurden insgesamt 120 Meldungen über kleinere Schäden bis hin zu Rissen in Häusern eingereicht. Gemeinsamkeit beider Ereignisse war die Auslösung der Beben durch Geothermieprojekte. Bei dem Basler Projekt hatte die Angelegenheit sogar ein Strafverfahren gegen den Chef der Bohrfirma zur Folge.

Die Technologie

Das Problem war in beiden Fällen, dass – wie auch in den meisten Regionen Deutschlands – der Wärmestrom aus dem Erdinneren keine allzu großen Energiemengen transportiert und man daher sehr tief bohren muss, um überhaupt für die Stromerzeugung nutzbare Temperaturen zu erhalten. Bei den Bohrungen in der Schweiz waren dies Tiefen von über 4.000 Meter. In Basel war das Ziel trockenes, mehr als hundert Grad heißes Ge-

[154] Vgl. Rudolf Kipp: Solarkraftwerk in der Wüste verbrennt Vögel...und Erdgas...und viel Geld, 26. 8. 2014, www.science-skeptical.de [September 2015].

stein. In dieses wird im ersten Projektstadium Wasser unter großem Druck hineingepumpt. Dadurch bilden sich Risse, die allmählich ein Warmwasser-Reservoir entstehen lassen. Bei diesem Aufbrechen des Gesteins werden im Untergrund Schockwellen ausgelöst, die als sogenannte Mikrobeben an der Oberfläche registriert werden. Das gestattet es, den Fortschritt der Arbeiten zu verfolgen. In St. Gallen wurde dagegen versucht, eine Wasserader mit ausreichend hoher Temperatur anzuzapfen. In beiden Fällen hatte man jedoch keine ausreichende Kenntnis der Verhältnisse im Untergrund.

Unverantwortbare Risiken...

Das Problem ist, dass man sich am Nordrand der Alpen und insbesondere im Bereich des oberen Rheingrabens bei Basel in einer stark erdbebengefährdeten Region befindet. Ursache ist der Zusammenprall des afrikanischen und des europäischen Kontinents, der unter anderem dazu geführt hat, dass die Alpen aufgeschoben wurden. Dieser geologische Vorgang dauert immer noch an und bewirkt den Aufbau hoher Spannungen im Untergrund, die sich von Zeit zu Zeit in Erdbeben entladen.

Gerade im Raum Basel, wo es im Verlauf der letzten 2000 Jahre zu zwei äußerst heftigen Erdbeben kam, besteht das Risiko, dass man durch ein künstliches Kleinbeben ein größeres Beben auslösen kann. Prof. Domenico Giardini vom Institut für Seismologie und Geodynamik der ETH Zürich hält dies für realistisch: „Dieser Brute-Force-Ansatz ist attraktiv und simpel. [...] Der Nachteil ist: Er kann Erdbeben auslösen.“ Auch größere, nicht nur jene kleinen Beben, die Bohrungen und das Erweitern des Reservoirs begleiteten.[155]

...mit möglicherweise katastrophalen Folgen

Und im Raum Basel geht es um Auswirkungen, die sogar laut Wikipedia nahezu jede andere in dieser Region denkbare Naturkatastrophe übertreffen: „Das Basler Erdbeben bezeichnet eine Serie von gewaltigen Erdstößen, die Basel ab dem Nachmittag des Lukastages (18. Oktober) des Jahres 1356 in Trümmer legten. Die Intensität des Erdbebens wird nach den Schäden auf Stufe X der Modifizierten Mercalliskala geschätzt.“ Erdbeben dieser Stufe werden als „vernichtend“ bezeichnet.

Prof. Donat Fäh, Leiter des Bereichs für Risiko- und Gefahrenbeurteilung des Schweizerischen Erdbebendienstes (SED) an der ETH Zürich, betont, dass dort, wo historisch Beben aufgetreten sind, diese wieder kommen werden. Das gelte auch für Basel, das am südlichen Ende des Rheingrabens liegt. Diese Zone sei auch heute noch tektonisch aktiv, weil sich

[155] Zit. n. Thilo Resenhoeft: Erdbeben durch Erdwärme? Energie-Perspektiven 1/2010, www.ipp.mpg.de/.

Erdplatten gegeneinander verschieben und dabei verhaken, wodurch Spannungen aufgebaut werden. Wenn dann irgendwann eine größere Schwachstelle bricht, könne es einen kräftigen Ruck wie 1356 geben. Ein Beben dieser Stärke wäre für das heutige Basel verheerend und vergleichbar mit dem katastrophalen Erdbeben in Kobe von 1995. „Ein solches Beben würde heute in der Region Basel 1.000 bis 20.000 Tote fordern", meint Fäh. „Allein der Gebäudeschaden würde bei rund 50 Milliarden Franken liegen."[156]

Zusätzliches Unheil könnten nach Ansicht von Dr. Mayer-Rosa, früherer Chef des Schweizerischen Erdbebendienstes (SED), auch die zahlreichen Wehre am Hochrhein und der Staudamm des Schluchsees im benachbarten Schwarzwald anrichten. Würden sie bersten, dann könnte es zu einer Flutwelle kommen, die ganze Hafenanlagen, Benzintanklager oder Pharmafirmen wegspült und letzte Fluchtwege abschneidet. Zudem käme es zu verheerenden Sekundärwirkungen auf die andern Rheinanliegerstaaten: „Wenn beispielsweise Sandoz wegschwimmt, dann ist in Amsterdam der Teufel los."[157]

Grob fahrlässiges Verhalten

Während Wissenschaftlern also schon lange klar war, welche Risiken mit solchen Vorhaben verbunden waren, gab man beim Basler Projekt erst nach dem Unfall eine umfassende Risikoanalyse in Auftrag.[158] Das Ergebnis ist im Prinzip eine Ohrfeige für die Verantwortlichen. Das von sechs Firmen aufgrund der Auswertung von Messdaten und Modellanalysen erstellte seismische Gutachten schlussfolgert, dass bei diesem Projekt die Gefahr von Erdbeben und Gebäudeschäden zu groß sei. Die zu erwartenden Sachschäden – im Raum stehen Summen bis zu weit mehr als 600 Millionen CHF – seien „gemäß dem Maßstab der Störfallverordnung hinsichtlich der Häufigkeit des Auftretens und der Schadenssumme als nicht akzeptabel zu beurteilen."[159]

Auch in St. Gallen, wo man trotz des Erdbebens zunächst weitergemacht hatte, musste man am 14. Mai 2014 den Abbruch des Projekts bekanntgeben.[160] Die in der Tiefe gefundene Heißwassermenge ist für ein

[156] Zit. n. Joachim Laukenmann: Wenn Basel bebt wie ano 1356, nur noch einsehbar über www.yumpu.com [Original-Link funktioniert nicht mehr]. Vgl. Peter Knechtli: Erdbeben wie jenes von 1356 könnte bis 20'000 Tote fordern, 18. 10. 2006, www.onlinereports.ch [September 2015].

[157] Peter Knechtli: Ein Erdbeben könnte Basel von der Landkarte verbannen, 20. 2. 1995, www.onlinereports.ch [September 2015].

[158] Erdbebenrisiko deutlich zu gross für Geothermie in Basel, 10.12.2009, ursprünglich auf bazonline.ch [25. 7. 2013]; Leonid Leiva: Teures Erdwärme-Fiasko endgültig gestoppt, 13. 12. 2009, www.nzz.ch/ [Mai 2015].

[159] Vgl. Resenhoeft, wie Fn. 155.

[160] St. Gallen stoppt Geothermie-Projekt, 14. 5. 2014, www.tagesanzeiger.ch [Mai 2015].

Kraftwerk viel zu klein. Hinzu kommen das Risiko weiterer Erbeben und das finanzielle Risiko für die Stadt. Prof. Stefan Wiemer, seit 2013 Leiter des SED, schreibt in einem Fazit, der Untergrund bleibe voller Überraschungen und die dort herrschenden tektonischen Vorspannungen ließen sich vor einer Bohrung nicht verlässlich abschätzen: „Änderungen der Spannungsverhältnisse im Untergrund durch menschliche Eingriffe können Erdbeben auslösen. Das ist sogar oftmals gewollt, denn Mikrobeben erhöhen die Durchlässigkeit des Gesteins und damit auch die Wirtschaftlichkeit eines Geothermie-Projektes. Doch mit solchen Eingriffen ausreichend kleine Beben zu erzeugen und gleichzeitig Schäden an der Erdoberfläche sicher auszuschliessen ist eine Kunst, die wir bislang noch nicht verlässlich beherrschen. In der dichtbesiedelten Schweiz sollte man daher einen Sicherheitsabstand von grösseren aktiven Verwerfungen einhalten."[161]

Was der Wissenschaftler damit durch die Blume ausdrückt, kann man auf gut Deutsch auch so formulieren: Auch die Verantwortlichen der Stadt St. Gallen haben sich bei der Verfolgung ihrer „Vision einer erneuerbaren Energiezukunft" fahrlässig verhalten.

Gigantische Investitionen

Für jemanden, der gewohnt ist, bei Wirtschaftsprojekten Kosten und Nutzen gegeneinander abzuwägen, ist die Hartnäckigkeit, mit der sowohl in Deutschland als auch in der Schweiz immer neue Geothermieprojekte vorangetrieben werden, schwer nachzuvollziehen. In beiden Ländern ist das Temperaturniveau im Untergrund fast flächendeckend niedrig. Bei derartigen Niederenthalpie-Lagerstätten muss man in der Regel sehr tief bohren, um überhaupt den für die Elektrizitätserzeugung erforderlichen Grenzwert von 100 °C zu überschreiten.

Für eine Abschätzung der Kosten eines Projekts, das die Gewinnung sowohl von Wärme als auch von elektrischer Energie zum Ziel hat, kann man die für Basel und St. Gallen bewilligten Budgets als Maßstab nehmen. In beiden Städten waren jeweils 80 Millionen CHF angesetzt, zusammen also 160 Millionen. Rechnet man dies zum Kurs von etwa 1,2 zu 1 in Euro um, so liegen die Kosten für ein solches Projekt bei rund 67 Millionen Euro. Bei 26 in Deutschland angesetzten Projekten geht es demnach um Investitionen in einer Größenordnung von bis zu 1,5 Milliarden Euro. Was zu der Frage führt, was mit diesen Investitionen letztlich erreicht werden könnte.

Von den 26 deutschen Projekten liefern derzeit acht Strom mit einer Leistung von insgesamt rund 27 MW. Bei weiteren zehn Projekten ist eine

[161] Stefan Wiemer [Professor, ETH Zürich]: Geothermie-Projekt St. Gallen: Was bleibt? 27. 2. 2004, www.ethz.ch/en/news-and-events/zukunftsblog/archiv/2014/02/geothermie-st-gallen.html [Mai 2015].

Stromerzeugung aus den verschiedensten Gründen hinfällig oder zumindest sehr fragwürdig. Somit verbleiben noch acht Projekte, bei denen eine Stromerzeugung im Bereich des Möglichen liegt. Setzt man für jedes dieser Projekte eine Stromerzeugungskapazität von durchschnittlich 5 MW an, so kämen zu den 27 MW maximal weitere 40 MW hinzu. Das Gesamt-Erzeugungspotenzial läge damit bei rund 67 MW – dem „Gegenwert“ von 22 Windenergieanlagen.

Gier frisst Hirn

Geht man von einem Nutzungsgrad von 90 Prozent aus, so würden die Anlagen pro Jahr rund 530.000 MWh an elektrischer Energie erzeugen. Bei einem aktuellen Börsenstrompreis von 30 Euro/MWh entspräche dies Einnahmen von jährlich rund 16 Millionen Euro. Da auch noch Betriebs- und Unterhaltskosten zu berücksichtigen wären, ist eine Wirtschaftlichkeit im Prinzip ausgeschlossen. Solche Projekte rechnen sich nur, wenn wie in Deutschland das EEG (Fassung vom Januar 2012) Vergütungen von 250 Euro/MWh vorsieht. Das ist rund das Achtfache dessen, was der Strom an der Börse wert ist. Bei bestimmten Projekten steigt dieser Satz sogar auf 300 Euro/MWh. Hinzu kommen diverse sehr substanzielle „Marktanreizprogramme“ des Bundesministeriums für Umwelt (BMU).

Unter diesen Voraussetzungen lässt sich natürlich Geld verdienen, allerdings auf Kosten der Allgemeinheit, der diese Kosten aufgebürdet werden. Bei Wikipedia wird dies auf sehr elegante Weise umschrieben: „Unter den gegenwärtigen politischen Rahmenbedingungen (Erneuerbare-Energien-Gesetz) ist eine Wirtschaftlichkeit bei größeren Geothermieanlagen auch in Deutschland in vielen Gebieten, wie zum Beispiel in Oberbayern, Oberrheingraben und Norddeutsches Becken, erreichbar.“ Verschwiegen wird dabei, dass der Beitrag der Geothermie zum Strombedarf Deutschlands mit geschätzten 0,08 Prozent so verschwindend gering ist, dass diese Technologie in den Jahresstatistiken der Arbeitsgemeinschaft Energiebilanzen inzwischen gar nicht mehr aufgeführt wird.

Vor allem ist den Verantwortlichen vorzuwerfen, dass sie in ihrer Gier nach Subventionen die erheblichen Risiken und Schäden missachten, die der Allgemeinheit bei diesen Bohrprojekten in teils dicht besiedelten Gebieten aufgebürdet werden. Ein Blick auf die Gesamthistorie der Geothermiebohrungen in Deutschland und der Schweiz liest sich wie ein Drehbuch für eine Galaausgabe der Sendung „Pleiten, Pech und Pannen“.

Im bereits erwähnten Wikipedia-Artikel werden in Deutschland und der Schweiz insgesamt 13 Bohrprojekte aufgeführt, bei denen es zu mehr oder weniger erheblichen geologischen Störungen mit entsprechenden Auswirkungen auf Gebäude kam. Die Liste umfasst diverse Erdbeben, massive Zerstörungen an der Gebäudesubstanz durch aufquellende Gesteinsschichten (wie in der historischen Altstadt von Staufen) oder durch absinkende Grundwasserschichten. In Baden-Württemberg wurden deshalb regional bereits Beschränkungen für solche Projekte ausgesprochen. Auf Bundesebene haben jedoch bisher Eigentum, Gesundheit und Leben der Bevölkerung hinter den noblen Ambitionen der EEG-Profiteure zurückzustehen.

Politik ohne Verstand

Die Frage, warum man Projekte, die für jeden mit gesundem Menschenverstand so offensichtlich sinnlos sind, mit solch horrenden Summen fördert, wird vermutlich kommenden Generationen von Soziologen und Politologen Stoff für umfassende Analysen liefern. In beiden betroffenen Ländern ist die Politik derart darauf fixiert, selbst noch so utopische „grüne" Visionen zu verfolgen, dass man so gut wie jeden Unsinn genehmigt und gefördert bekommt, wenn nur die richtigen Etiketten draufgeklebt werden. Bei diesem üblen Spiel steht auch die Wissenschaft unter Druck: Wer mit seinen Projekten von öffentlichen Geldern anhängig ist, wird es stets zu vermeiden suchen, sich das Wohlwollen maßgeblicher Geldgeber zu verscherzen.

Dennoch gibt es Wissenschaftler mit Rückgrat, die dankenswerter Weise Klartext reden und dabei auch auf Zusammenhänge verweisen, auf die weder die Politik noch die allgemeine Öffentlichkeit ihr Augenmerk richten. Dazu gehört auch Prof. Domenico Giardini, der in einem Beitrag der Zeitschrift „Energie-Perspektiven" zum Basler Projekt wie folgt zitiert wird: „Für Giardini ist klar, dass es im Vorfeld keine ausreichende Risikoanalyse gab. Die Industrie habe ein zu rosiges Bild gemalt und berücksichtigte in einer erdbebengefährdeten Region wie Basel die lokalen Gegebenheiten nicht ausreichend."[162]

Außerdem steht dort zu den ungeklärten rechtlichen Folgen folgender bemerkenswerte Absatz: „Die Versicherung der Bohrfirma hatte in der Folge des Bebens mehrere Millionen Euro für zahlreiche kleinere Gebäudeschäden bezahlt, da es sich um ein vom Menschen ausgelöstes Ereignis handelte. Dies, so Giardini, ‚eröffnet natürlich schwierige Fragen [...] wie wollen wir ein Erdbeben in Basel mit der Magnitude 5,5, sagen wir mal in 30 Jahren, behandeln? Können wir nachweisen, ob es natürlichen Ursprungs war oder nicht? Wer würde für die Schäden aufkommen?'"[163]

---

[162] Vgl. Resenhoeft, wie Fn. 155.
[163] ebd.

Günter Keil

Die Energiewende ist schon gescheitert

ISBN 978-3-940431-32-5, Jena 2012, 136 S., fester Einband, 14,90 EUR (D)

Man stelle sich vor, die sogenannte „Energiewende“ der deutschen Bundesregierung wäre einem Fernsehsender als Drehbuch angeboten worden. Dieses Drehbuch wäre wegen Unglaubwürdigkeit durchgefallen. Doch leider handelt es sich bei der „Energiewende“ des Jahres 2011 nicht um Fiktion. Angesichts ihrer negativen Auswirkungen auf Mensch, Natur und Industrie unternimmt der Energieexperte Dr.-Ing. Günter Keil eine intensive Diagnose dieser katastrophalen politischen Entscheidung.

Edgar L. Gärtner

Öko-Nihilismus 2012: Selbstmord in Grün

ISBN 978-3-940431-31-8, Jena 2012, 317 S., fester Einband, 19,90 EUR (D)

Nihilist zu sein bedeutet nicht, an nichts zu glauben, sondern nicht an das zu glauben, was ist (Albert Camus). Wie die Geschichte zeigt, sind alle Formen historischer Heilsgewissheit nihilistisch: Ihre Vertreter leugnen in ihrer Alles-oder-Nichts-Einstellung stets das, was nicht in ihr Schema passt. Häufig gingen sie dabei zur physischen Eliminierung ihrer Gegner über. Dass sich auch an der religiös gewendeten Ökologie nihilistische Züge ausmachen lassen, arbeitet der Hydrobiologe und Umweltjournalist Edgar L. Gärtner in seiner Fundamentalkritik an Ökologismus und Öko-Nihilismus sowie an Ökopazifizmus und Klima-„Schutz“ sorgfältig heraus.

Harry G. Olson

Handbuch der Klimalügen

ISBN 978-3-940431-19-6, Jena 2010, 154 S., Broschur, 12,90 EUR (D)

Harry G. Olson ist „Klimaskeptiker“ und „Klimaleugner“ der zweiten Generation. In seinem Handbuch widerlegt er die unheiligen Gebote der modernen Klimareligion und brandmarkt sie als das, was sie sind: Lügen. Keine Klimaphantasie von Rang wird dabei von ihm verschont. Da er seit längerem zur Zielscheibe der Klimainquisition geworden ist, schreibt er unter Pseudonym. Zahlreiche Abbildungen erleichtern dem Einsteiger den Zugang zu sämtlichen Lügen der Klima-Alarmisten.

Matthias Heitmann

Zeitgeisterjagd

Auf Safari durch das Dickicht des modernen politischen Denkens

ISBN 978-3-940431-53-0, Jena 2015, 197 S., gebunden, 19,90 EUR (D)

Der heutige Zeitgeist wendet sich nicht gegen gesellschaftliche Mißstände, sondern gegen die Toleranz und damit den Menschen an sich. Diese Haltung nennt man Misanthropie, und sie hat nahezu unbemerkt fast alle Lebensbereiche infiltriert. Sie aus ihren unterschiedlichen Verstecken zu jagen und ihre diversen Tarnungen auffliegen zu lassen, ist das Ziel dieses Buches. Matthias Heitmann ist freier Publizist und Vortragsredner. Der „radikale Humanist" fordert gezielt Denkverbote heraus, er konfrontiert seine Leser und Zuhörer mit ungewöhnlichen und inspirierenden Sichtweisen und lädt zu gedanklichen Abenteuerreisen ein.
Dieser Mann ist ein intellektueller Störer, ein Ketzer, ein Regelbrecher. Auf den Scheiterhaufen mit ihm!-Vince Ebert (Physiker & Comedian)

Vera Lengsfeld

1989 - Tagebuch der Friedlichen Revolution.

ISBN 978-3-940431-15-8, Jena 2014, 287 S., Festeinband, EUR 19,90 (D)

Noch zum Jahreswechsel ahnte niemand, was das neue Jahr 1989 an revolutionären Umwälzungen bringen würde. Doch es sollte nicht mehr lan-ge dauern, bis sich ein halber Kontinent aufbäumte. Die Kultur der Gewalt, die in der Französischen Revolution ihren Anfang genommen hatte und später in die Katastrophen des 20. Jahrhunderts mündete, wurde vorerst überwunden. Die 365 Einträge dieses Tagebuches zeichnen den Weg der Europäer zu Freiheit und Einheit faktengesättigt und umfassend nach.

Paul K. Driessen

Öko-Imperialismus: Grüne Politik mit tödlichen Folgen.

ISBN 978-3-00-018838-1, Jena 2006, 220 S., 5 Abb., Paperback, 12,90 EUR

Mit „Öko-Imperialismus" hat der erfahrene Ökologe Paul K. Driessen eine scharfe Abrechnung mit der Scheinmoral multinationaler Öko-Netzwerke vorgelegt. Seine These: Die verheerenden Folgen der gegen die Interessen der Bewohner von Entwicklungsländern gerichteten „grün-nachhaltigen" Verantwortungsethik sind ein Skandal, der Millionen in der Dritten Welt das Leben kostet. Dabei schrecken Öko-Extremisten vor nichts zurück: „Pflichtlektüre für umweltbewegte Weltverbesserer" (Andreas Tögel, 2015).